改訂5版

個人情報保護士認定試験
公式精選過去問題集

一般財団法人 全日本情報学習振興協会［監修］
柴原健次［編］

日本能率協会マネジメントセンター

本書の内容に関するお問い合わせについて

平素は日本能率協会マネジメントセンターの書籍をご利用いただき、ありがとうございます。

弊社では、皆様からのお問い合わせへ適切に対応させていただくため、以下①～④のようにご案内いたしております。

①お問い合わせ前のご案内について

現在刊行している書籍において、すでに判明している追加・訂正情報を、弊社の下記 Web サイトでご案内しておりますのでご確認ください。

https://www.jmam.co.jp/pub/additional/

②ご質問いただく方法について

①をご覧いただきましても解決しなかった場合には、お手数ですが弊社 Web サイトの「お問い合わせフォーム」をご利用ください。ご利用の際はメールアドレスが必要となります。

https://www.jmam.co.jp/inquiry/form.php

なお、インターネットをご利用ではない場合は、郵便にて下記の宛先までお問い合わせください。電話、FAX でのご質問はお受けいたしておりません。

〈住所〉　〒103-6009　東京都中央区日本橋 2-7-1　東京日本橋タワー 9F

〈宛先〉　㈱日本能率協会マネジメントセンター　ラーニングパブリッシング本部　出版部

③回答について

回答は、ご質問いただいた方法によってご返事申し上げます。ご質問の内容によっては弊社での検証や、さらに外部へお問い合わせすることがございますので、その場合にはお時間をいただきます。

④ご質問の内容について

おそれいりますが、本書の内容に無関係あるいは内容を超えた事柄、お尋ねの際に記述箇所を特定されないもの、読者固有の環境に起因する問題などのご質問にはお答えできません。資格・検定そのものや試験制度等に関する情報は、各運営団体へお問い合わせください。

また、著者・出版社のいずれも、本書のご利用に対して何らかの保証をするものではなく、本書をお使いの結果について責任を負いかねます。予めご了承ください。

はじめに

個人情報保護法は、この度の令和３年改正では、行政機関や地方公共団体に関する規律が加わり、条文数が一気に100条ほども増え、法の解釈指針であるガイドラインも、民間事業者を対象とするものが５編（通則編、外国にある第三者への提供編、第三者提供時の確認・記録義務編、仮名加工情報・匿名加工情報編及び認定個人情報保護団体編）、行政機関等を対象とするものが２編（行政機関等編など）となりました。

また、「仮名加工情報」及び「個人関連情報」などの新しい用語と規律の創設に加え、「漏えい等の報告等」及び「第三者提供時の確認・記録義務」などに関する規律の創設と、個人データに関する本人の請求権の拡大・強化及び罰則の追加・重罰化なども行われ、法の内容が複雑になっています。

この改正は、個人情報を含む各種データの収集・分析による、新産業・新サービスの創出が期待される反面で、個人情報・プライバシーに対する消費者の意識が拡大するという現在の社会情勢や、個人情報保護の官民一元化の要請に対応するために必要不可欠な改正といえ、そのような状況の中、「個人情報保護」というワードは、現代社会において企業において避けて通れないテーマとなりました。

「個人情報保護士認定試験」は、この課題に対応する検定試験として、今後、更に重要視されると考え、「個人情報保護士認定試験」では、個人情報保護法と個人情報保護法の特別法であるマイナンバー法（番号法）の理解を「第Ⅰ課題」に、個人情報保護の対策と情報セキュリティを「第Ⅱ課題」として試験範囲に設定・構成し、企業内の個人情報保護に関する資格のスタンダードとなっています。

本書は、当協会が令和３年改正個人情報保護法に対応した問題と解説を編集しています。

先に出版されました「公式テキスト」と併せて、個人情報保護士認定試験の対策に役立てて頂ければ幸いです。

2022年11月

一般財団法人 全日本情報学習振興協会

刊行に寄せて

―― 過去問題への取り組み方 ――

この書籍を手にされている皆様は、個人情報保護士認定試験の受験準備をされるところかと思います。一般的に資格試験の受験対策として過去問題を解くことは鉄則ですが、個人情報保護士認定試験につきましても例にもれず、過去問題は資格取得へのとても重要な情報です。

ただ、資格試験によっては、過去問題を解いておけば合格できると言われているものもあるようですが、個人情報保護士はそうではありません。記憶を試されるのではなく、理解しているかを試される問題が多く出題されます。端的に言うと、法律条文や過去問題を丸暗記していても正答が導けるとは限らないということです。各条文の趣旨を正しく理解し、それらに対する実践ができるようになっていて初めて正答が導けるような問われ方をされます。さらに、法律の理解だけでなく、実際に対策が実践でき、そして日々進化する情報セキュリティについてもその実践的な理解が問われます。

個人情報保護法施行直後に開始されたこの資格認定試験は、年に４回実施され、これまで70回近くに及ぶ実施回数となりますが、出題される問題が良問ぞろいであり、資格者認定基準の適正さがそれらの継続性を支えているものと思います。

合格率は公式には公表されていませんが、高すぎることなく、超難関でもありません。個人情報保護士と名乗れるような、しっかり理解し実践できる人が合格し、付け焼刃的に学習したり準備をせずに受験したりした人は合格しないという感覚です。

まずは、最新の『個人情報保護士認定試験公式テキスト』で、法律の趣旨や内容をしっかり理解し、あわせてこの書籍で過去問題を解いて、問われ方に慣れ、問われるポイントを押さえることによって、受験当日に出題される問題も正答が導けるようになるでしょう。

個人情報保護士と名乗るにふさわしい知識と実践力を身につけられ、合格されることを祈念しています。

2022年11月
柴原健次

試験概要—個人情報保護士認定試験

※2022年10月現在。お申込みの際は最新情報を下記の「お問合せ先」よりご確認ください。

1　受験資格

国籍、年齢等に制限はありません。

2　受験会場・時間

協会指定の全国各地の会場またはオンライン上での受験が可能です。

会場・オンライン受験は同時刻の開始となりますので、いずれかをお選びください。

※オンライン受験ではWebカメラが必要です。購入・貸出を希望される方は協会にお問い合わせください。

3　試験日程

年4回（年度により実施日が異なります。）

4　試験の内容

「個人情報保護士認定試験」の試験内容は、「個人情報保護の総論」と「個人情報保護の対策と情報セキュリティ」に大別されています。「個人情報保護の総論」は、「個人情報保護法の理解」と「マイナンバー法の理解」の2分野から構成されており、主に法律に対する理解と知識を出題範囲としています。一方、「個人情報保護の対策と情報セキュリティ」は、「脅威と対策」「組織的・人的セキュリティ」「オフィスセキュリティ」「情報システムセキュリティ」の4分野から構成されており、企業・団体において必要とされる個人情報保護に関する実務をベースに問題を出題します。

5　試験形態

マークシート方式で実施いたします。

6　合格基準

制限時間	課題Ⅰ・課題Ⅱ　合計150分（試験前の説明時間除く）
合格点	課題Ⅰ、課題Ⅱそれぞれ70%以上の正答率で合格となります。
検定料(税別)	10,000円＋税

7　合格後

合格者には合格証書と認定カード（認定証）が送られるほか、認定ロゴを名刺等に使用することが認められます。また、2011年4月に設立された一般財団法人 個人情報保護士会の入会資格が得られます。

●お問合せ先●

一般財団法人　全日本情報学習振興協会

東京都千代田区神田三崎町 3-7-12 清話会ビル5階　TEL 03-5276-0030　FAX 03-5276-0551

http://www.joho-gakushu.or.jp/

—CONTENTS—

はじめに …… 3
刊行に寄せて …… 4
試験概要 …… 5
本書における法令およびその表記 …… 8

第1章 出題範囲・出題傾向と学習法

① 個人情報保護士認定試験の出題方法 …… 11
② 課題Ⅰ「個人情報保護法の理解」の出題範囲・出題傾向、学習法 …… 12
③ 課題Ⅰ「マイナンバー法の理解」の出題範囲・出題傾向、学習法 …… 16
④ 課題Ⅱ「個人情報保護の対策と情報セキュリティ」の出題範囲と全体的な出題傾向 …… 18
⑤ 課題Ⅱの各分野別出題傾向と学習法 …… 21

第2章 課題Ⅰ「個人情報保護法の理解」の過去問題と解説

1. 個人情報保護法の背景と取り組み …… 30
2. 個人情報の定義と分類 …… 39
3. 利用目的と適正な取得に関する義務 …… 61
4. 個人データに対する義務 …… 92
5. 第三者提供に関する義務 …… 106
6. 保有個人データに対する義務 …… 144
7. 仮名加工情報 …… 178
8. 匿名加工情報 …… 188

9. 認定個人情報保護団体 …… 198
10. 個人情報取扱事業者等に関する雑則 …… 202
11. 行政機関等の義務等 …… 216
12. 個人情報保護委員会と個人情報保護ガイドライン …… 217
13. 罰則 …… 230

第3章 課題Ⅰ「マイナンバー法の理解」の過去問題と解説

1. マイナンバー法の目的と定義 …… 236
2. 個人番号 …… 243
3. 個人番号カード …… 264
4. 特定個人情報の取扱い …… 268
5. 法人番号 …… 274
6. 罰則 …… 278

第4章 課題Ⅱ「個人情報保護の対策と情報セキュリティ」の過去問題と解説

1. 脅威と対策 …… 282
2. 組織的・人的セキュリティ …… 334
3. オフィスセキュリティ …… 384
4. 情報システムセキュリティ …… 419

※ 公式テキスト は『改訂7版個人情報保護士認定試験公式テキスト』（日本能率協会マネジメントセンター刊）で主に扱っている章一節、ページを示しています。

本書における法令およびその表記

本書では個人情報保護に関連した法制度について扱っていますが、出題再現や紙面等の都合により正式名称ではなく、通称や略称を使用して掲載しております。

以下に各種凡例を示しますので参考としてください。

なお、法令の内容については特にことわりがない場合、令和４年10月１日時点のものになります。

凡例一覧

通称	本書での表記	正式名称
個人情報保護法	**法**（第２章解説） **個人情報保護法**（上記以外）	個人情報の保護に関する法律
個人情報保護法施行令（政令）	**施行令**	個人情報の保護に関する法律施行令
個人情報保護法施行規則	**施行規則**	個人情報の保護に関する法律施行規則
個人情報保護法ガイドライン	**ガイドライン**	個人情報の保護に関する法律についてのガイドライン
マイナンバー法	**法、番号法**（第３章解説）	行政手続における特定の個人を識別するための番号の利用等に関する法律

※その他の法令については適宜判別できるように記載。

第1章

出題範囲・出題傾向と学習法

① 個人情報保護士認定試験の出題方法 ……………… 11
② 課題Ⅰ「個人情報保護法の理解」の
出題範囲・出題傾向、学習法……………………… 12
③ 課題Ⅰ「マイナンバー法の理解」の
出題範囲・出題傾向、学習法……………………… 16
④ 課題Ⅱ「個人情報保護の対策と情報セキュリティ」
の出題範囲と全体的な出題傾向 ………………… 18
⑤ 課題Ⅱの各分野別出題傾向と学習法 ……………… 21

個人情報保護士認定試験は、択一方式の問題が100問出題され、課題Ⅰ（個人情報保護の総論）と課題Ⅱ（個人情報保護の対策と情報セキュリティ）に分かれています。通常、各課題それぞれ50問ずつ出題され、課題Ⅰについて、いわゆるマイナンバー法が施行された以降は、「マイナンバー法の理解」が通常10問出題されています。

この**試験の合格基準は、課題Ⅰと課題Ⅱのそれぞれについて70%以上の正答とされています**。

課題Ⅰは主に法律の理解、課題Ⅱは安全管理措置や情報セキュリティの知識が問われますが、それらの両方について一定基準以上の正答が求められるため、法律の専門家や実務経験が豊富な人でも合格レベルに達しない可能性もあります。十分な試験対策をすることが望まれます。

また最近は、個人情報保護法や関連ガイドラインの見直しが定期的に行われています。認定試験で問われる内容は、原則的にそれらに追従していますので、法律の公布やガイドライン改正等の公表、さらにそれらの施行時期を視野に入れ、試験要項などに関する最新の情報について、試験を主催する一般財団法人全日本情報学習振興協会のウェブサイト（https://www.joho-gakushu.or.jp/piip/）にて早めに確認をし、準備と対策をされることが望ましいです。

本書では、ちょうど大きな法改正にさしかかり、改正内容が問われた回と、それらが施行されたあとの回の試験問題を掲載しています。特に課題Ⅰでは、それらの時期特有の出題傾向もあり、今後、全く同様の問題は出題されない可能性も高いですが、**各種改正があったときは、このような問われ方をするということを知っておくことも大事**であると考えられるので、そのような視点でもぜひご活用ください。

この章では、個人情報保護士認定試験の出題範囲と出題傾向を中心に考察し、それを踏まえて、合格に向けての学習法のヒントをご紹介します。

①個人情報保護士認定試験の出題方法

個人情報保護士認定試験は、**記述式や論述式の問いはなく、すべて択一式問題として出題されます**。基本的には四択問題ですが、その選択肢は、多様な形式で設定されます。

その中で、課題Ⅰで多くを占めるのが、「以下のアからエまでの記述のうち、誤っているものを1つ選びなさい。」または、「以下のアからエまでの記述のうち、正しいものを1つ選びなさい。」というもので、4つの説明文を読み、1つを選ぶという形式です。

それらの他に、穴埋めや4つの用語や条文項目、短文から選択する方式の出題もあります。課題Ⅱはこちらが多めです。これら選択式のものに比べ、「誤っているもの」あるいは「正しいもの」を1つ選ぶ問題は、すべての選択肢を読むことが求められるので、かなり時間がかかることに注意が必要です。課題Ⅰと課題Ⅱは、出題数は同じですが、**文章を読んだ上での理解が試される課題Ⅰと、穴埋めなどで知識を問われ、用語の選択をするものが多い課題Ⅱでは、1問にかかる時間が変わってくる**と思われます。それらも過去問題で体感しておくことが望まれます。

また、試験会場で受験する場合は、マークシート方式で解答しますので、解答用紙にマークする時間も計算しておかなければなりません。最後にまとめてマークしようとすると、時間が足りなくなるということにもなりかねず、また、マークする場所がずれたということなどのないように、5個や10個ずつマークするというようにこまめに確認しながら解答用紙にマークすることをお勧めします。

試験全体で、150分で100問を解く試験ですので、時間配分やパワー配分も合否に影響しかねませんのでご留意ください。

また、課題Ⅰと課題Ⅱの間に休憩や区切りはありませんので、得意とする分野から取り組んだり、最初に全体を見渡して取り組み順を決めたり、時間配分を決めることも落ち着いて長時間試験に取り組めるポイントになるでしょう。

いずれにしても、しっかりと準備をして、試験に臨むことが求められます。

②課題Ⅰ「個人情報保護法の理解」の出題範囲・出題傾向、学習法

1 出題範囲は？

個人情報保護士認定試験の「個人情報保護法の総論」と題された**課題Ⅰは、「個人情報保護法の理解」が40題と、「マイナンバー法の理解」が10題出題されます**。

「個人情報保護法の理解」では、そのタイトルのとおり、主に個人情報保護法の知識が問われます。

2021年5月に公布された、「デジタル社会の形成を図るための関係法律の整備に関する法律」によって改正された個人情報保護法（令和3年・2021年改正法）では、第一弾で行政機関および独立行政法人等の個人情報保護法と一元化され、第二弾では、地方公共団体の個人情報保護条例との一元化されることとなり、8章185条と附則からなる肥大化した法律となりました。

個人情報保護士の目指すところが大きく変わらない限りは、行政機関および独立行政法人、地方公共団体に対する義務等の内容詳細から多数の出題はないと考えられます。

一方、**試験で問われる法律の理解の対象が、目的、用語、基本理念と個人情報取扱事業者等の義務等が主体であることは継続するものと考えられます**。

個人情報保護士認定試験は、個人情報保護法に関しては、「第一章 総則」と、「第四章 個人情報取扱事業者等の義務等」が主な出題内容となっています。そして、それらに加え、個人情報保護法の関連情報として、法制定の背景や関連法令についても出題されています。

2 出題傾向は？

(1) 個人情報保護法の分野の出題傾向

まず、個人情報保護法の背景として、そのもととなったOECD 8原則やJIS Q 15001、さらに、プライバシーマーク制度、ISMS適合性評価制度や、GDPRなど世界の情勢が出題されています。

そして、個人情報保護法の範囲では、まずは個人情報保護法「第一章 総則」の目的、定義、基本理念から出題されています。定義については、個人情報、個人識別符号、要配慮個人情報、個人データ、保有個人データ、個人情報取扱事業者、仮名加工情報、個人関連情報、匿名加工情報、匿名加工情報取扱事業者など、法律で定義されている用語のそれぞれの理解について問われます。

そして、個人情報保護法「第四章 個人情報取扱事業者等の義務等」について、毎回すべての条文に対して少なくとも1題ずつは出題されていると考えてよいです。それら以外では、行政機関等の義務等、個人情報保護委員会、適用除外、域外適用、罰則から1題ずつ出題されています。

また、法改正やガイドラインの改正があった場合は、それらの改正内容に関して問われることもあります。

3 具体的な学習方法は？

資格取得を目指す人の中には、これまで法律に関する勉強をする機会がなかった人も多いと思います。法律は特有の用語や表現があり、とっつきにくさはありますが、構成や読み方のコツがわかれば、法律はとても論理的であり、理系の人であっても、数式を解くかのようなアプローチで、各条文の趣旨はそういうことかとすっきりすることもあります。**条文をそのまま読むのではなく、その条文が何を言わんとしているのか、何が求められているのかを探りながら読むと理解が進みます**。

個人情報保護法は、そもそも個人情報を保護せよという趣旨ではなく、個人情報の活用にあたり、個人の権利利益を損なわないように事業者に求めるものです。当初は、それらに対して規制をかけるというよりは、示した内容に対応していれば個人からの信用が得られるというような、一定の基準が示されているものでした。ただ、情報漏えい事故や事件がなくならないことや、世界的な規制に合わせるため、何度か改正を経て、規制的な内容も付け加えられています。

そのあたりが難解になってきている要因でもありますが、それらの流れを念頭におくと理解がしやすいと思われます。

(1) 個人情報保護法の分野の学習法

① 法律条文に慣れ、趣旨を学ぶ

個人情報保護士認定試験「課題Ⅰ個人情報保護の総論」の「個人情報保護法の理解」の対策として、個人情報保護法を正しく理解することが基本となります。ただし、個人情報保護法は、法律条文だけを読んでも十分な理解をすることはできません。具体的な対応内容はガイドライン等に記載されています。そのため、条文内容にはふれずに法律で求められている対応内容を解説する書籍等が多数存在します。しかし、個人情報保護士としては、それらの対応内容とともに、条文ごとの趣旨の理解が求められますので、法律条文を読み、慣れ親しんでいることが望まれます。

② ガイドライン等で詳細を知る

そして、その上で具体的な法律対応内容を把握するために、個人情報保護委員会から公表されているガイドライン(「個人情報の保護に関する法律についてのガイドライン」)を読んでください。試験内容は、施行令(個人情報の保護に関する法律施行令)や施行規則(個人情報の保護に関する法律施行規則)に記載されている内容からも出題されます。しかし、ガイドラインには関連するそれらの条文も記載されていて、それらの説明も書かれています。そのため、ガイドラインを読むことで出題範囲をわかりやすくおさえられることになります。ガイドラインは通則編、第三者提供時の確認・記録義務編、仮名加工情報・匿名加工情報編など、複数にわかれています。まず通則編からおさえ、できる限りすべてのガイドラインにも目を通しておいてください。

これらのガイドラインは、個人情報保護委員会のウェブサイト(https://www.ppc.go.jp/personalinfo/legal/)で最新版の閲覧・ダウンロードができます。

③ 過去問題を解き、理解する

ガイドラインは莫大な量があるので、ざっと全体を見渡したところで、どこに重点を置くか、あたりをつけて読むことが効率的かと思います。そのためには、試験で何が問われるかを知ることも大事です。特に法律条文からの出題は、問われている趣旨が毎回大きくは変わりませんので、過去問題を見ることでそれらをつかみやすく

なります。あわせて、その時点での自分の理解度も確認することもできるので、弱点を知ることもできます。

個人情報保護士認定試験は、何も勉強せずに過去問題を解いただけでは合格基準には達しにくい試験です。逆に、しっかり理解をした上で過去問題を何度も解くことで、法律の趣旨や出題の意図が理解でき、自分が受験する問題もそれらにもとづいて正答が導きやすくなります。付け焼刃ではない対策が、合格後に個人情報保護士として活躍できる基本にもなりますので、ぜひそのような取り組みをされてください。

すべての条文やすべてのガイドラインの内容を網羅することはとても大変ですが、『個人情報保護士認定試験公式テキスト』(日本能率協会マネジメントセンター)では、個人情報保護法の条文原文が掲載され、条文ごとに対応したガイドライン内容が記載されています。紙面の都合上、全条文について掲載されているわけではありま

課題Ⅰ「個人情報保護法の理解」の出題状況について

出題項目	第67回	第66回	第65回
個人情報の背景と取り組み	4	2	1
個人情報の定義と分類	6	4	5
利用目的と適正な取得に関する義務	6	6	6
個人データに対する義務	3	3	2
第三者提供に関する義務	4	7	8
保有個人データに対する義務	6	6	7
仮名加工情報	3	2	1
匿名加工情報	1	3	2
認定個人情報保護団体	1	1	1
個人情報取扱事業者等に関する雑則	2	2	3
行政機関等の義務等	1	0	0
個人情報保護委員会と個人情報保護ガイドライン	2	3	3
罰則	1	1	1
出題総数	40	40	40

※第67回:2022年6月19日、 第66回:2022年3月13日、 第65回:2021年12月12日実施の試験。

せんが、個人情報保護士として習得しておくべき内容、個人情報保護士認定試験に出題されやすい項目を中心に記載されていますので、学習効率はよいと思われますのでご活用ください。

③ 課題Ⅰ「マイナンバー法の理解」の出題範囲・出題傾向、学習法

1 出題範囲は？

いわゆるマイナンバー法が施行されて以降、個人情報保護士認定試験の課題Ⅰに「マイナンバー法の理解」が加わりました。ここのところは毎回10問出題されています。その**ほとんどはマイナンバー法の条文からの出題となっています**。

マイナンバー法は個人情報保護法の特別法としての位置づけで、個人番号（マイナンバー）を含んだ特定個人情報は、通常の個人情報とは別の取扱いが必要となる項目があります。それらが規定されていない項目は個人情報保護法に準じた取扱いが求められていますが、特定個人情報特有の取扱いについて規定されているのがマイナンバー法で、個人情報保護士認定試験の課題Ⅰ「マイナンバー法の理解」ではそれらの内容の理解が求められます。

2 出題傾向は？

2013年、社会保障と税共通の番号制度制定により、住民票のある人全員に個人番号（マイナンバー）が設定されました。それらの本質的な理解には、制度制定に至った背景や、その後行われた法改正内容の理解が必要ですが、試験では、問題数が限られていることもあり、現行の法律条文が主な出題内容となっています。

以下が、直近に出題された項目です。

- 用語の定義
- 番号法の目的
- 個人番号
- 特定個人情報

- 個人番号の指定及び通知等
- 個人番号カードの交付等
- 個人番号の利用目的
- 個人番号の利用範囲／利用制限
- 本人確認 の措置
- 委託の取扱い
- 個人番号の提供の要求
- 特定個人情報の提供の制限 等
- 本人確認
- 個人番号カード
- 特定個人情報の収集等の制限
- 特定個人情報保護評価
- 法人番号
- 罰則

毎回出題されている項目もいくつかありますが、多くは法律条文全体からまんべんなく出題されています。

3 具体的な学習方法は？

ここのところの出題は全100問中10問なので、単純に考えると試験対策にかける時間の10分の１となりますが、マイナンバー法全体の習得には、それだけでは足りないと思われます。

ただ、通常の業務でマイナンバーを取り扱っている人は、もれなく全般をしっかり習得しておくべきかと思いますが、そうでない人には、概要と重要ポイントだけはおさえておく感覚でよいでしょう。

試験対策として、効率よく学習するためには、『個人情報保護士認定試験公式テキスト』で記載されている内容がおさえどころかと思います。試験でどのような内容が問われるかを過去問題で把握し、出題されている論点をつかんでから学習を進めることも効率的かと思われます。

課題Ⅰ「マイナンバー法の理解」の出題状況について

出題項目	第67回	第66回	第65回
マイナンバー法の目的と定義	2	1	2
個人番号	5	4	4
個人番号カード	1	1	1
特定個人情報	1	2	1
法人番号	1	1	1
罰則	0	1	1
出題総数	10	10	10

※第67回：2022年6月19日、 第66回：2022年3月13日、 第65回：2021年12月12日実施の試験。

④ 課題Ⅱ「個人情報保護の対策と情報セキュリティ」の出題範囲と全体的な出題傾向

1 出題範囲は？

「Ⅱ．個人情報保護の対策と情報セキュリティ」は、個人情報保護法第23条において規定されている、「必要かつ適切な**安全管理措置**」が主な出題対象となっています。事業者において、どのように個人情報保護体制を構築し運用するかという実践的な内容の理解度と、あわせて「必要かつ適切な」レベルが求められることから、**リスクマネジメント**についての理解が問われます。

個人情報保護法は2005年に全面施行されたものの、その後も情報漏えい事件や事故が相次ぎ、また技術も進化しています。さらにいわゆるマイナンバー制度がスタートしたり、関係する法律も制定や改正されたり、また世界の状況も変わってきました。それらに応じて、**個人情報保護法も改正が重ねられていますが、法律条文の正しい理解だけでなく、それらの時代に応じた適切な運用管理が必要とされています**。個人情報保護士認定試験の課題Ⅱでは、個人情報を正しく活用でき、安全管理が適切に行える知識をもち、かつ時代に即した実践力をもつことが求められています。

個人情報保護法第23条（安全管理措置）では、１文が記載されているだけですが、個人情報保護委員会から公表されている「個人情報の保護に関する法律についてのガイドライン」には、それらに対する詳細な対応すべき内容が書かれています。

まず、個人情報保護法ガイドライン（通則編）に、個人情報保護法第23条の解説として、以下のように書かれています。

> 「個人情報取扱事業者は、その取り扱う個人データの漏えい、滅失又は毀損の防止その他の個人データの安全管理のため、必要かつ適切な措置を講じなければならないが、当該措置は、個人データが漏えい等をした場合に本人が被る権利利益の侵害の大きさを考慮し、事業の規模及び性質、個人データの取扱状況（取り扱う個人データの性質及び量を含む）、個人データを記録した媒体の性質等に起因するリスクに応じて、必要かつ適切な内容としなければならない。」

そして、具体的に講じなければならない措置や当該措置を実践するための手法の例等については、「10（別添）講ずべき安全管理措置の内容」を参照のこととされていて、個人情報保護法ガイドライン（通則編）の最後の章に詳細の記載があります。

その中で、個人データの取扱規律の手法の例示として、「組織的安全管理措置、人的安全管理措置及び物理的安全管理措置の内容並びに情報システムを使用して個人データを取り扱う場合は技術的安全管理措置の内容を織り込むことが重要である。」とされています。

つまり、個人情報保護に関し、組織的、人的、技術的、物理的の４つの側面から、それぞれのリスクレベルに応じた安全管理措置を講じることが求められているのです。この中で、物理的安全管理措置は、オフィスセキュリティを含み、技術的安全管理措置は、いわゆる情報セキュリティに該当します。

個人情報保護士認定試験の「課題Ⅱ．個人情報保護の対策と情報セキュリティ」では、これらに対応し、**1．脅威と対策（リスクマネジメント）**と、**2．組織的・人的安全管理措置（組織的・人的セキュリティ）**、**3．物理的安全管理措置（オフィスセキュリティ）**、そして**4．技術的安全管理措置（情報システムセキュリティ）の4つのカテゴリーが出題分野**となっています。

これらの各分野に対して、多岐にわたる内容から出題されています。

以前は、選択肢が単語や用語で、説明文に該当するそれらを選択したり、文章の中にはめこむそれらの組み合わせを選択させたりする問題で、知識があればすぐに答えられる問題が多数でした。しかし**最近では、課題Ⅰと同様に、４つの選択肢の文章を読み、１つだけ正しいもの、あるいは間違っているものを選択するような文章題もかなり増えて**いて、４つの選択肢の文をしっかり読むための時間を想定した時間配分を考えたほうがよいと思われます。

出題される内容は、組織的・人的、物理的安全管理措置については、個人情報保護委員会の最新のガイドラインに記載されている内容が、理解・習得しておくべき最低限の範囲であると考えられます。リスクマネジメントと技術的安全管理措置については、それぞれが幅広く奥の深い分野であり、毎回新しい内容の出題もあり、類題もそれほど多くはないことから、どこまで習得しておくべきか悩みどころです。まずは、最新の『個人情報保護士認定試験公式テキスト』などにより基礎知識を習得した上で、できるだけ多数の過去問題を解くことで、問われるレベルや範囲を把握することが好ましいと考えられます。

2　全体的な出題傾向は？

個人情報保護士認定試験合格のための条件として、「Ⅱ．個人情報保護の対策と情報セキュリティ」の範囲から50問の出題に対し、70%の正答率が必要となっています。課題Ⅱは４つのカテゴリーに分類されて出題されていますが、合格基準についてカテゴリーごとの正答率設定はありません。ただ、すべてのカテゴリーで70%以上の正解ができるように、まんべんなく学習して理解することをめざすようにしましょう。

そのためにも、得意分野で取りこぼしをしないようにするとともに、弱点のカテゴリーがあれば補強をし、全般的に、できる限り実務的な知識を習得しておくことが望まれます。最近では、基本的な内容とともに、新しい技術にもとづく出題が増えています。４つのカテゴリーごとの出題数について決まっているわけではありませんが、最近の回では同じ数になっています。カテゴリーごとの問題数は、以前は原則同じ数でしたが、**最近は、オフィスセキュリティが**

少なく、情報システムセキュリティの問題数が多い傾向にあります。

課題Ⅱの出題状況について

出題分野	第67回	第66回	第65回
脅威と対策	13	13	13
組織的・人的セキュリティ	12	12	12
オフィスセキュリティ	9	9	9
情報システムセキュリティ	16	16	16
出題総数	50	50	50

※第67回：2022年6月19日、 第66回：2022年3月13日、 第65回：2021年12月12日実施の試験。

個人情報保護士認定試験の「Ⅱ．個人情報保護の対策と情報セキュリティ」は、深く“理解”しているよりは、幅広く“知識”があるかどうかが問われる傾向が高く、正答を導けるかどうかは、まずは知っているかどうかに依存します。一方で**1**で述べたように文章題も増えたことから、体系的に学ばずに過去問題を一度解くだけのような付け焼刃的な勉強法では、合格基準には達しづらい出題内容となっています。

試験で問われる範囲の用語や単語などをしっかり覚えることが合格への近道となります。得意分野であっても油断せず、最新情報を収集し学習しておくことが求められます。

⑤課題Ⅱの各分野別出題傾向と学習法

1　脅威と対策

(1) 出題傾向

個人情報保護管理体制を構築するための基本的な考え方として、脅威および脆弱性に対する認識とともに、それらのリスク評価・分析を行うことが重要となります。これらも試験の出題範囲ですが、個人情報保護分野に限らない一般的なリスクマネジメントシステムの理解が問われています。

このカテゴリーは、これらの**リスクマネジメントについての出題**

が大半でしたが、最近では、情報セキュリティの基本要素や個人情報保護マネジメントシステム（PMS）、情報セキュリティマネジメントシステム（ISMS）の基準やJIS規格認証制度、さらに内部統制や著作権法、不正アクセス禁止法、不正競争防止法、特定電子メール法など、関係法令に関する理解が問われる出題もされています。

(2) 学習方法

この分野は、個人情報保護に限らない一般的なリスクマネジメントや情報セキュリティ、法令関連について問われますので、直感や常識で答えられるものは少ないと考えたほうがよいでしょう。また、本質的な理解をせずに、過去に出題された問題を解くだけでは、自信をもって正答を導けることは難しい問題も多くあります。

該当分野の内容について、『個人情報保護士認定試験公式テキスト』に記載されている内容は、最低限しっかり理解し覚えておくべきです。

その上で、過去問題を解き、それぞれの内容についての問われ方についても、体感をつけておきたいところです。

2 組織的・人的セキュリティ

(1) 出題傾向

組織的・人的セキュリティの分野では、個人情報保護に関する組織体制と、人的管理の知識が問われます。個人情報の漏えいは、人的ミスや人による故意的なものが原因とされることが多く、事業者はこれらの対策として、組織的な体制の整備と、人に対する適正な管理が求められています。特に、社員や委託先社員によって情報漏えい事件が多発していることも反映し、従業者の教育や監督、および委託先の監督に関する問題は毎回複数出題されています。

これらに対応し、組織的・人的セキュリティに関して、以下のような分野から出題されています。

○組織的セキュリティ

- 個人情報の特定や台帳管理
- 個人情報保護方針
- 責任、管理規程
- 組織体制の整備

- 個人情報保護管理者（CPO）の権限と役割
- 情報セキュリティ監査
- 監査証跡
- PMSの運用
- 見直し・改善

○人的セキュリティ

- 従業者や契約相手との雇用契約書
- 従業者の管理
- モニタリング
- 人的脅威
- 従業者の教育
- 委託先の監督
- 苦情対応
- 漏えい事案発生時の対応
- テレワーク時の組織的・人的対策

正誤が問われる文章題では、常識的な判断で正答が導けるものもありますが、用語選択などしっかりとした知識を問う問題が増えています。基本方針や経済産業分野のガイドラインなどに記載されている内容を把握した上で、それらに対応した体制の構築と整備が求められます。

(2) 学習方法

企業等の中で個人情報保護体制整備等の業務に携わっている人は、自社の体制をイメージしながら学習できる分野です。しかし、そうでない人は、組織の体制や役割、責務などについて、全体をしっかり理解をしておく必要があります。また、関係している人であっても、必ずしも自社の状況を想定することで正答が導けるとは限らないので注意しましょう。それらについては、過去問題をできるだけ多く解き、正誤が問われる文章題については、誤っているとされる選択肢がなぜ誤答であるのかという点をしっかりおさえておくことが望ましいです。

この分野は、試験に合格するためだけではなく、個人情報保護士として活躍する際に、もっとも実務的に活かせる分野でもあります。それらをふまえて、本質的な理解をした上で、事例についてもできる限り情報入手し、この分野のプロフェッショナルをめざすつもりで取り組む姿勢が望ましいです。

3 オフィスセキュリティ

(1) 出題傾向

物理的安全管理措置である「オフィスセキュリティ」分野では、**入退室管理とオフィス内外の情報保護対策、および事業継続管理などが問われます**。入退室管理では、セキュリティレベルに応じてエリアに分けられたオフィススペースについて、それぞれのエリア内に設置すべき装置や備品、機能が問われます。また、各エリアに必要な入退室管理と、管理技術の知識も解法に必要です。さらに、管理技術として、認証方法の理解が問われ、オフィス内外の保護対策としては、個人情報の入ったパソコンやUSBメモリーなどの記憶装置の管理やバックアップ管理等が問われます。

また、近年はそれらの記憶媒体だけではなく、スマートフォンの利用が拡大し、個人所有のスマートフォンがオフィスに持ち込まれることが日常的になってきました。簡単に情報の複製や持ち出しが可能になり、外部からのファイルの持ち込みなども容易になっていることから、情報漏えいの危険性が高まっており、実際、それらによる事件・事故が起こっていることもあり、それらの管理に対する知識が求められています。

加えて、トラブル対策としてのシステムの二重化や、災害対策に関連した事業継続計画（BCP）や・事業継続管理（BCM）についても毎回出題されています。

(2) 学習方法

この分野は、**他の安全管理措置の問題に比べて、体感的、常識的に解けるものが多かった印象でしたが、最近はイメージだけでは正答しにくい難易度に高まってきています**。まずは個人情報の漏えい等を防ぐために、物理的な仕組みはどうすれば望ましいか、各個人がどのようなことに心がければよいかなどの基本に立ち返り、個人情報を適正に管理する考え方にもとづいて考察しておくことがよいと思われます。自分の職場など身近にある環境について、規程や技術的な視点から適正な管理がなされているかどうかを確認し、不備や個人情報漏えいの可能性がありそうなところは改善方法を検討し、ミスの起こりにくい環境を整備することを想定してみるとよいでしょう。技術的な視点に関しては、自社では利用等をしていない場合は想像もできない場合も出てくるので、それらについては過去問題を中心にしっかりと学習し、習得しておくことが望まれます。

災害対策を含めた事業継続計画についての問題も、取りこぼしのないように、最新の『個人情報保護士認定試験公式テキスト』などに一通り目を通して理解した上で、過去に出題された問題を解き、慣れておくことが望ましいです。

4 情報システムセキュリティ

(1) 出題傾向

技術的な安全管理措置である情報セキュリティ分野では、以下のような内容が出題されています。

- 暗号化
- 電子署名及びタイムスタンプ
- 認証/認証技術
- MACアドレスフィルタリング
- PKI関連技術
- 不正アクセス対策
- セキュアな通信技術
- マルウェア/トロイの木馬
- テレワークにおける対策
- 無線LAN
- アクセス権限に関する理解
- 不正プログラム
- OSやアプリの脆弱性

情報セキュリティ分野は、技術者としてではなく、システム管理運営者の立場として問われるため、本来は技術的な深い内容までは必要としませんが、**近年のめざましい技術進化にあわせ、問題の難易度は高まっている**ように思います。管理運営者の立場であるとはいえ、システムの運用管理だけでなく、管理システムの設定を行うレベルまでの理解が求められているようです。これらの出題では、まずは、多岐にわたる技術用語を正しく理解しているかどうかが問われます。単に用語の意味だけではなく、セキュリティ対策法としての視点も問われています。

(2) 学習方法

このカテゴリーでは、文章題とともに、用語選択の問題も多く、用語の意味やその活用法について本質的な理解をしていないと正しい答えが選択できない問題が増えています。**用語に関しては、知らないと全く見当もつかなくなってしまうので、できる限り、知らない用語を減らすように努めておく**ことが望まれます。

日常から、情報システムを業務で管理している人であれば、難易度はそれほど高くないと考えられますが、それでも、試験特有の問われ方もあります。理系の仕事をしていない人は、たくさんの用語の理解が必要でしょう。しっかりとした準備が求められます。日進月歩で進化している世界ですので、新しい用語もどんどん増え続けていますが、それらのすべてを把握し理解しておかなければならないわけではありません。まずは、最新の『個人情報保護士認定試験公式テキスト』などや過去に出題された問題に出てくる用語の意味と内容については、最低限覚えておくことが必要でしょう。

技術用語は英字略語も多く、また多大な数にのぼりますが、特に英字略語については、略語のまま出題されることもあります。少なくともどのような分野の用語で、どのような意味かを大枠だけでも記憶しておきたいです。また、最近のニュース等で話題にのぼるような用語についても、できる限りたくさん理解するように努めることが好ましいです。

その上で、過去問題をできるだけたくさん解いておき、出題のされ方もつかんでおくことが望まれます。

(参考) 試験で問われやすい情報セキュリティ関連用語

○主なサイバー攻撃

名称	概要	主な対策例
DDoS攻撃	大量データ送信によるシステムダウン	アクセス制限、アップデートなどによる脆弱性の解消
DNSキャッシュポイズニング	DNS情報改ざんによる虚偽サイトへの誘導	IDランダム化、内部ネットワーク限定アクセス
hoax	偽の不正プログラム情報のデマを拡散	受け取った情報をすぐに転送せず精査する
MITB (中間者) 攻撃	オンラインバンキングのブラウザを乗っ取る	ブラウザのアップデート、不正アクセスのブロック
SQLインジェクション	不正SQL文の実行	エスケープ処理、サニタイジング
クロスサイトスクリプティング	不正スクリプトの埋め込み	入力欄の字数制限 (バリデーション)、サニタイジング
クロスサイトリクエストフォージェリ	ログイン状態での不正スクリプト実行	アクセス制限、セキュリティトークンの利用
サイドチャネル攻撃	暗号処理の動作状況から情報を解読	機器を紛失しない、耐タンパー性の機器を利用
ゼロデイ攻撃	セキュリティホールへの不正アクセス	アップデートなどによる脆弱性の解消、サンドボックスの利用
スパイウェア	コンピュータ内データを不正に外部送信	外部から安易にプログラム等をダウンロードしない
ディレクトリトラバーサル	相対／絶対パス指定による不正アクセス	外部からのパス指定を不可にする仕様設計
ドライブバイダウンロード攻撃	ブラウザを介して気づかれずに感染させる	ブラウザのアップデート、不正アクセスのブロック
ブルートフォース攻撃	パスワード総当たりによる不正ログイン	ログイン試行回数制限、二段階認証
水飲み場型攻撃	アクセスしやすいサイトに不正工作	ブラウザのアップデート、不正アクセスのブロック
(パスワード) リスト攻撃	流出情報に基づいた他所への不正ログイン	ID・パスワードの使い回しを避ける
リプレイアタック	不正入手したパスワードなどによって他人になりすましてのログイン	ID・パスワードが外に漏れないように管理、二段階認証

○サイバー攻撃に使われる主な手段

名称	概要
C&C (コマンドアンドコントロール) サーバ	ボットを意図的に作動させる際に指令を出すサーバで、DDoS攻撃などで悪用される
RDP	特定のコンピュータを遠隔操作するためのプロトコル
コンピュータウィルス	コンピュータを不正利用可能な状態にするプログラム
セキュリティホール	ソフトウェアの設計ミスなどによって生じた、セキュリティ上の脆弱性
トロイの木馬	有用なアプリケーションに見せかけてダウンロードさせ、侵入後に不正に動作するプログラム
ボット	予めプログラミングされた行動を、特定の命令や条件で反復するプログラム
マルウェア	コンピュータに対する不正目的で作成されたプログラムの総称
ランサムウェア	コンピュータ内のファイルなどにパスワードを設定し、解除に金銭等を要求するプログラム
ワーム	ネットワークを介してコンピュータを破壊・増殖して他のコンピュータに侵入するプログラム

◯セキュリティ対策に関する主な用語

名称	概要
AES	共通鍵暗号方式を用いた暗号化規格。無線LANや圧縮ファイルの暗号化などに採用
Cookie	Webブラウザに保存された履歴情報（＝個人関連情報）をサーバとやり取りする仕組み
DMZ （非武装地帯）	ファイアウォールによって外部・内部のネットワーク双方から隔離された、緩衝地帯となる区域
EPP	セキュリティソフトなどに用いられる、マルウェアによる攻撃を防ぐシステム
ESSID	無線LAN接続のアクセスポイントで使われる識別子。実務ではステルス機能なども加えられる
IDS	不正アクセスやその兆候を検知して通知するシステム
IEEE 802.1X	ユーザー認証された通信のみを可能にする規格。無線・有線双方に対応
IPS	不正アクセスやその兆候を検知するだけではなく、通信を遮断して防御するシステム
IPsec	認証・暗号化・改ざん検出・トンネル機能を有した、暗号化した通信を可能にする規格
MACアドレス フィルタリング	予め登録されたMACアドレスのみ通信を許可するシステム。偽装可能のため他の対策も必要とされる
PKI	公開鍵暗号技術と電子署名技術を使い、認証局（CA）を介する公開鍵暗号技術基盤
RADIUS	ネットワーク上で利用者の認証や権限の付与、利用状況の記録などを行うための仕組み
RSA	公開鍵暗号方式を用いた暗号化規格。大きな数の素因数分解の困難性を利用して安全性を高める
S/MIME	電子メールの暗号化・電子署名の付与を可能にする規格
SSL/TLS	Webブラウザとサーバの間で通信内容を暗号化して送受信する規格。TLSはSSLの後継規格
UTM	複合的な機能を持ったセキュリティ機器を導入することで、セキュリティ対策を実施する管理手法
VLAN	物理的な接続とは別に仮想的なネットワークを構築する技術。SNSのグループチャットが好例
VPN	暗号化・認証・カプセル化などにより、専用回線のような安全性で通信できるようにする技術
WAF	ファイアウォールで対処できない、Webアプリの脆弱性を衝く攻撃を防御するシステム
WPA （WPA2/WPA3）	共通鍵暗号の複雑化や改ざん・なりすまし検出機能などを強化された無線LANの暗号化規格
アプリケーション ゲートウェイ型	「プロキシサーバ」とも呼ばれる、通信内容を認識して可否を判断するファイアウォール機能
セキュリティトークン	利用者の認証を補助する物理的な装置。金融機関のワンタイムパスワード表示器などが代表的
ゼロトラスト	安全な領域やアクセスを信頼せず、常に正当なアクセスか検討したうえでの許可を前提としたセキュリティの考え方
二段階（ツーファクター）認証	パスワード認証と生体認証など、複数の認証システムでセキュリティを高める仕組み
パケットフィルタリング型（ACL）	IPアドレスとポート番号の情報をもとにパケットの通信可否を判断するファイアウォール機能
ファイアウォール	外部・内部ネットワークの境界に設置して、外部からの不正アクセスを防ぐ仕組み

第2章

課題Ⅰ 「個人情報保護法の理解」の過去問題と解説

1. 個人情報保護法の背景と取り組み…… 30
2. 個人情報の定義と分類…… 39
3. 利用目的と適正な取得に関する義務…… 61
4. 個人データに対する義務…… 92
5. 第三者提供に関する義務…… 106
6. 保有個人データに対する義務…… 144
7. 仮名加工情報…… 178
8. 匿名加工情報…… 188
9. 認定個人情報保護団体…… 198
10. 個人情報取扱事業者等に関する雑則…… 202
11. 行政機関等の義務等…… 216
12. 個人情報保護委員会と個人情報保護ガイドライン… 217
13. 罰則…… 230

1. 個人情報保護法の背景と取り組み

問1 第67回 問題1

OECD８原則に関する以下のアからエまでの記述のうち、誤っているものを１つ選びなさい。

ア. 1980年、経済協力開発機構（OECD）により「プライバシー保護と個人データの国際流通についてのガイドラインに関する理事会勧告」が採択され、その付属文書の「OECDプライバシーガイドライン」で示されたのがOECD８原則である。

イ. 1995年、EUにおいて、OECD原則を踏まえた個人データの保護に関する原則を定めた「EUデータ保護指令」が採択された。

ウ. OECD８原則の一つである「目的明確化の原則」とは、個人情報の利用目的を明確にすることであり、個人情報保護法17条の個人情報の利用目的の特定及び個人情報保護法18条の利用目的による制限が、当該原則に対応する規定である。

エ. OECD８原則の一つである「公開の原則」とは、個人データの収集事実、所在、利用目的や管理者等に関する情報を公開することであり、個人情報保護法21条の取得に際しての利用目的の通知が、当該原則に対応する規定である。

OECDプライバシーガイドライン・8原則

公式テキスト 1-1 P.16-17

正答 **ウ**

本問は、OECDプライバシーガイドライン・8原則に関する理解を問うものである。

ア. 正しい 1980年、経済協力開発機構（OECD）により「プライバシー保護と個人データの国際流通についてのガイドラインに関する理事会勧告」が採択され、その付属文書の「OECDプライバシーガイドライン」で示されたのがOECD 8原則である。

イ. 正しい 1995年、EUにおいて、「個人データの取扱いに係る個人の保護及び当該データの自由な移動に関する欧州議会及び理事会の95/46/EC指令」（「EUデータ保護指令」等と呼ばれる）が採択された。これは、EUの加盟国に対し、同指令を遵守するために必要な法整備を求めるものであり、OECD原則を踏まえた個人データの保護に関する原則が定められている。

ウ. 誤　り OECD 8原則の一つである「目的明確化の原則」は、個人情報の利用目的を明確にすることであり、法17条の利用目的の特定が当該原則に対応した規定となっている。もっとも、法18条の利用目的による制限は、OECD 8原則の**「利用制限の原則」に該当する**ものである。

エ. 正しい OECD 8原則の一つである「公開の原則」とは、個人データの収集事実、所在、利用目的や管理者等に関する情報を公開することであり、法21条の取得に際しての利用目的の通知が、当該原則に対応する規定である。

問2　第66回 問題1

個人情報保護法の制定に関する以下のアからエまでの記述のうち、誤っているものを1つ選びなさい。

ア．個人情報を利用・活用することは、行政機関や独立行政法人、地方公共団体等の公的部門（公的分野）においては、行政等の事務の適正・円滑な運営のために必要不可欠である。民間部門（民間分野）においても、個人情報を利用・活用することは、個々の事業者の事業の遂行にとどまらず、新たな産業の創出や活力ある経済社会の実現等のために必要不可欠であるといえる。

イ．コンピュータネットワークの急激な発展に伴い、公的部門、民間部門を問わず、大量の個人情報が処理されるようになり、住民情報や顧客情報等の漏えい事件や個人情報の売買事件が発生して社会問題化したため、国民のプライバシーに関する不安が高まり、公的部門のみならず民間事業者に対しても、個人情報の保護措置を講ずる要請が高まった。

ウ．国際的には、1970年代から、欧米諸国において、個人情報保護に関する法制の整備が進んでいた。1980年には、国際経済連携推進機構の「プライバシー保護と個人データの国際流通についてのガイドラインに関する理事会勧告」が出され、以後、各国で急速に個人情報保護法制の整備が進み、企業活動のグローバル化が進む中、日本も国際的に整合性を保った法制の整備が求められた。

エ．1999年以降、政府で個人情報保護のシステムのあり方について検討が進められ、様々な国民的議論を経て、2003年５月に公的部門・民間部門を通じた個人情報の基本理念等を定めた基本法に相当する部分と民間事業者（民間部門）の遵守すべき義務等を定めた一般法に相当する部分から構成される個人情報保護法が成立し公布され、2005年４月に全面施行された。

個人情報保護法の制定

公式テキスト 1-1 P.18-19

正答
ウ

本問は、個人情報保護法の制定に関する理解を問うものである。

ア. **正しい** 個人情報を利用・活用することは、行政機関や独立行政法人、地方公共団体等の公的部門（公的分野）においては、行政等の事務の適正・円滑な運営のために必要不可欠である。民間部門（民間分野）においても、個人情報を利用・活用することは、個々の事業者の事業の遂行にとどまらず、新たな産業の創出や活力ある経済社会の実現等のために必要不可欠であるといえる。

イ. **正しい** コンピュータネットワークの急激な発展に伴い、公的部門、民間部門を問わず、大量の個人情報が処理されるようになり、住民情報や顧客情報等の漏えい事件や個人情報の売買事件が発生して社会問題化したため、国民のプライバシーに関する不安が高まり、公的部門のみならず民間事業者に対しても、個人情報の保護措置を講ずる要請が高まっていた。

ウ. **誤　り** 国際的には、1970年代から、欧米諸国において、個人情報保護に関する法制の整備が進んでいた。1980年には、**経済協力開発機構（OECD）**の「プライバシー保護と個人データの国際流通についてのガイドラインに関する理事会勧告」が出され、以後、各国で急速に個人情報保護法制の整備が進み、企業活動のグローバル化が進む中、日本も国際的に整合性を保った法制の整備が求められた。

エ. **正しい** 1999年以降、政府で個人情報保護のシステムのあり方について検討が進められ、様々な国民的議論を経て、2003年5月に公的部門・民間部門を通じた個人情報の基本理念等を定めた基本法に相当する部分と民間事業者（民間部門）の遵守すべき義務等を定めた一般法に相当する部分から構成される個人情報保護法が成立し公布され、2005年4月に全面施行された。

問3　第67回 問題3

個人情報保護法に関する以下のアからエまでの記述のうち、誤っているものを１つ選びなさい。

ア．個人情報保護法は、デジタル社会の進展に伴い個人情報の利用が著しく拡大していることを背景として制定された。

イ．個人情報保護法は、個人情報の適正な取扱いに関し、基本理念及び政府による基本方針の作成その他の個人情報の保護に関する施策の基本となる事項を定め、国及び地方公共団体の責務等を明らかにし、個人情報を取り扱う事業者及び行政機関等についてこれらの特性に応じて遵守すべき義務等を定めている。

ウ．個人情報保護法は、個人情報を適切かつ効果的に活用すること等により、新たな産業の創出並びに活力ある経済社会及び豊かな国民生活の実現に資することをその目標としている。

エ．個人情報保護法は、プライバシー権に配慮しつつ、個人の権利利益を保護することをその目的としている。

個人情報保護法の目的条文

公式テキスト 2-4 P.60-61

正答　エ

本問は、個人情報保護法の目的条文（法１条）に関する理解を問うものである。

ア．**正しい**　本記述のとおりである（法１条）。

イ．**正しい**　本記述のとおりである（法１条）。

ウ．**正しい**　本記述のとおりである（法１条）。

エ．**誤　り**　個人情報保護法は、個人情報の有用性に配慮しつつ、個人の権利利益を保護することを目的としており（法１条）、**プライバシー権に配慮することは規定していない**。

問4　第67回 問題11

国及び地方公共団体の施策に関する以下のアからエまでの記述のうち、誤っているものを１つ選びなさい。

ア. 国は、その機関が保有する個人情報の適正な取扱いが確保されるよう必要な措置を講ずることに努めなければならない。
イ. 国は、地方公共団体との適切な役割分担を通じ、個人情報取扱事業者による個人情報の適正な取扱いを確保するために必要な措置を講ずるものとする。
ウ. 地方公共団体は、その機関が保有する個人情報の適正な取扱いが確保されるよう必要な措置を講ずるものとする。
エ. 国及び地方公共団体は、個人情報の保護に関する施策を講ずるにつき、相協力するものとする。

国及び地方公共団体の施策

公式テキスト 2-3 P.57

正答　ア

本問は、国及び地方公共団体の施策に関する理解を問うものである。

ア. **誤　り**　国は、その機関が保有する個人情報の適正な取扱いが確保されるよう必要な措置を**講ずるものとする**（法８条１項）。
イ. **正しい**　本記述のとおりである（法11条）。
ウ. **正しい**　本記述のとおりである（法12条１項）。
エ. **正しい**　本記述のとおりである（法15条）。

問5　第67回 問題2

プライバシーマーク制度に関する以下のアからエまでの記述のうち、誤っているものを１つ選びなさい。

ア．プライバシーマーク制度は、JISQ15001を基準とした第三者認証制度であり、1998年に創設されたものである。

イ．プライバシーマーク制度は、プライバシーマーク付与機関、プライバシーマーク指定審査機関、プライバシーマーク指定研修機関によって運営されている。

ウ．プライバシーマーク付与の有効期間は２年であり、以降は、２年ごとに更新を行うことができる。

エ．プライバシーマーク付与の対象は、国内に活動拠点をもつ事業者であり、原則として、組織単位で付与される。

プライバシーマーク制度

公式テキスト 1-4 P.44-45

正答　エ

本問は、プライバシーマーク制度に関する理解を問うものである。

ア．**正しい**　プライバシーマーク制度は、JISQ15001を基準とした第三者認証制度であり、1998年に創設されたものである。

イ．**正しい**　プライバシーマーク制度は、プライバシーマーク付与機関、プライバシーマーク指定審査機関、プライバシーマーク指定研修機関の３つの機関によって運営されている。

ウ．**正しい**　プライバシーマーク付与の有効期間は２年であり、以降は、２年ごとに更新を行うことができる。

エ．**誤　り**　プライバシーマーク付与の対象は、国内に活動をもつ事業者であるが、原則として、組織単位ではなく、**法人単位で付与される**。

問6 第66回 問題2

プライバシーマーク制度に関する以下のアからエまでの記述のうち、正しいものを１つ選びなさい。

ア. プライバシーマーク制度は、JIS Q 22301を審査基準とした第三者認証制度である。
イ. プライバシーマーク制度の保護対象は、個人情報及び情報資産である。
ウ. プライバシーマーク制度は、プライバシーマーク付与機関、プライバシーマーク指定審査機関、プライバシーマーク指定研修機関によって運営されている。
エ. プライバシーマーク付与の対象は、国内に活動をもつ事業者であり、原則として、組織単位で付与される。

プライバシーマーク制度

公式テキスト 1-4 P.44-45

正答
ウ

本問は、プライバシーマーク制度に関する理解を問うものである。

ア. 誤り プライバシーマーク制度は、日本産業規格「JIS Q 150001 個人情報保護マネジメントシステム－要求事項」を審査基準とした第三者認証制度である。従って、本記述は誤っている。なお、JIS Q 9001は「品質マネジメントシステム－要求事項」である。

イ. 誤り プライバシーマーク制度の保護対象は個人情報であり、情報資産は保護の対象となっていない。なお、ISMS適合性評価制度では、個人情報を含む情報資産も保護の対象となっている。

ウ. 正しい プライバシーマーク制度は、プライバシーマーク付与機関、プライバシーマーク指定審査機関、プライバシーマーク指定研修機関によって運営されている。

エ. 誤り プライバシーマーク付与の対象は、国内に活動をもつ事業者であり、原則として、**法人単位**で付与される。

問7　第65回 問題4

プライバシーマーク制度に関する以下のアからエまでの記述のうち、誤っているものを１つ選びなさい。

ア．プライバシーマーク制度は、JIS Q 15001を審査基準とした第三者認証制度であり、個人情報保護法が成立するよりも前に創設されたものである。

イ．プライバシーマーク付与の対象は、国内に活動拠点を持つ事業者であり、プライバシーマークは、原則として、法人単位で付与される。

ウ．プライバシーマークは、プライバシーマーク制度委員会が申請者の付与適格性を審査し、一般財団法人日本情報経済社会推進協会（JIPDEC）が付与適格性を認められた申請者に付与する。

エ．プライバシーマーク付与の有効期間は、２年間であり、以降は、２年ごとに更新を行うことができる。

プライバシーマーク制度

公式テキスト 1-4 P.44-45

正答　ウ

本問は、プライバシーマーク制度に関する理解を問うものである。

ア．正しい　プライバシーマーク制度は、JIS Q 15001を審査基準とした第三者認証制度であり、個人情報保護法が成立（2003年）するよりも前に創設（1998年）されたものである。

イ．正しい　プライバシーマーク付与の対象は、国内に活動拠点を持つ事業者であり、プライバシーマークは、原則として、法人単位で付与される。例外は、医療法人等及び学校法人等について認められている。

ウ．誤　り　プライバシーマークは、**プライバシーマーク指定審査機関（審査機関）**が申請者の付与適格性を審査し、一般財団法人日本情報経済社会推進協会（JIPDEC）が付与適格性を認められた申請者に付与する。

エ．正しい　本記述のとおりである。

2. 個人情報の定義と分類

問1　第67回 問題4

個人情報に関する以下のアからエまでの記述のうち、誤っているものを１つ選びなさい。

ア．外国に居住する外国人の個人に関する情報は、日本の個人情報取扱事業者が取り扱う場合、個人情報保護法による保護の対象となり得る。

イ．音声録音情報は、特定の個人を識別できる場合、個人情報に該当する。

ウ．法人その他の団体は個人に該当しないため、法人等の団体そのものに関する情報は個人情報に該当しない。

エ．情報が本人の氏名のみであった場合、同姓同名の人が存在する可能性があることから、個人情報に該当しない。

個人情報

公式テキスト 2-5 P.65-67

正答　エ

「個人情報」とは、生存する「個人に関する情報」であって、「当該情報に含まれる氏名、生年月日その他の記述等により特定の個人を識別することができるもの（他の情報と容易に照合することができ、それにより特定の個人を識別することができるものを含む。）」（法２条１項１号）、又は「個人識別符号が含まれるもの」（法２条１項２号）をいう。

本問は、この「個人情報」に関する理解を問うものである。

ア．**正しい**　個人情報における個人には、日本国民に限らず、外国人も含まれる。よって、日本の個人情報取扱事業者が取り扱う個人情報は、居住地や国籍を問わず、個人情報保護法による保護の対象となり得る。

イ．**正しい**　本人の氏名が含まれる等の理由により、特定の個人を識別できる音声録音情報は、個人情報に該当する。

ウ．**正しい**　本記述のとおりである。

エ．**誤　り**　本人の氏名のみであっても、**社会通念上、特定の個人を識別することができるものと考えられる**ことから、個人情報に該当する。

問2　第65回 問題5

個人情報に関する以下のアからエまでの記述のうち、誤っているものを１つ選びなさい。

ア．複数人の個人情報を機械学習の学習用データセットとして用いて生成した学習済みパラメータ（重み係数）は、当該パラメータと特定の個人との対応関係が排斥されている限りにおいては、個人に関する情報に該当するものではないため、個人情報にも該当しない。

イ．死者に関する情報であっても、それが同時に、遺族等の生存する個人に関する情報でもある場合には、当該生存する遺族等の個人に関する情報に該当するので、個人情報に該当し得る。

ウ．個人に関する情報とは、氏名、住所、性別、生年月日、顔画像等個人を識別する情報に限られ、ある個人の身体、財産、職種、肩書等の属性に関して、事実、判断、評価を表す情報は含まれない。

エ．情報を取得した時には生存する特定の個人を識別することができなかったとしても、取得後、新たな情報が付加され、又は照合された結果、生存する特定の個人を識別することができるようになった場合には、その時点で個人情報に該当する。

個人情報
公式テキスト 2-5 P.65-67

正答
ウ

「個人情報」とは、生存する個人に関する情報であって、当該情報に含まれる氏名、生年月日その他の記述等により特定の個人を識別することができるもの（他の情報と容易に照合することができ、それにより特定の個人を識別することができるものを含む。）、又は個人識別符号が含まれるものをいう（法２条１項）。本問は、この「個人情報」に関する理解を問うものである。

ア．**正しい**　複数人の個人情報を機械学習の学習用データセットとして用いて生成した学習済みパラメータ（重み係数）は、学習済みモデルにおいて、特定の出力を行うために調整された処理・計算用の係数であり、当該パラメータと特定の個人との対応関係が排斥されている限りにおいては、個人に関する情報に該当するものではないため、個人情報にも該当しないと考えられている。

イ．**正しい**　死者に関する情報であっても、それが同時に、遺族等の生存する個人に関する情報でもある場合には、当該生存する遺族等の個人に関する情報に該当するので、個人識別性の要件を満たせば、個人情報に該当し得る。

ウ．**誤　り**　個人に関する情報とは、氏名、住所、性別、生年月日、顔画像等個人を識別する情報に限られず、ある個人の身体、財産、職種、肩書等の属性に関して、事実、判断、評価を表すすべての情報をいう。

エ．**正しい**　本記述のとおりである。

問3　第66回 問題3

個人情報に関する以下のアからエまでの記述のうち、誤っているものを1つ選びなさい。

ア. 個人の行動履歴は、経時的にデータが積み重ねられる情報となるため、単体で個人情報となる。

イ. SNSのニックネームやユーザIDは、周知である等の事情がない限り、単独では個人情報に該当しない。

ウ. 各公共交通機関の利用者割合等の統計情報は、個人との対応関係が排斥されている限りにおいて個人情報に該当しない。

エ. 会社における職位又は所属に関する情報を本人の氏名と組み合わせた情報は、個人情報に該当する。

個人情報

公式テキスト 2-5 P.65-67

正答　ア

「個人情報」とは、生存する「個人に関する情報」であって、「当該情報に含まれる氏名、生年月日その他の記述等により特定の個人を識別することができるもの（他の情報と容易に照合することができ、それにより特定の個人を識別することができるものを含む。）」（法2条1項1号）、又は「個人識別符号が含まれるもの」（法2条1項2号）をいう。本問は、この「個人情報」に関する理解を問うものである。

ア. 誤　り　行動履歴は、他の属性との組み合わせや外部の情報との照合によって個人を特定できる場合は「個人情報」に該当する。単体では個人情報とはならない。

イ. 正しい　SNSのニックネームやユーザIDは、周知である等の事情がない限り、通常は特定の個人を識別できないため、それ単独では個人情報とはいえないが、当該情報に含まれる他の情報によって特定の個人が識別できる場合には、個人情報に該当する。

ウ. 正しい　各公共交通機関の利用者割合等の統計情報は、個人との対応関係が排斥されている限りにおいて「個人情報」には該当しない。

エ. 正しい　生年月日、連絡先（住所・居所・電話番号・メールアドレス）、会社における職位又は所属に関する情報について、それらと本人の氏名を組み合わせた情報。

問4　第67回 問題5

個人情報に関する以下のアからエまでの記述のうち、誤っているものを1つ選びなさい。

ア．複数人の個人情報を機械学習の学習用データセットとして用いて生成した学習済みパラメータ（重み係数）は、学習済みモデルにおいて、特定の出力を行うために調整された処理・計算用の係数であることから、当該パラメータと特定の個人との対応関係が排斥されているか否かにかかわらず個人情報に該当しない。

イ．人物を全身のシルエット画像に置き換えて作成した移動軌跡データ（人流データ）は、抽出元の本人を判別可能なカメラ画像や個人識別符号等本人を識別することができる情報と容易に照合することができる場合を除き、個人情報には該当しない。

ウ．オンラインゲームにおける「ニックネーム」は、原則として、個人情報には該当しないが、「ニックネーム」を自ら保有する他の情報と容易に照合することにより特定の個人を識別できる場合は、個人情報に該当する。

エ．統計情報（複数人の情報から共通要素に係る項目を抽出して同じ分類ごとに集計して得られる情報）は、特定の個人との対応関係が排斥されている限りにおいては、個人情報に該当しない。

個人情報

公式テキスト 2-5 P.65-67

正答　ア

ア．**誤　り**　複数人の個人情報を機械学習の学習用データセットとして用いて生成した学習済みパラメータ（重み係数）は、学習済みモデルにおいて、特定の出力を行うために調整された処理・計算用の係数であり、当該パラメータと特定の個人との対応関係が**排斥されている限りにおいて**は「個人に関する情報」に該当するものではないため、「個人情報」にも該当しないと考えられる。

イ．**正しい**　本記述のとおりである。

ウ．**正しい**　本記述のとおりである。

エ．**正しい**　本記述のとおりである。

問5　第65回 問題6

個人識別符号に関する以下のアからエまでの記述のうち、誤っているものを１つ選びなさい。

ア．個人識別符号とは、当該情報単体から特定の個人を識別することができるものとして個人情報の保護に関する法律施行令に定められた文字、番号、記号その他の符号をいう。
イ．歩行の際の姿勢及び両腕の動作、歩幅その他の歩行の態様から抽出した特徴情報を、本人を認証することを目的とした装置やソフトウェアにより、本人を認証することができるようにしたものは、個人識別符号に該当する。
ウ．携帯電話番号やクレジットカード番号は、個人識別符号に該当しないので、個人情報に該当することはない。
エ．行政手続における特定の個人を識別するための番号の利用等に関する法律に規定する個人番号は、個人識別符号に該当する。

個人識別符号

公式テキスト 2-5 P.67

正答
ウ

個人識別符号とは、当該情報単体から特定の個人を識別することができるものとして個人情報の保護に関する法律施行令に定められた文字、番号、記号その他の符号をいう（法２条２項）。具体的な内容は、政令１条及び個人情報の保護に関する法律施行規則２条から４条までに定められている。本問は、この「個人識別符号」に関する理解を問うものである。

ア．正しい　個人識別符号とは、当該情報単体から特定の個人を識別することができるものとして個人情報の保護に関する法律施行令１条に定められた文字、番号、記号その他の符号をいう（法２条２項）。

イ．正しい　歩行の際の姿勢及び両腕の動作、歩幅その他の歩行の態様から抽出した特徴情報を、本人を認証することを目的とした装置やソフトウェアにより、本人を認証することができるようにしたものは、個人識別符号に該当する（施行令１条１号ホ）。

ウ．誤　り　携帯電話番号やクレジットカード番号は、様々な契約形態や運用実態があり、およそいかなる場合においても特定の個人を識別することができるとは限らないこと等から、個人識別符号に位置付けられていない。ただし、これらの番号も、氏名等の他の情報と容易に照合することができ、それにより特定の個人を識別することができることとなる場合には、個人情報に該当する。

エ．正しい　行政手続における特定の個人を識別するための番号の利用等に関する法律第２条第５項に規定する個人番号は、個人識別符号に該当する（施行令１条６号）。

問6　第67回 問題6

個人識別符号に関する以下のアからエまでの記述のうち、誤っているものを1つ選びなさい。

ア．運転免許証や基礎年金番号は、個人識別符号に該当する。
イ．雇用保険被保険者証の被保険者番号は、個人識別符号に該当しない。
ウ．個人番号や住民票コードは、個人識別符号に該当する。
エ．携帯電話番号やクレジットカード番号は、個人識別符号に該当しない。

個人識別符号

公式テキスト 2-5 P.67

正答　イ

生存する個人の情報であって「個人識別符号」が含まれるものは、個人情報に該当する（法2条1項2号、法2条2項）。

本問は、この「個人識別符号」に関する理解を問うものである。

ア．**正しい**　運転免許証は個人識別符号に該当する（施行令1条4号）。また、基礎年金番号も個人識別符号に該当する（施行令1条3号）。
イ．**誤　り**　雇用保険被保険者証の被保険者番号は、個人識別符号に該当する（施行規則4条8号）。
ウ．**正しい**　個人番号は個人識別符号に該当する（施行令1条6号）。また、住民票コードも個人識別符号に該当する（施行令1条5号）。
エ．**正しい**　本記述のとおりである。

問7　第66回 問題5

「個人識別符号」に関する以下のアからエまでの記述のうち、正しいものを1つ選びなさい。

ア．特定の個人の身体の一部の特徴を電子計算機の用に供するために変換した文字、番号、記号その他の符号であって、当該特定の個人を識別することができるものは「個人識別符号」に該当しない。

イ．特別永住者証明書の番号は、「個人識別符号」に該当しない。

ウ．国民健康保険の被保険者証の記号・番号・保険者番号は、「個人識別符号」に該当する。

エ．私立学校教職員共済の加入者証の加入者番号は、「個人識別符号」に該当しない。

個人識別符号

公式テキスト 2-5 P.67

正答　ウ

生存する個人の情報であって「個人識別符号」が含まれるものは、個人情報に該当する。(法2条1項2号・2条2項)。本問は、この「個人識別符号」に関する理解を問うものである。

ア．**誤　り**　特定の個人の身体の一部の特徴を電子計算機の用に供するために変換した文字、番号、記号その他の符号であって、当該特定の個人を識別することができるものは「個人識別符号」に該当する(法2条2項1号)。身体の「全部」ではなく「一部」と規定されている。

イ．**誤　り**　特別永住者証明書の番号は、個人識別符号に該当する（施行規則4条9号)。

ウ．**正しい**　国民健康保険の被保険者証の記号・番号・保険者番号は、個人識別符号に該当する（施行規則3条1号)。

エ．**誤　り**　私立学校職員共済の加入者証の加入者番号は、個人識別符号に該当する（施行規則4条5号)。

問8　第66回 問題4

「要配慮個人情報」に関する以下のアからエまでの記述のうち、誤っているものを１つ選びなさい。

ア. 医師等により行われた健康診断等の結果が含まれる個人情報は「要配慮個人情報」に該当するが、健康診断等を受診した事実だけでは「要配慮個人情報」に該当しない。

イ. 有罪の犯罪を受けこれが確定した事実や犯罪行為を行った事実は「要配慮個人情報」に該当するが、反社会的集団に所属し、関係を有している事実は「要配慮個人情報」に該当しない。

ウ. 本人を被疑者又は被告人として刑事事件に関する手続が行われたという事実は「要配慮個人情報」に該当するが、他人を被疑者とする犯罪捜査のために取調べを受けた事実は「要配慮個人情報」に該当しない。

エ. 精神障害があることを特定させる情報は「要配慮個人情報」に該当するが、障害福祉サービスを受けているという情報は「要配慮個人情報」に該当しない。

要配慮個人情報
公式テキスト 2-5 P.69-71

正答
エ

「要配慮個人情報」とは、本人の人種、信条、社会的身分、病歴、犯罪の経歴、犯罪による被害を被った事実その他本人に対する不当な差別、偏見その他の不利益が生じないようにその取扱いに特に配慮を要するものとして政令で定める記述などが含まれる個人情報をいう（法２条３項）本問は、この「要配慮個人情報」関する理解を問うものである。

ア. **正しい** 本人に対して医師その他医療に関連する職務に従事する者（医師等）により行われた疾病の予防及び早期発見のための健康診断その他の検査（健康診断等）の結果は、「要配慮個人情報」に該当する（施行令２条２号)。これに対して、健康診断等を受診した事実だけでは「要配慮個人情報」に該当しない。

イ. **正しい** 犯罪の履歴が含まれる個人情報は、「要配慮個人情報」に該当する（法２条３項)。これに対して、反社会的集団に所属し、関係を有している事実は「要配慮個人情報」に該当しない。

ウ. **正しい** 本人を被疑者又は被告人として、逮捕、捜索、差押え、勾留、公訴の提訴その他の刑事事件に関する手続きが行われたという事実が含まれる個人情報は、「要配慮個人情報」に該当する（法２条３項、施行令２条４号)。これに対して、他人を被疑者とする犯罪捜査のために取調べを受けた事実は「要配慮個人情報」に該当しない。

エ. **誤　り** 精神障害があることを特定させる情報は、「要配慮個人情報」に該当する（法２条３項、施行令２条１号)。また、障害福祉サービスを受けているという情報も「要配慮個人情報」に該当する。従って、本記述は誤っている。

問9　第67回 問題7

要配慮個人情報に関する以下のアからエまでの記述のうち、正しいものを１つ選びなさい。

ア．犯罪行為が疑われる映像が映っている防犯カメラの映像は、要配慮個人情報に該当しない。

イ．他人を被疑者とする裁判の証人として尋問を受けたという事実は、要配慮個人情報に該当する。

ウ．本人を非行少年又はその疑いのある者として、保護処分等の少年の保護事件に関する手続が行われたという事実は、要配慮個人情報に該当しない。

エ．レントゲン写真等は、病歴を推知させるにとどまる記述等であっても、病気に罹患した経歴として要配慮個人情報に該当する。

要配慮個人情報

公式テキスト 2-5 P.69-71

正答　ア

「要配慮個人情報」とは、本人の人種、信条、社会的身分、病歴、犯罪の経歴、犯罪による被害を被った事実その他本人に対する不当な差別、偏見その他の不利益が生じないようにその取扱いに特に配慮を要するものとして政令で定める記述などが含まれる個人情報をいう（法２条３項）。

本問は、この「要配慮個人情報」に関する理解を問うものである。

ア．**正しい**　単に防犯カメラの映像等で、犯罪行為が疑われる映像が映ったのみでは、犯罪の経歴（２条３項）にも刑事事件に関する手続きが行われたこと（施行令２条４号）にも当たらないため、要配慮個人情報に該当しない。

イ．**誤　り**　他人を被疑者とする犯罪捜査のために取調べを受けた事実や、証人として尋問を受けた事実に関する情報は、本人を被疑者又は被告人としていないことから、要配慮個人情報に該当しない。

ウ．**誤　り**　本人を非行少年又はその疑いのある者として、保護処分等の少年の保護事件に関する手続が行われたという事実は、要配慮個人情報に該当する。

エ．**誤　り**　病歴を推知させるにとどまる記述等であれば要配慮個人情報に該当しない。

問10　第65回 問題7

要配慮個人情報に関する以下のアからエまでの記述のうち、誤っているものを1つ選びなさい。

ア．要配慮個人情報とは、本人に対する不当な差別や偏見その他の不利益が生じないようにその取扱いに特に配慮を要するものとして一定の記述等が含まれる個人情報をいう。

イ．特定の政党が発行する新聞や機関誌等を購読しているという情報が含まれる個人情報は、要配慮個人情報に該当する。

ウ．外国政府により刑事事件に関する手続を受けたという事実が含まれる個人情報は、要配慮個人情報に該当する。

エ．無罪判決を受けたという事実が含まれる個人情報は、要配慮個人情報に該当する。

要配慮個人情報

公式テキスト 2-5 P.69-71

正答　イ

要配慮個人情報とは、本人の人種、信条、社会的身分、病歴、犯罪の経歴、犯罪により害を被った事実その他本人に対する不当な差別、偏見その他の不利益が生じないようにその取扱いに特に配慮を要するものとして政令で定める記述等が含まれる個人情報をいう（法2条3項）。本問は、この「要配慮個人情報」に関する理解を問うものである。

ア．正しい　本記述のとおりである（法2条3項）。

イ．誤　り　特定の政党が発行する新聞や機関誌等を購読しているという情報だけでは、それが個人的な信条であるのか、単に情報の収集や教養を目的としたものであるのかの判断が困難であり、「信条」を推知させる情報にすぎないため、これが含まれる情報は、要配慮個人情報に該当しない。

ウ．正しい　本記述のとおりである（施行令2条4号）。

エ．正しい　無罪判決を受けたという事実は、それまで犯罪の嫌疑を受けて逮捕、取調べ、勾留、公訴提起等をされたことを示すため、本人を被疑者又は被告人として、逮捕、捜索、差押え、勾留、公訴の提起その他の刑事事件に関する手続が行われたこと（施行令2条4号）に該当するので、この事実が含まれる個人情報は、要配慮個人情報に該当する。

問11　第67回 問題8

個人情報データベース等に関する以下のアからエまでの記述のうち、誤っているものを1つ選びなさい。

ア．個人情報を含む情報の集合物であって、特定の個人情報を電子計算機を用いて検索できるように体系的に構成したものは、原則として、個人情報データベース等に該当する。

イ．アンケートの戻りはがきが、氏名、住所等により分類整理されていない状態である場合、個人情報データベース等に該当しない。

ウ．人材派遣会社が登録カードを、氏名の50音順に整理し、50音順のインデックスを付してファイルしている場合、個人情報データベース等に該当しない。

エ．電子メールソフトに保管されているメールアドレス帳は、当該メールアドレスと氏名を組み合わせた情報を入力している場合、個人情報データベース等に該当する。

個人情報データベース等

公式テキスト 2-5 P.73

正答
ウ

「個人情報データベース等」とは、個人情報を含む情報の集合物であって、「特定の個人情報を電子計算機を用いて検索できるように体系的に構成したもの」及び「特定の個人情報を容易に検索することができるように体系的に構成したものとして政令で定めるもの」をいう（利用方法からみて個人の権利利益を害するおそれが少ないものとして政令で定めるものを除く）（法16条1項1号・2号）。

本問は、この「個人情報データベース等」に関する理解を問うものである。

ア．**正しい**　本記述のとおりである（法16条1項1号）。

イ．**正しい**　アンケートの戻りはがきが、氏名、住所等により分類整理されていない状態である場合、特定の個人情報を容易に検索することができるように体系的に構成したものとはいえないため、個人情報データベース等に該当しない。

ウ．**誤　り**　人材派遣会社が登録カードを、氏名の50音順に整理し、50音順のインデックスを付してファイルしている場合、個人情報を一定の規則（例えば、50音順等）に従って整理・分類し、**他人によっても容易に検索可能な状態に置いているものといえる**ため、個人情報データベース等に該当する。

エ．**正しい**　電子メールソフトに保管されているメールアドレス帳は、当該メールアドレスと氏名を組み合わせた情報を入力している場合、特定の個人情報を容易に検索することができるように体系的に構成したものとはいえるため、個人情報データベース等に該当する。

問12　第66回 問題6

「個人情報データベース等」に関する以下のアからエまでの記述のうち、誤っているものを１つ選びなさい。

ア．利用方法からみて個人の権利利益を害するおそれが少ないものとして政令で定めるものは「個人情報データベース等」に該当しない。

イ．個人情報データベース等に入力する前の帳票等は、それに記載された個人情報を50音順に整理し、特定の個人を容易に検索することができるように体系的に構成している場合であっても、それ自体は「個人情報データベース等」に該当しない。

ウ．従業者が、名刺の情報を業務用パソコンの表計算ソフト等を用いて入力・整理している場合、当該情報は「個人情報データベース等」に該当する。なお、業務用パソコンの所有者については問わない。

エ．文書作成ソフトで作成した議事録は、会議出席者の氏名が記載されていても「個人情報データベース等」に該当しない。

個人情報データベース等

公式テキスト 2-5 P.73

正答
イ

「個人情報データベース等」とは、個人情報を含む情報の集合物であって、「特定の個人情報を電子計算機を用いて検索できるように体系的に構成したもの」及び「特定の個人情報を容易に検索することができるように体系的に構成したものとして政令で定めるもの」をいう（利用方法からみて個人の権利利益を害するおそれが少ないものとして政令で定めるものを除く）（法16条1項）本問は、この「個人情報データベース等」に関する理解を問うものである。

ア．正しい　利用方法からみて個人の権利利益を害するおそれが少ないものとして政令で定めるものは「個人情報データベース等」に該当しない。

イ．誤　り　個人情報データベース等に入力する前の帳票等であっても、それに記載された個人情報を50音順に整理し、特定の個人を容易に検索することができるように体系的に構成している場合には、それ自体が「個人情報データベース等」に該当する。

ウ．正しい　従業者が、名刺の情報を業務用パソコン（所有者を問わない。）の表計算ソフト等を用いて入力・整理している場合は「個人情報データベース等」に該当する。

エ．正しい　文書作成ソフトで作成された議事録は、会議出席者の氏名が記載されているとしても、特定の個人情報を検索することができないように体系的に構成されているものとはいえないため、「個人情報データベース等」に該当しない。

問13　第65回 問題8

個人情報データベース等に関する以下のアからエまでの記述のうち、誤っているものを1つ選びなさい。

ア. 特定の個人情報をコンピュータを用いて検索することができるように体系的に構成した、個人情報を含む情報の集合物は、原則として、個人情報データベース等に該当する。

イ. 紙面で処理した個人情報を50音順等の一定の規則に従って整理・分類し、特定の個人情報を容易に検索することができるよう、目次、索引、符号等を付し、他人によっても容易に検索可能な状態に置いているものは、原則として、個人情報データベース等に該当する。

ウ. 個人情報取扱事業者の従業者が業務上使用している携帯電話の電話帳に顧客の氏名・電話番号のデータが登録されている場合、当該電話帳は、原則として、個人情報データベース等に該当する。

エ. 文書作成ソフトで作成した議事録に会議出席者の氏名が記録されており、文書作成ソフトの検索機能を用いて特定の個人を検索することができる場合には、当該議事録は、原則として、個人情報データベース等に該当する。

個人情報データベース等

公式テキスト 2-5 P.73

正答 エ

個人情報データベース等とは、特定の個人情報をコンピュータを用いて検索することができるように体系的に構成した、個人情報を含む情報の集合物をいう。また、コンピュータを用いていない場合であっても、紙面で処理した個人情報を一定の規則に従って整理・分類し、特定の個人情報を容易に検索することができるよう、目次、索引、符号等を付し、他人によっても容易に検索可能な状態に置いているものも、個人情報データベース等に該当する。ただし、利用方法からみて個人の権利利益を害するおそれが少ないものとして政令で定めるものは、除かれる(法16条4項、施行令4条)。本問は、この「個人情報データベース等」に関する理解を問うものである。

ア．**正しい**　特定の個人情報をコンピュータを用いて検索することができるように体系的に構成した、個人情報を含む情報の集合物は、原則として、個人情報データベース等に該当する（法16条1項)。ただし、利用方法からみて個人の権利利益を害するおそれが少ないものとして政令で定めるものは除かれる（以下同じ)。

イ．**正しい**　紙面で処理した個人情報を50音順等の一定の規則に従って整理・分類し、特定の個人情報を容易に検索することができるよう、目次、索引、符号等を付し、他人によっても容易に検索可能な状態に置いているものは、原則として、個人情報データベース等に該当する（法16条2項、施行令4条2項)。

ウ．**正しい**　個人情報取扱事業者の従業者が業務上使用している携帯電話の電話帳に顧客の氏名・電話番号のデータが登録されている場合、特定の個人情報を検索することができるように体系的に構成されているものといえるので、当該電話帳は、原則として、個人情報データベース等に該当する。

エ．**誤　り**　文書作成ソフトで作成した議事録に会議出席者の氏名が記録されており、文書作成ソフトの検索機能を用いて特定の個人を検索することができる場合であっても、特定の個人を検索することができるように体系的に構成されているものとはいえないため、個人情報データベース等に該当しないと解されている。

問14　第65回 問題10〈改題〉

個人データ又は保有個人データに関する以下のアからエまでの記述のうち、誤っているものを1つ選びなさい。

ア．個人データとは、個人情報取扱事業者が管理する個人情報データベース等を構成する個人情報をいい、市販の電話帳を構成する個人情報は、個人データに該当しない。

イ．個人情報データベース等から紙面に出力された帳票等に印字された個人情報は、個人データに該当しない。

ウ．令和4年4月1日に全面施行された「個人情報の保護に関する法律等の一部を改正する法律」（令和2年法律第44号）によって、短期保存データも保有個人データに含まれることになった。

エ．個人情報取扱事業者が開示等を行う権限を有する個人データであっても、当該個人データの存否が明らかになることにより、本人又は第三者の生命、身体又は財産に危害が及ぶおそれがあるものは、保有個人データに該当しない。

個人データ・保有個人データ
公式テキスト 2-5 P.74-75

正答
イ

個人データとは、個人情報データベース等を構成する個人情報をいう(法16条)。また、保有個人データとは、個人情報取扱事業者が、開示、内容の訂正、追加又は削除、利用の停止、消去及び第三者への提供の停止を行うことのできる権限を有する個人データであって、その存否が明らかになることにより公益その他の利益が害されるものとして政令で定めるもの以外のものをいう(法16条4項)。本問は、この「個人データ・保有個人データ」に関する理解を問うものである。

ア. 正しい　本記述のとおりである。市販の電話帳は個人情報データベース等から除外されているので、市販の電話帳を構成する個人情報は、個人情報データベース等を構成する個人情報ではなく、個人データに該当しない。

イ. 誤　り　個人情報データベース等から紙面に出力された帳票等に印字された個人情報は、個人データに該当する。

ウ. 正しい　本記述のとおりである。改正法によって、保有個人データから短期保存データを除く規定は削除された。情報化社会の進展により、短期間で消去される個人データであっても、漏えい等の事案が発生すれば、個人データが瞬時に拡散し、個人の権利利益を侵害する危険が高まっているため、保存期間によって一律に個人情報取扱事業者の義務を緩和することが合理的でなくなったからである。

エ. 正しい　本記述のとおりである(法16条4項、施行令5条1項)。

問15　第67回 問題10

個人関連情報に関する以下のアからエまでの記述のうち、正しいものを１つ選びなさい。

ア．氏名、生年月日その他の記述等により特定の個人を識別することができるものは、個人関連情報に該当しない。
イ．仮名加工情報は、個人関連情報に該当する場合がある。
ウ．Cookie等の端末識別子を通じて収集された、ある個人のウェブサイトの閲覧履歴は個人関連情報に該当しない。
エ．死者に関する情報は、個人関連情報に該当する。

個人関連情報

公式テキスト 1-3 P.33-34・2-5 P.68

正答　ア

「個人関連情報」とは、生存する個人に関する情報であって、個人情報、仮名加工情報及び匿名加工情報のいずれにも該当しないものをいう（法２条７項）。

本問は、この「個人関連情報」に関する理解を問うものである。

ア．正しい　氏名、生年月日その他の記述等により特定の個人を識別することができるものは、個人情報に該当するため、個人関連情報には該当しない。

イ．誤　り　個人関連情報とは、生存する個人に関する情報であって、個人情報、仮名加工情報及び匿名加工情報のいずれにも該当しないものをいう（法２条７項）。仮名加工情報に該当する場合は、個人関連情報に該当しない。

ウ．誤　り　Cookie等の端末識別子を通じて収集された、ある個人のウェブサイトの閲覧履歴は、個人関連情報に該当する。

エ．誤　り　個人関連情報は、生存する個人に関する情報であることが要件となるため、死者に関する情報は、個人関連情報に該当しない。

3. 利用目的と個人データ取得に関する義務

問1　第65回 問題9

個人情報取扱事業者に関する以下のアからエまでの記述のうち、誤っているものを１つ選びなさい。

ア. 個人情報取扱事業者とは、個人情報データベース等を事業の用に供している者のうち、国の機関、地方公共団体、独立行政法人等、地方独立行政法人を除いた者をいう。

イ. 非常勤・特別職の地方公務員である民生委員・児童委員が、民生委員・児童委員として個人情報データベース等を事業の用に供している場合は、個人情報取扱事業者に該当する。

ウ. NPO法人、自治会、町内会、同窓会、PTAのような非営利の活動を行っている団体であっても、個人情報データベース等を事業の用に供している場合は、個人情報取扱事業者に該当する。

エ. 委託業務として、委託元の個人情報データベース等を加工・分析せずにそのまま利用する場合であっても、委託された業務を行うために利用するのであれば、委託先も個人情報取扱事業者に該当する。

個人情報取扱事業者

公式テキスト 2-5 P.63,74

正答　イ

ア. 正しい　本記述のとおりである（法16条２項）。

イ. 誤　り　民生委員・児童委員は、非常勤・特別職の地方公務員であり、法16条２項の「地方公共団体」の職員に当たることから、民生委員・児童委員として活動する範囲内では個人情報取扱事業者から除かれている。

ウ. 正しい　事業とは、一定の目的をもって反復継続して遂行される同種の行為であって、かつ、社会通念上事業と認められるものをいい、営利・非営利の別を問わない。したがって、NPO法人、自治会、町内会、同窓会、PTAのような非営利の活動を行っている団体であっても、個人情報データベース等を事業の用に供している場合は、個人情報取扱事業者に該当する。

エ. 正しい　事業の用に供していることになり、委託先も個人情報取扱事業者に該当する。

問2　第66回 問題7

「個人情報取扱事業者」に関する以下のアからエまでの記述のうち、誤っているものを１つ選びなさい。

ア．取り扱う個人情報の数にかかわらず、個人情報データベース等を事業の用に供している者は原則として「個人情報取扱事業者」に該当する。

イ．NPO法人などの非営利活動を行っている団体であっても、個人情報データベース等を事業の用に供している場合は、「個人情報取扱事業者」に該当する。

ウ．委託元の個人情報データベース等を加工・分析等をせずにそのまま利用する場合、委託された業務を行うために利用するのであれば委託先も「個人情報取扱事業者」に該当する。

エ．倉庫業等の事業者が、荷物に個人情報が含まれていることを認識無く預かっている場合でも、当該倉庫業等の事業者は「個人情報取扱事業者」に該当する。

個人情報取扱事業者

公式テキスト 2-5 P.63,74

正答 エ

「個人情報取扱事業者」とは、個人情報データベース等を事業のように供している者をいい、国の機関、地方公共団体、独立行政法人等の保有する個人情報の保護に関する法律が定める独立行政法人等及び地方独立行政法人等で定める地方独立行政法人等は除かれる（法16条2項)。本問は、この「個人情報取扱事業者」に関する理解を問うものである。

ア. **正しい**　個人情報データベース等を事業の用に供している者であれば、当該個人情報データベース等を構成する個人情報によって識別される特定の個人の数の多寡にかかわらず、個人情報取扱事業者に該当する。

イ. **正しい**　個人情報保護法における「事業」とは、一定の目的をもって反復継続して遂行される同種の行為であって、かつ社会通念上事業と認められるものをいい、営利・非営利の別は問わない。したがって、非営利の活動を行っている団体であっても、個人情報データベース等を事業の用に供している場合は、個人情報取扱事業者に該当する。

ウ. **正しい**　委託元の個人情報データベース等を加工・分析等をせずにそのまま利用する場合でも、委託された業務を行うために利用するのであれば「事業の用に供している」ことになり、委託先も個人情報取扱事業者に該当する。

エ. **誤　り**　倉庫業等が個人情報の認識無く預かっている場合は、当該個人情報に関しては「事業」に該当せず、個人情報取扱事業者にも該当しない。

問3　第67回 問題12

個人情報の利用目的の特定及び変更に関する以下のアからエまでの記述のうち、誤っているものを1つ選びなさい。

ア．個人情報取扱事業者は、個人情報を取り扱うに当たっては、利用目的をできる限り具体的に特定しなければならず、「お客様サービスの向上のため」と明示しただけでは、具体的に利用目的を特定しているとはいえない。

イ．個人情報取扱事業者は、個人情報を取り扱うに当たっては、利用目的をできる限り具体的に特定しなければならないが、利用目的の特定に当たっては、利用目的を単に抽象的、一般的に特定するのではなく、個人情報が個人情報取扱事業者において、最終的にどのような事業の用に供され、どのような目的で個人情報を利用されるのかが、本人にとって一般的かつ合理的に想定できる程度に具体的に特定することが望ましいとされている。

ウ．個人情報取扱事業者は、利用目的を変更した場合は、変更された利用目的について、本人の同意を得ることが個人情報保護法で義務付けられている。

エ．個人情報取扱事業者は、利用目的を変更する場合には、変更前の利用目的と関連性を有すると合理的に認められる範囲を超えて行ってはならない。

個人情報の利用目的の特定及び変更

公式テキスト 2-7 P.80-81

正答
ウ

個人情報取扱事業者は、個人情報を取り扱うに当たっては、その利用目的をできる限り特定しなければならない（法17条1項）。また、個人情報取扱事業者は、利用目的を変更する場合には、変更前の利用目的と関連性を有すると合理的に認められる範囲を超えて行ってはならない（法17条2項）。

本問は、この個人情報の利用目的の特定に関する理解を問うものである。

ア．正しい　本記述のとおりである。

イ．正しい　本記述のとおりである。

ウ．誤　り　個人情報取扱事業者は、利用目的を変更した場合は、変更された利用目的について、本人に通知し、又は公表しなければならない（法21条3項）。**義務付けられているのは、本人への通知又は公表**であって、変更前の利用目的と関連性を有すると合理的に認められる範囲であれば、本人の同意を得ることは義務付けられていない。

エ．正しい　本記述のとおりである（法17条2項）。

問4　第66回 問題11

個人情報の利用目的の特定及び変更に関する以下のアからエまでの記述のうち、誤っているものを1つ選びなさい。

ア. 個人情報取扱事業者は、個人情報を取り扱うに当たっては、その利用の目的（以下「利用目的」という。）をできる限り特定しなければならないが、ここでいう「個人情報を取り扱うに当たっては」とは、個人情報を取得後、当該個人情報を利用する前までにという意味である。

イ. 個人情報取扱事業者は、個人情報を取り扱うに当たっては、その利用目的をできる限り特定しなければならないが、単に「提供するサービス向上のため」というだけでは利用目的を特定したとはいえない。

ウ. 個人情報取扱事業者は、利用目的を変更する場合には、変更前の利用目的と関連性を有すると合理的に認められる範囲を超えて行ってはならないが、個人情報の第三者提供が利用目的に入っていない場合で、利用目的に第三者提供を追加する場合は、関連性を有するとは認められない。

エ. 個人情報取扱事業者は、利用目的を変更する場合には、変更前の利用目的と関連性を有すると合理的に認められる範囲を超えて行ってはならないが、フィットネス事業者が、「顧客の食事メニューの指導を行うサービスを提供するため」という利用目的に「当該食事メニューに関する食品の販売サービスのため」を追加した場合、関連性を有すると合理的に認められる。

個人情報の利用目的の特定及び変更

公式テキスト 2-7 P.80-81

正答 ア

個人情報取扱事業者は、個人情報を取り扱うに当たっては、その利用目的をできる限り特定しなければならない（法17条1項）。また、個人情報取扱事業者は、利用目的を変更する場合には、変更前の利用目的と関連性を有すると合理的に認められる範囲を超えて行ってはならない（同条2項）。本問は、個人情報の利用目的の特定及び変更に関する理解を問うものである。

ア. **誤　り**　法17条1項で規定されている「個人情報を取り扱うに当たっては」とは、個人情報の取得時までにという意味である。

イ. **正しい**　単に「提供するサービス向上のため」というだけでは利用目的を特定したとはいえない。

ウ. **正しい**　個人情報の第三者提供が利用目的に入っていない場合で利用目的に第三者提供を追加する場合は、関連性を有するとは認められない。

エ. **正しい**　フィットネス事業者が、「顧客の食事メニューの指導を行うサービスを提供するため」という利用目的に「当該食事メニューに関する食品の販売サービスのため」を追加した場合、関連性を有すると合理的に認められる。

問5　第65回 問題12

個人情報の利用目的の特定及び変更に関する以下のアからエまでの記述のうち、誤っているものを１つ選びなさい。

ア. 利用目的を特定する趣旨は、個人情報を取り扱う者が、個人情報がどのような事業の用に供され、どのような目的で利用されるかについて明確な認識を持ち、できるだけ具体的に明確にすることにより、個人情報が取り扱われる範囲を確定するとともに、本人の予測を可能とすることにある。

イ. 本人から得た情報から、行動・関心等の情報を分析する場合、「取得した閲覧履歴や購買履歴等の情報を分析して、趣味・嗜好に応じた新商品・サービスに関する広告のために利用いたします」とすることは、具体的に利用目的を特定したことになる。

ウ. 特定した利用目的を変更する場合には、変更後の利用目的が変更前の利用目的からみて、社会通念上、本人が通常予期し得る限度と客観的に認められる範囲内であれば、本人の同意がなくても可能である。

エ. 当初の利用目的に「第三者提供」が含まれていない場合に、新たに個人情報保護法の規定による個人データの第三者提供を追加することは、法の規定に基づくものであるから、本人の同意がなくても可能である。

個人情報の利用目的の特定及び変更

公式テキスト 2-7 P.80-81

正答 エ

個人情報取扱事業者は、個人情報を取り扱うに当たっては、その利用の目的（以下「利用目的」という。）をできる限り特定しなければならない。また、この利用目的を変更する場合には、変更前の利用目的と関連性を有すると合理的に認められる範囲を超えて行ってはならない（法17条2項）。本問は、この個人情報の利用目的の特定・変更に関する理解を問うものである。

ア. **正しい**　本記述のとおりである。

イ. **正しい**　本記述のとおりである。

ウ. **正しい**　本記述のとおりである。

エ. **誤　り**　当初の利用目的に「第三者提供」が含まれていない場合に、新たに個人情報保護法の規定による個人データの第三者提供を追加することは、一般的な消費者等からみて、合理的な関連性の認められる範囲を超えるので、本人の同意がなければ認められない。

問6　第67回 問題13

個人情報の利用目的の制限に関する以下のアからエまでの記述のうち、誤っているものを1つ選びなさい。

ア. 弁護士会からの照会に対応する場合は、あらかじめ本人の同意を得ることなく、特定された利用目的の達成に必要な範囲を超えて個人情報を取り扱うことができる。

イ. 健康保険組合等の保険者等が実施する健康診断の結果等に係る情報を、保健事業の効果の向上等に利用する場合、本人の同意を得ることが困難であるか否かにかかわらず、あらかじめ本人の同意を得ることなく、特定された利用目的の達成に必要な範囲を超えて個人情報を取り扱うことができる。

ウ. 児童虐待のおそれのある家庭情報を、児童相談所、警察、学校、病院等が共有する必要があり、本人の同意を得ることが困難な場合は、あらかじめ本人の同意を得ることなく、特定された利用目的の達成に必要な範囲を超えて個人情報を取り扱うことができる。

エ. 国の機関若しくは地方公共団体又はその委託を受けた者が法令の定める事務を遂行することに対して、事業者が協力する必要がある場合であって、本人の同意を得ることにより当該事務の遂行に支障を及ぼすおそれがあるときは、あらかじめ本人の同意を得ることなく、特定された利用目的の達成に必要な範囲を超えて個人情報を取り扱うことができる。

個人情報の利用目的による制限

公式テキスト 2-7 P.81-85

正答 イ

個人情報取扱事業者は、あらかじめ本人の同意を得ないで、法17条の規定により特定された利用目的の達成に必要な範囲を超えて、個人情報を取り扱ってはならない（法18条1項）。個人情報取扱事業者は、合併その他の事由により他の個人情報取扱事業者から事業を承継することに伴って個人情報を取得した場合は、あらかじめ本人の同意を得ないで、承継前における当該個人情報の利用目的の達成に必要な範囲を超えて、当該個人情報を取り扱ってはならない（法18条2項）。また、法18条3項は、個人情報の利用目的による制限の例外について定めている。

本問は、この個人情報の利用目的による制限等に関する理解を問うものである。

ア．**正しい**　弁護士会からの照会に対応する場合は、法令に基づく場合に該当するため、あらかじめ本人の同意を得ることなく、特定された利用目的の達成に必要な範囲を超えて個人情報を取り扱うことができる（法18条3項1号）。

イ．**誤　り**　健康保険組合等の保険者等が実施する健康診断の結果等に係る情報を、保健事業の効果の向上等に利用する場合は、公衆衛生の向上又は児童の健全な育成の推進のために特に必要がある場合に該当し、この場合、本人の同意を得ることが**困難であるとき**は、あらかじめ本人の同意を得ることなく、特定された利用目的の達成に必要な範囲を超えて個人情報を取り扱うことができる（法18条3項3号）。

ウ．**正しい**　本記述のとおりである。

エ．**正しい**　本記述のとおりである（法18条3項4号）。

問7　第66回 問題12

個人情報の利用目的による制限に関する以下のアからエまでの記述のうち、誤っているものを1つ選びなさい。

ア．個人情報取扱事業者は、特定された利用目的の達成に必要な範囲を超えて個人情報を取り扱う（目的外利用をする）には、事前に本人の同意を得なければならないが、同意を得るために個人情報を利用して電話をすることは、当初の利用目的として記載されていない場合でも目的外利用には該当しない。

イ．個人情報取扱事業者は、特定された利用目的の達成に必要な範囲を超えて個人情報を取り扱う（目的外利用をする）には、事前に本人の同意を得なければならないが、同意には黙示の同意も含むため、郵便で回答を求め一定期間回答がなければ同意したものとみなすという方法も、同意と認められる。

ウ．個人情報取扱事業者は、特定された利用目的の達成に必要な範囲を超えて個人情報を取り扱う（目的外利用をする）には、事前に本人の同意を得なければならないが、プロバイダ責任制限法に基づく発信者情報を開示する場合、本人の同意は不要となる。

エ．個人情報取扱事業者は、特定された利用目的の達成に必要な範囲を超えて個人情報を取り扱う（目的外利用をする）には、事前に本人の同意を得なければならないが、未成年者等、同意により生じる結果につき判断能力を有しない場合は、法定代理人等から同意を得る必要がある。

個人情報の利用目的による制限

公式テキスト 2-7 P.81-85

正答 イ

個人情報取扱事業者は、あらかじめ本人の同意を得ないで、法17条の規定により特定された利用目的の達成に必要な範囲を超えて、個人情報を取り扱ってはならない（法18条1項）。個人情報取扱事業者は、合併その他の事由により他の個人情報取扱事業者から事業を承継することに伴って個人情報を取得した場合は、あらかじめ本人の同意を得ないで、承継前における当該個人情報の利用目的の達成に必要な範囲を超えて、当該個人情報を取り扱ってはならない（同条2項）。また、同条3項は、個人情報の利用目的による制限の例外について定めている。本問は、この個人情報の利用目的による制限等に関する理解を問うものである。

ア．**正しい**　同意を得るために個人情報を利用して電話やメール等をすることは、当初の利用目的として記載されていない場合でも目的外利用には該当しない。

イ．**誤　り**　同意には黙示の同意も含むが、郵便で回答を求め一定期間回答がなければ同意したものとみなすという方法は、同意とは認められない。

ウ．**正しい**　法令に基づく場合は、本人の同意を得ずに目的外利用が認められている。（法18条3項1号）。

エ．**正しい**　未成年者等、同意により生じる結果につき判断能力を有しない場合は、法定代理人等から同意を得る必要がある。

問8　第65回 問題13

個人情報の利用目的による制限に関する以下のアからエまでの記述のうち、誤っているものを1つ選びなさい。

ア．個人情報取扱事業者は、個人情報保護法の規定により特定した利用目的の達成に必要な範囲を超えて、個人情報を取り扱うには、あらかじめ本人の同意を得なければならないが、この同意を得るために個人情報を利用することは、当初特定した利用目的として記載されていない場合でも、目的外利用には該当しない。

イ．個人情報取扱事業者が、事業譲渡により他の個人情報取扱事業者から事業の承継をすることに伴って個人情報を取得した場合であって、当該個人情報に係る承継前の利用目的の達成に必要な範囲内で取り扱う場合は、あらかじめ本人の同意を得る必要はない。

ウ．法令に基づく場合は、本人の同意を得ることが困難であるか否かにかかわらず、あらかじめ本人の同意を得ることなく、特定された利用目的の達成に必要な範囲を超えて個人情報を取り扱うことができる 。

エ．人の生命、身体又は財産の保護のために必要がある場合は、本人の同意を得ることが困難であるか否かにかかわらず、あらかじめ本人の同意を得ることなく、特定された利用目的の達成に必要な範囲を超えて個人情報を取り扱うことができる。

個人情報の利用目的による制限

公式テキスト 2-7 P.81-85

正答
エ

個人情報取扱事業者は、原則として、あらかじめ本人の同意を得ないで、特定された利用目的の達成に必要は範囲を超えて、個人情報を取り扱ってはならない（法18条）。本問は、この個人情報の利用目的による制限に関する理解を問うものである。

ア. 正しい　本記述のとおりである。

イ. 正しい　本記述のとおりである（法18条2項）。

ウ. 正しい　本記述のとおりである（法18条3項1号）。

エ. 誤　り　人の生命、身体又は財産の保護のために必要がある場合であって、**本人の同意を得ることが困難であるとき**は、あらかじめ本人の同意を得ることなく、特定された利用目的の達成に必要な範囲を超えて個人情報を取り扱うことができる（法18条3項2号）。

問9　第67回 問題14

個人情報の不適正利用の禁止に関する以下のアからエまでの記述のうち、誤っているものを１つ選びなさい。

ア．個人情報取扱事業者は、違法又は不当な行為を助長し、又は誘発するおそれがある方法により個人情報を利用してはならないが、ここでいう「違法又は不当な行為」とは、個人情報保護法およびその他の法令に違反する行為のみをいう。

イ．貸金業登録を行っていない貸金業者等からの突然の接触による本人の平穏な生活を送る権利の侵害等、当該事業者の違法な行為を助長するおそれが想定されるにもかかわらず、当該事業者に当該本人の個人情報を提供する場合、違法又は不当な行為を助長し、又は誘発するおそれがある方法により個人情報を利用していると認められる。

ウ．官報に掲載される破産者情報を、当該個人情報に係る本人に対する違法な差別が、不特定多数の者によって誘発されるおそれがあることが予見できるにもかかわらず、それを集約してデータベース化し、インターネット上で公開する場合、違法又は不当な行為を助長し、又は誘発するおそれがある方法により個人情報を利用していると認められる。

エ．採用選考を通じて個人情報を取得した個人情報取扱事業者が、性別、国籍等の特定の属性のみにより、正当な理由なく本人に対する違法な差別的取扱いを行うために、個人情報を利用することについては、当該個人情報取扱事業者は、違法又は不当な行為を助長し、又は誘発するおそれがある方法により個人情報を利用していると認められる。

個人情報の不適正な利用の禁止

公式テキスト 2-8 P.87

正答
ア

個人情報取扱事業者は、違法又は不当な行為を助長し、又は誘発するおそれがある方法により個人情報を利用してはならない（法19条)。

本問は、この個人情報の不適正利用の禁止に関する理解を問うものである。

ア．誤　り　個人情報取扱事業者は、違法又は不当な行為を助長し、又は誘発するおそれがある方法により個人情報を利用してはならないが、ここでいう「違法又は不当な行為」とは、個人情報保護法その他の法令に違反する行為、及び直ちに違法とはいえないものの、個人情報保護法その他の法令の制度趣旨又は公序良俗に反する等、社会通念上適正とは認められない行為をいう。個人情報保護法その他の法令に違反する行為のみを「違法又は不当な行為」というのではない。

イ．正しい　本記述のとおりである。

ウ．正しい　本記述のとおりである。

エ．正しい　本記述のとおりである。

問10 第67回 問題15

個人情報の適正な取得に関する以下のアからエまでの記述のうち、正しいものを１つ選びなさい。

ア．個人情報を含む情報がインターネット等により公にされている場合であって、単にこれを閲覧するにすぎず、転記等を行わない場合は、不正の手段により個人情報を取得しているとは解されない。

イ．個人情報を取得する主体や利用目的等について、意図的に虚偽の情報を示して、本人から個人情報を取得する場合、不正の手段による個人情報の取得に該当しない。

ウ．十分な判断能力を有していない子供や障害者から同意を得て、関係のない家族の収入事情などの家族の個人情報を家族の同意なく取得する場合は、不正の手段による個人情報の取得に該当しない。

エ．個人情報取扱事業者が、他の事業者に指示して不正の手段で個人情報を取得させ、当該他の事業者から個人情報を取得する場合、不正の手段による個人情報の取得に該当しない。

個人情報の適正な取得

公式テキスト 2-8 P.87

正答　ア

個人情報取扱事業者は、偽りその他不正な手段により個人情報を取得してはならない（法20条１項）。

本問は、この個人情報の適正な取得に関する理解を問うものである。

ア．正しい　本記述のとおりである。

イ．誤　り　個人情報を取得する主体や利用目的等について、意図的に虚偽の情報を示して、本人から個人情報を取得する場合、不正の手段による個人情報の取得に該当する。

ウ．誤　り　十分な判断能力を有していない子供や障害者から、関係のない家族の収入事情などの家族の個人情報を、家族の同意なく取得する場合、不正の手段による個人情報の取得に該当する。

エ．誤　り　個人情報取扱事業者が、他の事業者に指示して不正の手段で個人情報を取得させ、当該他の事業者から個人情報を取得する場合、不正の手段による個人情報の取得に該当する。

問11　第66回 問題13

個人情報取扱事業者による個人情報の適正取得に関する以下のアからエまでの記述のうち、誤っているものを１つ選びなさい。

ア．不正の手段で個人情報が取得されたことを知らなくても、容易に知ることができた状況で個人情報を取得した場合には、不正の手段による個人情報の取得に該当する。

イ．本人の同意を得ずに第三者提供されていることを知らずに個人情報を取得した場合には、不正の手段による個人情報の取得に該当する。

ウ．個人であっても個人情報取扱事業者に該当し得るため、偽りその他不正の行為により個人情報を取得した場合は、個人情報の適正取得に違反する。

エ．インターネット等で公表されている個人情報を閲覧するに過ぎず、転記などを行わない場合、個人情報の取得には該当しない。

個人情報の適正な取得

公式テキスト 2-8 P.87

正答　イ

個人情報取扱事業者は、偽りその他不正な手段により個人情報を取得してはならない（法20条１項）。本問は、この個人情報の適正な取得に関する理解を問うものである。

ア．正しい　不正の手段で個人情報が取得されたことを知り、又は容易に知ることができるにもかかわらず、当該個人情報を取得した場合、個人情報の不正な取得に該当する。

イ．誤　り　本人の同意を得ずに第三者提供されていることを知りながら取得する場合は、不正の手段による個人情報の取得に該当するが、第三者的提供されていることを知らずに個人情報を取得した場合には個人情報の不正な取得に該当しない。

ウ．正しい　個人であっても個人事業取扱事業者（法16条２項）に該当し、偽りその他不正の行為により個人情報を取得した場合は、個人情報の適正取得に違反する。

エ．正しい　インターネット等で公表されている個人情報を閲覧するに過ぎず、転記などを行わない場合、個人情報の取得には該当しない。

問12　第65回 問題14

個人情報の適正な取得に関する以下のアからエまでの記述のうち、正しいものを1つ選びなさい。

ア．個人情報保護法に規定する第三者提供制限違反がされようとしていることを容易に知ることができるにもかかわらず、個人情報取扱事業者が個人情報を取得することは、たとえ当該違反がされようとしていることを知らなかったとしても、不正の手段により個人情報を取得することに該当する。

イ．公衆衛生の向上のために特に必要がある場合は、本人の同意を得ることが困難であるか否かにかかわらず、個人情報取扱事業者は、あらかじめ本人の同意を得ることなく、要配慮個人情報を取得することができる。

ウ．要配慮個人情報が、外国政府により公開されている場合であっても、個人情報取扱事業者は、あらかじめ本人の同意を得ないで、当該要配慮個人情報を取得してはならない。

エ．本人を目視することにより、その外形上明らかな要配慮個人情報を取得する場合であっても、個人情報取扱事業者は、あらかじめ本人の同意を得ないで、当該要配慮個人情報を取得してはならない。

個人情報の適正な取得

公式テキスト 2-8 P.87-88

正答 ア

個人情報取扱事業者は、偽りその他不正の手段により個人情報を取得してはならない（法20条1項）。また、要配慮個人情報を取得する場合には、原則として、あらかじめ本人の同意を得なければならない（同条2項）。本問は、この個人情報の適正な取得に関する理解を問うものである。

ア．正しい　本記述のとおりである。

イ．誤　り　公衆衛生の向上のために特に必要がある場合であって、本人の同意を得ることが困難であるときは、あらかじめ本人の同意を得ることなく、要配慮個人情報を取得することができる（法20条2項3号）。

ウ．誤り　要配慮個人情報が、外国政府により公開されている場合は、個人情報取扱事業者は、あらかじめ本人の同意を得ることなく、当該要配慮個人情報を取得することができる（法20条2項7号、施行規則6条）。

エ．誤　り　本人を目視することにより、その外形上明らかな要配慮個人情報を取得する場合は、個人情報取扱事業者は、あらかじめ本人の同意を得ることなく、当該要配慮個人情報を取得することができる（法20条2項6号、施行令9条1号）。

問13　第66回 問題14

要配慮個人情報の取得に関する以下のアからエまでの記述のうち、誤っているものを１つ選びなさい。

ア．個人情報取扱事業者は、本人の話し方や振る舞いから、障害や疾患の事情が推知される情報を取得する場合、あらかじめ本人の同意を得る必要はない。

イ．公衆衛生の向上又は児童の健全な育成の推進のために特に必要がある場合であって、本人の同意を得ることが困難であるときは、本人の同意を得ずに要配慮個人情報を取得することができる。

ウ．警察発表や正当な報道により前科が公開されている場合、本人の同意を得ずに要配慮個人情報を取得することができる。

エ．身体の不自由な方が店舗に来店し、対応した店員がその旨をお客様対応録に記録する場合は、本人の同意を得なければならない。

要配慮個人情報の取得

公式テキスト 2-8 P.88-89

正答 エ

個人事業取扱事業者は、原則として、あらかじめ本人の同意を得ないで、要配慮個人情報を取得してはならない（法20条2項）。本問は、この要配慮個人情報に関する理解を問うものである。

ア. 正しい 障害や疾患の事情が推知されるにすぎないものは、要配慮個人情報に該当しない。よって、要配慮個人情報を取得しているとはいえず、あらかじめ本人の同意を得る必要はない。従って、本記述は正しい。なお、外形上、障害や疾患が明らかであれば、要配慮個人情報を取得しているといえるが、「本人を目視し、又は撮影することにより、その外形上明らかな要配慮個人情報をする場合」に該当する場合には、あらかじめ本人の同意を得ないで、要配慮個人情報を取得することができる（法20条2項8号、施行令9条1号）。

イ. 正しい 公衆衛生の向上又は児童の健全な育成の推進のために特に必要がある場合であって、本人の同意を得ることが困難であるときは、本人の同意を得ずに要配慮個人情報を取得することができる（法20条2項3号）。

ウ. 正しい 警察発表や正当な報道により前科が公開されている場合、本人の同意を得ずに要配慮個人情報を取得することができる。

エ. 誤 り 身体の不自由な方が店舗に来店し、対応した店員がその旨をお客様対応録に記録する場合（目視による取得）は、本人の同意を得ることなく要配慮個人情報を取得することができる。

問14　第67回 問題16

個人情報の取得に際しての利用目的の通知等に関する以下のアからエまでの記述のうち、誤っているものを１つ選びなさい。（個人情報取扱事業者が、あらかじめ利用目的を公表している場合は除く。）

ア．個人情報取扱事業者は、個人情報を取得した際、あらかじめその利用目的を公表している場合、当該利用目的を、本人に通知し、又は公表をする必要はない。

イ．個人情報取扱事業者が個人情報を第三者から提供を受けた場合には、本人に通知し、又は公表しなければならない。

ウ．個人情報取扱事業者がインターネット上で本人が自発的に公にしている個人情報を取得した場合、本人に通知し、又は公表をする必要はない。

エ．職員録等から個人情報を取得した場合（単に閲覧しただけの場合を除く。）、本人への通知又は公表が必要となる。

個人情報の取得に際しての利用目的の通知等

公式テキスト 2-8 P.87-89

正答　ウ

個人情報事業取扱事業者は、個人情報を取得した場合は、あらかじめその利用目的を公表している場合を除き、速やかに、その利用目的を、本人に通知し、又は公表しなければならない（法21条１項）。

本問は、この利用目的の通知等に関する理解を問うものである。

ア．**正しい**　個人情報取扱事業者は、個人情報を取得した際、あらかじめその利用目的を公表している場合は、本人への通知又は公表は不要となる（法21条１項）。

イ．**正しい**　本記述のとおりである。

ウ．**誤　り**　個人情報取扱事業者がインターネット上で本人が自発的に公にしている個人情報を取得した場合は本人に通知し、又は公表が必要となる。

エ．**正しい**　本記述のとおりである。

問15　第65回 問題15

個人情報の取得に際しての利用目的の通知等に関する以下のアからエまでの記述のうち、誤っているものを1つ選びなさい。

ア. 個人情報取扱事業者は、インターネット上で本人が自発的に公にしている個人情報を取得した場合は、あらかじめその利用目的を公表している場合を除き、速やかに、その利用目的を、本人に通知し、又は公表しなければならない。

イ. 個人情報取扱事業者は、ユーザー入力画面への打込みにより、直接本人から個人情報を取得する場合には、あらかじめ、本人に対し、その利用目的を明示しなければならない。

ウ. 人の生命、身体又は財産の保護のために緊急に必要がある場合は、本人に対し、その利用目的を明示することも、取得後に通知等をすることも必要はない。

エ. 個人情報取扱事業者は、利用目的を変更した場合には、変更した利用目的について、本人に通知し、又は公表しなければならないが、自社のホームページのトップページから1回程度の操作で到達できる場所へ掲載することは、公表に該当する。

個人情報の取得に際しての利用目的の通知等

公式テキスト 2-8 P.87-89

正答　ウ

本人から直接書面に記載された当該本人の個人情報を取得する場合には、原則として、あらかじめ、本人に対し、その利用目的を明示しなければならない（同条2項）。また、利用目的を変更した場合は、変更された利用目的について、本人に通知し、又は公表しなければならない（同条3項）。本問は、この利用目的の通知等に関する理解を問うものである。

ア. 正しい　本記述のとおりである（法21条1項）。

イ. 正しい　本記述のとおりである（法21条2項本文）。

ウ. 誤り　人の生命、身体又は財産の保護のために緊急に必要がある場合は、本人に対し、その利用目的を明示する必要はないが、あらかじめその利用目的を公表している場合を除き、取得後速やかに、その利用目的を、本人に通知し、又は公表しなければならない（法21条2項ただし書、同条1項）。

エ. 正しい　本記述のとおりである。

問16　第66回 問題15

個人情報の取得に際しての利用目的の通知等に関する以下のアからエまでの記述のうち、誤っているものを1つ選びなさい。

ア．個人情報取扱事業者は、個人情報を取得した場合、あらかじめその利用目的を公表している場合を除き、速やかに、その利用目的を本人に通知し、公表しなければならない。

イ．家電製品の修理時に保証書に記載された連絡先を有償修理の要否や修理完了の連絡に利用する場合、その利用目的について本人への通知や公表は不要である。

ウ．利用目的の通知等により新商品の開発内容、営業ノウハウ等の企業秘密が明らかになる場合は、その利用目的について本人への通知や公表は不要である。

エ．個人情報取扱事業者は、原則として本人との間で契約を締結することに伴って契約書その他の書面（電磁的記録を含む。）に記載された本人の個人情報を取得する場合、あらかじめ本人に対し、利用目的を明示しなければならないが、人の生命、身体又は財産の保護のために緊急に必要がある場合は、この限りでない。

個人情報の取得に際しての利用目的の通知等

公式テキスト 2-8 P.87–89

正答 ア

本問は、個人情報の取得に際しての利用目的の通知（法21条）に関する理解を問うものである。

ア．誤　り　個人情報取扱事業者は、個人情報を取得した場合は、あらかじめその利用目的を公表している場合を除き、速やかに、その利用目的を、本人に通知し、又は公表しなければならない（法21条1項）。通知と公表をどちらもするようには義務付けていない。

イ．正しい　取得の状況からみて利用目的が明らかであると認められる場合、法21条1項の規定は適用しないとされている（同条4項4号）。家電製品の修理時に保証書に記載された連絡先を有償修理の要否や修理完了の連絡に利用する場合は、取得状況からみて利用状況が明らかである。

ウ．正しい　利用目的を本人に通知し、又は公表することにより当該個人情報取扱事業者の権利又は正当な利益を害するおそれがある場合、法21条1項の規定は適用しないとされている（同条4項2号）。利用目的の通知等により新商品の開発内容、営業ノウハウ等の企業秘密が明らかになる場合は、個人情報取扱事業者の正当な利益を害するおそれがある。

エ．正しい　個人情報取扱事業者は、法21条1項の規定にかかわらず、本人との間で契約を締結することに伴って契約書その他の書面（電磁的記録を含む。）に記載された当該本人の個人情報を取得する場合その他本人から直接書面に記載された当該本人の個人情報を取得する場合は、あらかじめ、本人に対し、その利用目的を明示しなければならない。ただし、人の生命、身体又は財産の保護のために緊急に必要がある場合は、この限りでない（同条2項）。

問17 第67回 問題17

個人情報取扱事業者が個人情報を取得した場合におけるその利用目的の通知又は公表規定が適用されるものを、以下のアからエまでのうち1つ選びなさい。

ア．児童虐待等に対応するために、児童相談所、学校、医療機関等の関係機関において、ネットワークを組んで対応する場合に、加害者である本人に対して当該本人の個人情報の利用目的を通知・公表することにより、虐待を悪化させたり、虐待への対応に支障等が生じたりするおそれがある場合

イ．警察が、公開手配を行わないで、被疑者に関する個人情報を、被疑者の立ち回りが予想される個人情報取扱事業者に限って提供した場合において、警察から当該個人情報を受け取った当該個人情報取扱事業者が、利用目的を本人に通知し、又は公表することにより、捜査活動に支障を及ぼすおそれがある場合

ウ．懸賞付きアンケートによって取得した連絡先を、懸賞商品の抽選や懸賞商品に関する連絡・発送や新たなサービスの案内に利用する場合

エ．一般の慣行として名刺を交換する場合、直接本人から、氏名・所属・肩書・連絡先等の個人情報を取得することとなるが、その利用目的が今後の連絡や、所属する会社の広告宣伝のための冊子や電子メールを送付するという利用目的であるような場合

利用目的の通知又は公表規定の適用

公式テキスト 2-8 P.87-89

正答 ウ

個人情報事業取扱事業者は、個人情報を取得した場合は、あらかじめその利用目的を公表している場合を除き、速やかに、その利用目的を、本人に通知し、又は公表しなければならない（法21条1項）。ただし、人の生命、身体又は財産の保護のために緊急に必要がある場合は、この限りでない（法21条4項）。

本問は、この利用目的の通知又は公表規定の適用に関する理解を問うものである。

ア. **不適用**　児童虐待等に対応するために、児童相談所、学校、医療機関等の関係機関において、ネットワークを組んで対応する場合に、加害者である本人に対して当該本人の個人情報の利用目的を通知・公表することにより、虐待を悪化させたり、虐待への対応に支障等が生じたりするおそれがある場合（法21条4項1号）

イ. **不適用**　警察が、公開手配を行わないで、被疑者に関する個人情報を、被疑者の立ち回りが予想される個人情報取扱事業者に限って提供した場合において、警察から当該個人情報を受け取った当該個人情報取扱事業者が、利用目的を本人に通知し、又は公表することにより、捜査活動に支障を及ぼすおそれがある場合（法21条4項3号）

ウ. **適　用**　懸賞付きアンケートによって取得した連絡先を、懸賞商品の抽選や懸賞商品に関する連絡・発送等のみに利用する場合は適用されない（法21条4項4号）が、新たなサービスの案内に利用する場合は、個人情報を取得した場合におけるその利用目的の通知又は公表規定が適用される。

エ. **不適用**　一般の慣行として名刺を交換する場合、直接本人から、氏名・所属・肩書・連絡先等の個人情報を取得することとなるが、その利用目的が今後の連絡や、所属する会社の広告宣伝のための冊子や電子メールを送付するという利用目的であるような場合（法21条4項4号）

問18　第65回 問題16

個人情報の取得に際しての利用目的の通知等の例外に関する以下のアからエまでの記述のうち、誤っているものを1つ選びなさい。

ア．個人情報取扱事業者は、個人情報を取得した場合であっても、その利用目的を本人に通知し、又は公表することにより本人又は第三者の生命、身体、財産その他の権利利益を害するおそれがあるときは、その利用目的の通知等は不要である。

イ．個人情報取扱事業者は、本人から直接書面に記載された当該本人の個人情報を取得する場合であっても、その利用目的を本人に通知し、又は公表することにより事業者の権利又は正当な利益を害するおそれがあるときは、あらかじめ、本人に対し、その利用目的を明示する必要はない。

ウ．警察が、公開手配を行わないで、被疑者に関する個人情報を、被疑者の立回りが予想される個人情報取扱事業者に限って提供した場合において、警察から当該個人情報を受け取った当該個人情報取扱事業者が、利用目的を本人に通知し、又は公表することにより、捜査活動に支障を及ぼすおそれがあるときは、その利用目的の通知等は不要である。

エ．一般の慣行として名刺を交換する場合、直接本人から、氏名・所属・肩書・連絡先等の個人情報を取得することとなるが、その利用目的が今後の連絡である場合には、あらかじめ、本人に対し、その利用目的を明示する必要はないが、取得後速やかに、本人に通知し、又は公表しなければならない。

利用目的の通知等の例外

公式テキスト 2-8 P.89

正答
エ

次の場合には、利用目的の通知等は不要である（法21条4項）。

（1）利用目的を本人に通知し、又は公表することにより本人又は第三者の生命、身体、財産その他の権利利益を害するおそれがある場合（1号）

（2）利用目的を本人に通知し、又は公表することにより当該個人情報取扱事業者の権利又は正当な利益を害するおそれがある場合（2号）

（3）国の機関又は地方公共団体が法令の定める事務を遂行することに対して協力する必要がある場合であって、利用目的を本人に通知し、又は公表することにより当該事務の遂行に支障を及ぼすおそれがあるとき（3号）。

（4）取得の状況からみて利用目的が明らかであると認められる場合（4号）

本問は、この利用目的の通知等の例外に関する理解を問うものである。

ア. **正しい**　本記述のとおりである（法21条4項1号）。

イ. **正しい**　本記述のとおりである（法21条4項2号）。

ウ. **正しい**　本記述のとおりである（法21条4項3号）。

エ. **誤　り**　一般の慣行として名刺を交換する場合、直接本人から、氏名・所属・肩書・連絡先等の個人情報を取得することとなるが、その利用目的が今後の連絡である場合には、あらかじめ、本人に対し、その利用目的を明示することも取得後の通知等も必要はない。取得の状況からみて利用目的が明らかであると認められる場合（法21条4項4号）に該当するからである。

4. 個人データに対する義務

問1 第65回 問題17

安全管理措置、従業者の監督及び委託先の監督に関する以下のアからエまでの記述のうち、誤っているものを１つ選びなさい。

ア．個人情報取扱事業者は、その取り扱う個人データの漏えい、滅失又は毀損の防止その他の個人データの安全管理のために必要かつ適切な措置を講じなければならないが、具体的に講じなければならない措置等について法文では示されていない。

イ．従業者とは、個人情報取扱事業者の組織内にあって直接間接に事業者の指揮監督を受けて事業者の業務に従事している者等をいい、株式会社の業務を執行する取締役は含まれるが、取締役の職務の執行を監査する監査役は含まれない。

ウ．個人データの取扱いの委託とは、契約の形態・種類を問わず、個人情報取扱事業者が他の者に個人データの取扱いを行わせることをいい、個人データの入力、編集、分析、出力等の処理を行うことを委託することは、個人データの取扱いの委託に該当する。

エ．個人データの取扱いを委託する際に締結した委託契約中に、委託元は、委託先による再委託の実施状況を把握することが盛り込まれているにもかかわらず、委託先に対して再委託に関する報告を求める等の必要な措置を行わず、委託元の認知しない再委託が行われた結果、当該再委託先が個人データを漏えいした場合は、委託先に対する必要かつ適切な監督を行っていなかったことになる。

安全管理措置

公式テキスト 2-9 P.91-93

正答
イ

個人情報取扱事業者は、その取り扱う個人データの漏えい、滅失又はき損の防止その他の個人データの安全管理のために必要かつ適切な措置を講じなければならず（法23条）、この安全管理が図られるよう、従業者の監督（法24条）及び委託先の監督（法25条）を行わなければならない。本問は、この安全管理措置に関する理解を問うものである。

ア．正しい　本記述のとおりである（法23条）。具体的に講じなければならない措置等については、「個人情報保護法ガイドライン（通則編）（別添）講ずべき安全管理措置の内容」参照。

イ．誤　り　従業者とは、個人情報取扱事業者の組織内にあって直接間接に事業者の指揮監督を受けて事業者の業務に従事している者等をいい、雇用関係にある従業員のみならず、取締役、執行役、理事、監査役、監事、派遣社員等も含まれる。

ウ．正しい　本記述のとおりである。

エ．正しい　本記述のとおりである。

問2　第67回 問題18

データ内容の正確性の確保等に関する以下のアからエまでの記述のうち、誤っているものを１つ選びなさい。

ア．個人情報取扱事業者は、利用目的の達成に必要な範囲内において、個人データを正確かつ最新の内容に保つとともに、利用する必要がなくなったときは、当該個人データを遅滞なく消去するよう努めなければならない。

イ．個人情報取扱事業者は、データ内容の正確性を確保するために、保有する個人データを一律に又は常に最新化する必要がある。

ウ．「個人データの消去」とは、当該個人データを個人データとして使えなくすることであり、当該データを削除することのほか、当該データから特定の個人を識別できないようにすること等も含まれる。

エ．個人情報取扱事業者は、キャンペーンの懸賞品送付のため、当該キャンペーンの応募者の個人データを保有していたところ、懸賞品の発送が終わり、不着対応等のための合理的な期間が経過した場合、当該個人データを遅滞なく消去するよう努めなければならない。

データ内容の正確性の確保等

公式テキスト 2-9 P.91

正答　イ

個人情報取扱事業者は、利用目的の達成に必要な範囲内において、個人データを正確かつ最新の内容に保つとともに、利用する必要がなくなったときは、当該個人データを遅滞なく消去するよう努めなければならない（法22条）。本問は、このデータ内容の正確性の確保等に関する理解を問うものである。

ア．**正しい**　本記述のとおりである（法22条）。

イ．**誤　り**　保有する個人データを一律に又は常に最新化する**必要はなく、それぞれの利用目的に応じて、その必要な範囲内で正確性・最新性を確保すれば足りる**とされている。

ウ．**正しい**　「個人データの消去」とは、当該個人データを個人データとして使えなくすることであり、当該データを削除することのほか、当該データから特定の個人を識別できないようにすること等を含むとされている。

エ．**正しい**　本記述のとおりである。

問3　第65回 問題18

データ内容の正確性の確保等に関する以下のアからエまでの記述のうち、誤っているものを１つ選びなさい。

ア. 個人情報取扱事業者は、個人データを一律に又は常に最新化する必要は必ずしもない。

イ. 個人情報取扱事業者は、個人データを利用する必要がなくなったときは、原則として、当該個人データを遅滞なく消去する努力義務を負っている。

ウ. 個人情報取扱事業者は、データ内容の正確性の確保等の規定に違反しても、個人情報保護委員会から勧告を受けることはない。

エ. 個人情報取扱事業者は、データ内容の正確性の確保等の規定に違反しても、本人から責任を追及されることはない。

データ内容の正確性の確保等

公式テキスト 2-9 P.91

正答　エ

個人情報取扱事業者は、利用目的の達成に必要な範囲内において、個人データを正確かつ最新の内容に保つとともに、利用する必要がなくなったときは、当該個人データを遅滞なく消去するよう努めなければならない（法22条）。本問は、このデータ内容の正確性の確保等に関する理解を問うものである。

ア. 正しい　本記述のとおりである。利用目的に応じて、その必要な範囲内で正確性・最新性を確保すれば足りるからである。

イ. 正しい　本記述のとおりである。例外は、他の法令の規定により保存期間等が定められている場合である。

ウ. 正しい　本記述のとおりである。勧告について規定する法145条1項（令和5年4月より148条1項）に、法22条は規定されていない。

エ. 誤　り　本条の義務が努力義務であることと本人からの責任追及とは別問題である。事業者側のミスによって個人情報が不正確になったことにより本人が損害を受けたときは、本人から責任追及を受けることがある（京都地裁平成15年10月3日判決等）。

問4　第66回 問題16

データ内容の正確性の確保等に関する以下のアからエまでの記述のうち、正しいものを１つ選びなさい。

ア．個人情報取扱事業者は、利用する必要がなくなった個人データを遅滞なく消去する努力義務を負っているが、ここにいう消去とは、当該データをすべて削除するという意味であり、当該データを匿名化して特定の個人を識別できないようにすることは含まない。

イ．個人情報取扱事業者は、利用する必要がなくなった個人データを遅滞なく消去する努力義務を負っているが、ここにいう利用する必要がなくなったときとは、利用目的を達成した場合に限られる。

ウ．個人情報取扱事業者は、個人データを正確かつ最新の内容に保つ努力義務を負っているが、個人データを一律に常に最新化する必要はなく、それぞれの利用目的に応じて、必要な範囲内で正確性や最新性を確保すれば足りる。

エ．不要な個人データを遅滞なく消去することは努力義務であるため、個人情報保護委員会による報告や資料提出の求め等の対象とはならない。

データ内容の正確性の確保等

公式テキスト 2-9 P.91

正答 ウ

個人情報取扱事業者は、利用目的の達成に必要な範囲内において、個人データを正確かつ最新の内容に保つとともに、利用する必要がなくなったときは、当該個人データを遅滞なく消去するよう努めなければならない（法22条）。本問は、このデータ内容の正確性の確保等に関するに関する理解を問うものである。

ア．誤　り　個人情報取扱事業者は、個人データを利用する必要がなくなったときは、当該個人データを遅滞なく消去するよう努めなければならない（法22条）。消去とは、個人データを使えなくすることであり、当該データをすべて削除することのほか、当該データを匿名化して特定の個人を識別できないようにすることを含む。

イ．誤　り　個人情報取扱事業者は、個人データを利用する必要がなくなったときは、当該個人データを遅滞なく消去するよう努めなければならない（法22条）。利用する必要がなくなったときについては、利用目的を達成した場合はもとより、個人データを利用する事業自体が中止になった場合も該当する。

ウ．正しい　個人情報取扱事業者は、利用目的の達成に必要な範囲内において、個人データを正確かつ最新の内容に保つよう努めなければならない（法22条）。しかし、個人データ内容の正確性の確保にあたっては、保有するデータを一律に常に最新化する必要はなく、それぞれの利用目的に応じて、その必要な範囲内で正確性・最新性を確保すれば足りる。

エ．誤　り　不要な個人データ削除の義務違反がある場合は、個人情報保護委員会による報告や資料提出の求め等の対象となる。

問5　第67回 問題19

従業者の監督に関する以下のアからエまでの記述のうち、誤っているものを１つ選びなさい。

ア. 個人情報取扱事業者は、その従業者に個人データを取り扱わせるに当たっては、当該個人データの安全管理が図られるよう、当該従業者に対する必要かつ適切な監督を行わなければならない。

イ. 従業者が、個人データの安全管理措置を定める規程等に従って業務を行っていることを確認しなかった結果、個人データが漏えいした場合、従業者に対して必要かつ適切な監督を行っていないといえる。

ウ. 内部規程等に違反して個人データが入ったノート型パソコン又は外部記録媒体が繰り返し持ち出されていたにもかかわらず、その行為を放置した結果、当該パソコン又は当該記録媒体が紛失し、個人データが漏えいした場合、従業者に対して必要かつ適切な監督を行っていないといえる。

エ.「従業者」とは、個人情報取扱事業者の組織内にあって直接間接に事業者の指揮監督を受けて事業者の業務に従事している者等をいい、雇用関係にある従業員は含まれるが、取締役、執行役、理事、監査役、監事などは含まれない。

従業者の監督
公式テキスト 2-9 P.93

正答
エ

個人情報取扱事業者は、その従業者に個人データを取り扱わせるに当たっては、当該個人データの安全管理が図られるよう、当該従業者に対する必要かつ適切な監督を行わなければならない（法24条）。

本問は、従業者の監督に関する理解を問うものである。

ア．**正しい**　本記述のとおりである（法24条）。

イ．**正しい**　本記述のとおりである。

ウ．**正しい**　本記述のとおりである。

エ．**誤　り**　「従業者」とは、個人情報取扱事業者の組織内にあって直接間接に事業者の指揮監督を受けて事業者の業務に従事している者等をいい、雇用関係にある従業員のみならず、取締役、執行役、理事、監査役、監事、派遣社員なども含まれ、**雇用関係にある従業員に限られない**。

問6　第66回 問題17

個人情報保護法21条では、「個人情報取扱事業者は、その従業者に個人データを取り扱わせるに当たっては、当該個人データの安全管理が図られるよう、当該従業者に対する必要かつ適切な監督を行わなければならない。」と規定されている。ここでいう「従業者」の定義として正しいものを以下のアからエまでの記述のうち、１つ選びなさい。

ア.「従業者」とは、個人情報取扱事業者の組織内にあって、賃金、給料その他これに準ずる収入によって生活する者をいう。

イ.「従業者」とは、個人情報取扱事業者の組織内にあって、職業の種類を問わず、事業又は事務所に使用される者で、賃金を支払われる者をいう。

ウ.「従業者」とは、個人情報取扱事業者の組織内にあって、使用者に使用されて労働し、賃金を支払われる者をいう。

エ.「従業者」とは、個人情報取扱事業者の組織内にあって直接間接に事業者の指揮監督を受けて事業者の業務に従事している者等をいう。

従業者の監督

公式テキスト 2-9 P.93

正答 エ

個人情報取扱事業者は、その従業者に個人データを取り扱わせるに当たっては、当該個人データの安全管理が図られるよう、当該従業者に対する必要かつ適切な監督を行わなければならない（法24条）。本問は、この従業者の監督に関する理解を問うものである。

ア．**誤　り**　「賃金、給料その他これに準ずる収入によって生活する者」とは、労働組合法上の「労働者」である（労働組合法３条）。従って、本記述は誤っている。

イ．**誤　り**　「職業の種類を問わず、事業又は事務所に使用される者で、賃金を支払われる者」とは、労働基準法上の「労働者」である（労働基準法９条）。従って、本記述は誤っている。

ウ．**誤　り**　「使用者に使用されて労働し、賃金を支払われる者」とは、労働契約法上の「労働者」である（労働契約法２条）。従って、本記述は誤っている。

エ．**正しい**　「従業者」とは、個人情報取扱事業者の組織内にあって直接間接に事業者の指揮監督を受けて事業者の業務に従事している者等をいい、雇用関係にある従業員（正社員、契約社員、嘱託社員、パート社員、アルバイト社員等）のみならず、取締役、執行役、理事、監査役、監事、派遣社員等も含まれる。従って、本記述は正しい。

問7　第67回 問題20

委託先の監督に関する以下のアからエまでの記述のうち、正しいものを１つ選びなさい。

ア．個人情報取扱事業者は、個人データの取扱いの全部を委託する場合のみ、その取扱いを委託された個人データの安全管理が図られるよう、委託を受けた者に対する必要かつ適切な監督を行わなければならない。

イ．「個人データの取扱いの委託」とは、契約の形態・種類を問わず、個人情報取扱事業者が他の者に個人データの取扱いを行わせることをいうが、具体的には、個人データの入力（本人からの取得を含む。）、編集、分析、出力等の処理を行うことを委託すること等が想定される。

ウ．委託先の選定や委託先における個人データ取扱状況の把握に当たっては、取扱いを委託する個人データの内容や規模に応じて適切な方法をとる必要があるが、必要に応じて個人データを取り扱う場所に赴く又はこれに代わる合理的な方法として、口頭により確認をすることは想定されていない。

エ．再委託の条件に関する指示を委託先に行わず、かつ委託先の個人データの取扱状況の確認を怠り、委託先が個人データの処理を再委託した結果、当該再委託先が個人データを漏えいした場合、委託元は必要かつ適切な監督を行っていないとはいえない。

委託先の監督

公式テキスト 2-9 P.93

正答 **イ**

個人情報取扱事業者は、個人データの取扱いの全部又は一部を委託する場合は、その取扱いを委託された個人データの安全管理が図られるよう、委託を受けた者に対する必要かつ適切な監督を行わなければならない（法25条）。

本問は、委託先の監督に関する理解を問うものである。

ア．誤　り　個人情報取扱事業者は、個人データの取扱いの全部又は一部を委託する場合は、その取扱いを委託された個人データの安全管理が図られるよう、委託を受けた者に対する必要かつ適切な監督を行わなければならない（法25条）。個人データの取扱いの**全部を委託する場合だけではなく、一部を委託する場合も該当する**。

イ．正しい　本記述のとおりである。

ウ．誤　り　委託先の選定や委託先における個人データ取扱状況の把握に当たっては、取扱いを委託する個人データの内容や規模に応じて適切な方法をとる必要があるが、例えば、必要に応じて個人データを取り扱う場所に赴く又はこれに代わる合理的な方法（**口頭による確認を含む**。）により確認することが考えられる。

エ．誤　り　再委託の条件に関する指示を委託先に行わず、かつ委託先の個人データの取扱状況の確認を怠り、委託先が個人データの処理を再委託した結果、当該再委託先が個人データを漏えいした場合、委託を受けた者に対して必要かつ適切な監督を行っていない事例に該当する。

問8　第66回 問題18

委託先の監督に関する以下のアからエまでの記述のうち、誤っているものを１つ選びなさい。

ア．個人情報取扱事業者は、委託先の監督として「委託先における個人データの取扱状況の把握」をする必要があるが、その手段として、立入検査を義務付けている。

イ．委託先の監督の一環として「委託契約の締結」をする必要があるが、業務委託契約書の取り交わし以外の態様も認められる。

ウ．委託元が個人情報保護法で求める水準を超える高い水準の安全管理措置を講じている場合に、委託先に対してもこれと同等の措置を求める必要はなく、委託先は、個人情報保護法が求める水準の安全管理措置を講じれば足りると解される。

エ．外部事業者に定型的業務を委託する場合、当該外部事業者が用意している約款等に加えて、自己の社内内規を遵守するよう求める覚書を追加的に締結する等の対応は、当該約款等を吟味した結果、当該約款等を遵守することにより当該個人データの安全管理が図られると判断される場合には必ずしも必要ではない。

委託先の監督

公式テキスト 2-9 P.93

正答 ア

個人情報取扱事業者は、個人データの取扱いの全部又は一部を委託する場合は、その取扱いを委託された個人データの安全管理が図られるよう、委託を受けた者に対する必要かつ適切な監督を行わなければならない。(法25条)。本問は、委託先の監督に関するに関する理解を問うものである。

ア. 誤　り　個人情報取扱事業者は、法25条に基づく委託先の監督の一環として、委託先における個人データの取扱い状況を把握することが必要であり、その手段として立入検査も考えられるが、これは義務付けられているわけではなく、取扱いを委託する個人データの内容や規模に応じて適切な方法(口頭による確認も含む)を講じれば足りるとされている。

イ. 正しい　委託元・委託先の双方が安全管理措置の内容について合意をすれば法的効果が発生するため、当該措置の内容に関する委託元・委託先間の合意内容を客観的に明確化できる手段であれば、書式の類型を問わない。

ウ. 正しい　委託元が個人情報保護法で求める水準を超える高い水準の安全管理措置を講じている場合に、委託先に対してもこれと同等の措置を求める趣旨ではなく、委託先は、個人情報保護法が求める水準の安全管理措置を講じれば足りると解される。

エ. 正しい　当該約款等を吟味した結果、当該約款等を遵守することにより当該個人データの安全管理が図られると判断される場合には、当該定型的業務を委託することについて必ずしも追加的に覚書を締結する必要まではないと考えられる。

5. 第三者提供に関する義務

問1　第67回 問題22

本邦における個人データの第三者提供の制限に関する以下のアからエまでの記述のうち、誤っているものを1つ選びなさい。

ア. 学術研究機関等が、当該学術研究機関等と共同して学術研究を行う第三者に個人データを学術研究目的で提供することは、第三者提供の制限の規定に違反しない。

イ. 国の機関若しくは地方公共団体又はその委託を受けた者が法令の定める事務を遂行することに対して協力する必要がある場合は、本人に同意を得ることが容易であっても、本人に同意を得ることにより当該事務の遂行に支障を及ぼすおそれがあるときは、本人の同意を得ずに第三者に個人データを提供することができる。

ウ. 個人情報データベース等を構成している個人データは、1件の提供であっても第三者提供の制限の対象となる。

エ. フランチャイズ組織の本部と加盟店の間で個人データを本人の同意を得ずに交換することは、第三者提供の制限の規定に違反しない。

個人データの第三者提供の制限

公式テキスト 2-7 P.83・2-10 P.99

正答 エ

個人情報取扱事業者は、次に掲げる場合を除くほか、あらかじめ本人の同意を得ないで、個人データを第三者に提供してはならない（法27条1項）。

本問は、第三者提供の制限の原則に関する理解を問うものである。

ア. **正しい** 学術研究機関等が個人データを提供する場合であり、かつ、当該学術研究機関等と共同して学術研究を行う第三者（学術研究機関等であるか否かを問わない。）に当該個人データを学術研究目的で提供する必要がある場合（当該個人データを提供する目的の一部が学術研究目的である場合を含み、個人の権利利益を不当に侵害するおそれがある場合を除く。）（法27条1項6号）。

イ. **正しい** 本記述のとおりである（法27条4号）。

ウ. **正しい** 本記述のとおりである。

エ. **誤り** 個人情報取扱事業者が、フランチャイズ組織の本部と加盟店の間で個人データを本人の同意を得ずに交換することは、**第三者提供（法27条1項）に該当し、原則として、あらかじめ本人の同意を得る必要がある**。

問2　第66回 問題20

本邦における個人データの第三者提供の制限に関する以下のアからエまでの記述のうち、誤っているものを1つ選びなさい。

ア．個人情報データベース等を構成していない個人情報が複数あっても、本人に同意を得る必要はなく、利用目的を特定し通知をすることにより、個人情報を第三者に提供することができる。

イ．国の機関若しくは地方公共団体又はその委託を受けた者が法令の定める事務を遂行することに対して協力する必要がある場合は、本人に同意を得ることが容易であっても、本人に同意を得ることにより当該事務の遂行に支障を及ぼすおそれがあるときは、本人の同意を得ずに第三者に個人データを提供することができる。

ウ．個人情報データベース等を構成している個人データは、1件の提供であっても第三者提供の制限の対象となる。

エ．個人情報取扱事業者が、フランチャイズ組織の本部と加盟店の間で個人データを本人の同意を得ずに交換することは、第三者提供の制限の規定に違反しない。

個人データの第三者提供の制限

公式テキスト 2-7 P.83・2-10 P.99

正答 エ

個人情報取扱事業者は、次に掲げる場合を除くほか、あらかじめ本人の同意を得ないで、個人データを第三者に提供してはならない。(法27条1項)。本問は、第三者提供の制限の原則に関するに関する理解を問うものである。

ア. 正しい 個人情報データベース等を構成していない場合は、法27条の対象外であり、当該第三者提供にあたって本人の同意を得る必要はない。

イ. 正しい 国の機関若しくは地方公共団体又はその委託を受けた者が法令の定める事務を遂行することに対して協力する必要がある場合は、本人に同意を得ることが容易であっても、本人に同意を得ることにより当該事務の遂行に支障を及ぼすおそれがあるときは、本人の同意を得ずに第三者に個人データを提供することができる(法27条4号)。

ウ. 正しい 個人情報データベース等を構成している個人データは、1件の提供であっても第三者提供の制限の対象となる。

エ. 誤り 個人情報取扱事業者が、フランチャイズ組織の本部と加盟店の間で個人データを本人の同意を得ずに交換することは、第三者提供(27条1項)に該当し、原則として、あらかじめ本人の同意を得る必要がある。

問3　第65回 問題19

個人データの第三者提供の制限に関する以下のアからエまでの記述のうち、誤っているものを1つ選びなさい。

ア．個人情報取扱事業者は、原則として、あらかじめ本人の同意を得ないで、個人データを第三者に提供してはならないが、この同意の取得に当たっては、事業の規模及び性質、個人データの取扱状況等に応じ、本人が同意に係る判断を行うために必要と考えられる合理的かつ適切な範囲の内容を明確に示さなければならない。

イ．個人情報取扱事業者が、株主から株主名簿の閲覧を適法に求められた場合、株主名簿を開示することは個人データの第三者提供に該当するが、全株主（本人）の同意がなくても、当該閲覧請求に応じることができる。

ウ．個人情報取扱事業者の従業者の個人データを含む情報について弁護士会から適法に照会があった場合は、当該従業者の同意を取得することが困難であるときに限り、その同意がなくても、当該弁護士会に当該情報を提供することができる。

エ．個人情報取扱事業者の従業者が指定感染症に罹患し入院している場合に、当該従業者が感染可能期間中に訪問した取引先が適切な対応策を取ることができるように当該従業者の個人データを含む情報を提供するときは、当該従業者の同意を取得することが困難であれば、その同意がなくても、当該情報を提供することができる。

個人データの第三者提供の制限

公式テキスト 2-7 P.83・2-10 P.99

正答 ウ

個人情報取扱事業者は、次に掲げる場合を除くほか、あらかじめ本人の同意を得ないで、個人データを第三者に提供してはならない（法27条1項）。

（1）法令に基づく場合（1号）。
（2）人の生命、身体又は財産の保護のために必要がある場合であって、本人の同意を得ることが困難であるとき（2号）。
（3）公衆衛生の向上又は児童の健全な育成の推進のために特に必要がある場合であって、本人の同意を得ることが困難であるとき（3号）。
（4）国の機関若しくは地方公共団体又はその委託を受けた者が法令の定める事務を遂行することに対して協力する必要がある場合であって、本人の同意を得ることにより当該事務の遂行に支障を及ぼすおそれがあるとき（4号）。

本問は、この個人データの第三者提供の制限に関する理解を問うものである。

ア．正しい　本記述のとおりである。

イ．正しい　会社法により、株主には株主名簿の閲覧請求権が認められているため（会社法125条2項）、適法な閲覧請求に応じることは、法令に基づく場合（法27条1項1号）に該当する。したがって、全株主（本人）の同意なく、株主名簿を開示すること（閲覧請求に応じること）ができる。

ウ．誤　り　個人情報取扱事業者の従業者の個人データを含む情報について弁護士会から適法に照会があった場合は、法令に基づく場合に該当するので（弁護士法23条の2）、当該従業者の同意を取得することが困難であるときという要件は不要である（法27条1項1号）。

エ．正しい　本記述のとおりである（法27条1項2号・3号）。

問4　第67回 問題23

オプトアウトによる第三者提供に関する以下のアからエまでの記述のうち、誤っているものを1つ選びなさい。

ア．個人情報取扱事業者は、オプトアウトによる方法で個人データを第三者に提供する場合は、必要な所定の事項を、あらかじめ、本人に通知し、又は本人が容易に知り得る状態に置かなければならないが、この措置は、第三者に提供される個人データによって識別される本人が当該提供の停止を求めるのに必要な期間を置かなければならない。

イ．個人データを、オプトアウトによる第三者提供を行うために必要な所定の事項を本人に通知し、又は本人が容易に知り得る状態に置く時期と個人情報保護委員会の届け出る時期は、必ずしも同時である必要はない。

ウ．個人情報取扱事業者がオプトアウトによる方法で個人データを第三者に提供する場合は、オプトアウト事項を個人情報保護委員会に届け出なければならないが、代理人による届出の方法は定められていない。

エ．個人情報取扱事業者がオプトアウトによる方法で個人データを第三者に提供する場合、オプトアウト事項を個人情報保護委員会に届け出なければならないが、届け出たときは、その内容を自らもインターネットの利用その他の適切な方法により公表するものとされている。

オプトアウトによる第三者提供

公式テキスト 2-10 P.99

正答 ウ

個人情報取扱事業者は、第三者に提供される個人データ（要配慮個人情報を除く。）について、本人の求めに応じて当該本人が識別される個人データの第三者への提供を停止することとしている場合であって、法27条2項で定められている事項について、個人情報保護委員会規則で定めるところにより、あらかじめ、本人に通知し、又は本人が容易に知り得る状態に置くとともに、個人情報保護委員会に届け出たときは、法27条1項の規定にかかわらず、当該個人データを第三者に提供することができる（法27条2項）。

本問は、このオプトアウトによる第三者提供に関する理解を問うものである。

ア. **正しい**　個人情報取扱事業者は、オプトアウトによる方法で第三者に提供を行う際、第三者提供を行うために必要な所定の事項を、あらかじめ、本人に通知し、又は本人が知り得る状態に置かなければならない（法27条2項）。また、この措置は、第三者に提供される個人データによって識別される本人が当該提供の停止を求めるのに必要な期間を置かなければならない（施行規則11条1項1号）。

イ. **正しい**　本人に通知し、又は本人が知り得る状態に置く時期と個人情報保護委員会に届け出る時期は、必ずしも同時である必要はない。なお、同時でない場合は本人が通知又は容易に知り得る状態に置いた後、速やかに個人情報保護委員会に届け出ることが望ましいとされている。

ウ. **誤　り**　オプトアウト事項の届出は、施行規則11条2項で定めるところにより、個人情報保護委員会に届け出なければならないが、代理人による届け出の方法も施行規則で定められている（施行規則11条3項、同12条）。

エ. **正しい**　個人情報取扱事業者は、法27条2項により必要な事項を個人情報保護員会に届け出たときは、その内容を自らもインターネットの利用その他の適切な方法により公表するものとされている（施行規則14条）。

問5　第66回 問題21

オプトアウトによる第三者提供に関する以下のアからエまでの記述のうち、誤っているものを１つ選びなさい。

ア．個人情報取扱事業者は、オプトアウトによる方法で個人データを第三者に提供を行う際、第三者提供を行うために必要な所定の事項を、あらかじめ、本人に通知し、又は本人が容易に知り得る状態に置かなければならないが、この措置は、第三者に提供される個人データによって識別される本人が当該提供の停止を求めるのに必要な期間を置かなければならない。

イ．個人データを、オプトアウトによる第三者提供を行うために必要な所定の事項を本人に通知し、又は本人が容易に知り得る状態に置く時期と個人情報保護委員会の届け出る時期は、必ずしも同時である必要はない。

ウ．個人情報取扱事業者は、オプトアウトによる方法で個人データを第三者に提供を行う場合、オプトアウト事項を個人情報保護委員会に届け出なければならないが、代理人による届出の方法は定められていない。

エ．個人情報取扱事業者は、オプトアウトによる方法で個人データを第三者に提供を行う場合、オプトアウト事項を個人情報保護委員会に届け出なければならないが、届け出たときは、その内容を自らもインターネットの利用その他の適切な方法により公表するものとされている。

オプトアウトによる第三者提供

公式テキスト 2-10 P.99

正答
ウ

個人情報取扱事業者は、第三者に提供される個人データ（要配慮個人情報を除く。）について、本人の求めに応じて当該本人が識別される個人データの第三者への提供を停止することとしている場合であって、法27条2項で定められている事項について、個人情報保護委員会規則で定めるところにより、あらかじめ、本人に通知し、又は本人が容易に知り得る状態に置くとともに、個人情報保護委員会に届け出たときは、法27条1項の規定にかかわらず、当該個人データを第三者に提供することができる（法27条2項）。本問は、このオプトアウトによる第三者提供に関するに関する理解を問うものである。

ア．正しい　個人情報取扱事業者は、オプトアウトによる方法で第三者に提供を行う際、第三者提供を行うために必要な所定の事項を、あらかじめ、本人に通知し、又は本人が知り得る状態に置かなければならない（法27条2項）。また、この措置は、第三者に提供される個人データによって識別される本人が当該提供の停止を求めるのに必要な期間を置かなければならない（施行規則11条1項1号）。

イ．正しい　本人に通知し、又は本人が知り得る状態に置く時期と個人情報保護委員会に届け出る時期は、必ずしも同時である必要はない。なお、同時でない場合は本人が通知又は容易に知り得る状態に置いた後、速やかに個人情報保護委員会に届け出ることが望ましいとされている。

ウ．誤　り　オプトアウト事項の届出は、施行規則11条2項で定めるところにより、個人情報保護委員会に届け出なければならないが、代理人による届け出の方法も施行規則で定められている（施行規則11条3項、同規則12条）。

エ．正しい　個人情報取扱事業者は、法27条2項により必要な事項を個人情報保護員会に届け出たときは、その内容を自らもインターネットの利用その他の適切な方法により公表するものとされている（施行規則14条）。

問6　第65回 問題20〈改題〉

オプトアウトによる第三者提供に関する以下のアからエまでの記述のうち、誤っているものを１つ選びなさい。

ア．個人情報取扱事業者は、個人データの第三者への提供に当たり、一定の事項をあらかじめ本人に通知し、又は本人が容易に知り得る状態に置くとともに、個人情報保護委員会に届け出た場合には、原則として、あらかじめ本人の同意を得ることなく、個人データを第三者に提供することができる。

イ．個人情報保護法の規定により特定された当初の利用目的に、個人情報の第三者提供に関する事項が含まれていない場合であっても、個人情報保護法に規定されている要件を満たせば、オプトアウトによる第三者提供を行うことができる。

ウ．オプトアウトによる第三者提供をする際に必要となる通知又は容易に知り得る状態に置く措置は、第三者に提供される個人データによって識別される本人が当該提供の停止を求めるのに必要な期間をおいて行うものとされている。

エ．令和４年４月１日に全面施行された「個人情報の保護に関する法律等の一部を改正する法律」（令和２年法律第44号）により、オプトアウトによる第三者提供の範囲から、従来から除外されていた要配慮個人情報のほかに、不正な手段で取得された個人データ及び他の事業者からオプトアウトによる第三者提供により提供を受けた個人データが除外された。

オプトアウトによる第三者提供

公式テキスト 2-10 P.99

正答 イ

個人情報取扱事業者は、個人データの第三者への提供に当たり、本人の求めに応じて当該本人が識別される個人データの第三者への提供を停止することとしている場合であって、所定の事項をあらかじめ本人に通知し、又は本人が容易に知り得る状態に置くとともに、個人情報保護委員会に届け出たときは、法27条1項の規定にかかわらず、あらかじめ本人の同意を得ることなく、個人データを第三者に提供することができる（法27条2項）。これをオプトアウトによる第三者提供という。本問は、このオプトアウトによる第三者提供に関する理解を問うものである。

ア．正しい　本記述のとおりである（法27条2項）。

イ．誤　り　個人情報保護法の規定により特定された当初の利用目的に、個人情報の第三者提供に関する事項が含まれていない場合は、第三者提供を行うと目的外利用となるため、オプトアウトによる第三者提供を行うことはできない。

ウ．正しい　本記述のとおりである（施行規則11条1項1号）。

エ．正しい　本記述のとおりである（法27条2項ただし書）。

オプトアウト制度について、個人情報保護委員会が、いわゆる名簿屋の実態調査を行ったところ、名簿屋間において名簿の交換が行われている実態等が明らかとなった。このような実態等を踏まえ、令和2年の改正において、オプトアウト規定によって第三者に提供できる個人データの範囲が次のとおり改正前（要配慮個人情報のみ）よりも限定されることとなった。

（1）不正取得された個人データをオプトアウト規定によって第三者に提供することが禁止された。個人が不正に持ち出した名簿を、オプトアウト事業者が取得して第三者に提供する事例があるからである。

（2）オプトアウト規定によって取得された個人データを、オプトアウト規定によって第三者に提供することが禁止された。オプトアウト届出を行っている名簿屋間で名簿交換等によって個人データが流通し、本人がこれをトレース（追跡）できず権利行使をしにくくなっている実態があるからである。

問7　第66回 問題22

個人データの委託及び事業の承継に関する以下のアからエまでの記述のうち、誤っているものを１つ選びなさい。

ア．百貨店が注文を受けた商品の発送のために宅配業者に個人データを渡す場合、個人データの委託に該当し、百貨店は宅配業者の監督義務を負う。

イ．個人情報取扱事業者から個人データの取扱いの委託を受けている者が、提供された個人データを委託の内容と関係のない自社の営業活動等のために利用する場合、個人データの委託に該当しない。

ウ．データの打ち込み等、情報処理を委託するために個人データを提供する場合は、個人データの委託に該当しない。

エ．営業譲渡により事業が承継され、それに伴い個人データが譲渡される場合は、承継者は第三者に該当せず、承継者は個人データが譲渡される前の利用目的の範囲内で利用しなければならない。

個人データの委託及び事業の承継

公式テキスト 2-10 P.101

正答 ウ

個人情報取扱事業者が利用目的の達成に必要な範囲内において個人データの取扱いの全部又は一部を委託することに伴って当該個人データが提供される場合、第三者に該当しない（法27条5項1号）。また、合併その他の事由による事業の承継に伴って個人データが提供される場合も第三者に該当しない（法27条5項2号）本問は、この個人データの委託及び事業の承継に関するに関する理解を問うものである。

ア．正しい　百貨店が注文を受けた商品の発送のために宅配業者に個人データを渡す場合、個人データの委託に該当し、百貨店は宅配業者の監督義務を負う。

イ．正しい　個人情報取扱事業者から個人データの取扱いの委託を受けている者が、提供された個人データを委託の内容と関係のない自社の営業活動等のために利用する場合、個人データの委託に該当しない。

ウ．誤　り　データの打ち込み等、情報処理を委託するために個人データを提供する場合は、個人データの委託に該当する。

エ．正しい　営業譲渡により事業が承継され、それに伴い個人データが譲渡される場合は、承継者は第三者に該当しない（法27条5項2号）。また、承継者は個人データが譲渡される前の利用目的の範囲内で利用しなければならない（法18条2項）。

問8　第65回 問題21

個人データの委託及び事業の承継に関する以下のアからエまでの記述のうち、誤っているものを１つ選びなさい。

ア．個人情報取扱事業者が利用目的の達成に必要な範囲内において個人データの取扱いの全部又は一部を委託することに伴って当該個人データが提供される場合には、あらかじめ本人の同意を得ることなく、又は第三者提供におけるオプトアウト手続を行うことなく、当該個人データを提供することができる。

イ．個人情報取扱事業者が外部事業者を利用して消費者アンケート調査（当該外部事業者が新たに個人データを取得・集計し統計情報を作成）を実施する場合においては、当該外部事業者のみがアンケート調査に係る個人データを取り扱っており、当該個人情報取扱事業者が一切当該個人データの取扱いに関与していないときであっても、通常、当該個人データに関して取扱いの委託をしていると解される。

ウ．個人データの取扱いの委託がなされた場合において、委託先は、委託に伴って委託元から提供された個人データを、独自に取得した個人データと本人ごとに突き合わせることはできない。

エ．個人情報取扱事業者が事業の承継のための契約を締結するより前の交渉段階で、相手会社から自社の調査を受け、自社が保有する個人データを当該相手会社に提供する場合には、あらかじめ本人の同意を得ることなく、又は第三者提供におけるオプトアウト手続を行うことなく、当該個人データを提供することができる。

個人データの委託及び事業の承継

公式テキスト 2-10 P.101

正答 イ

次に掲げる場合には、当該個人データの提供を受ける者は、第三者に該当しないものとする（法27条5項1号・2号）。

（1）個人情報取扱事業者が利用目的の達成に必要な範囲内において個人データの取扱いの全部又は一部を委託することに伴って当該個人データが提供される場合（1号）

（2）合併その他の事由による事業の承継に伴って個人データが提供される場合（2号）

本問は、この個人データの委託・事業の承継（法27条5項1号・2号）に関する理解を問うものである。

ア．**正しい**　個人情報取扱事業者が利用目的の達成に必要な範囲内において個人データの取扱いの全部又は一部を委託することに伴って当該個人データが提供される場合には、あらかじめ本人の同意を得ることなく、又は第三者提供におけるオプトアウト手続を行うことなく、当該個人データを提供することができる（法27条5項1号）。

イ．**誤　り**　個人情報取扱事業者が外部事業者を利用して消費者アンケート調査（当該外部事業者が新たに個人データを取得・集計し統計情報を作成）を実施する場合において、当該外部事業者のみがアンケート調査に係る個人データを取り扱っており、当該個人情報取扱事業者が一切当該個人データの取扱いに関与していないときは、通常、当該個人データに関しては取扱いの委託をしていないと解される。

ウ．**正しい**　突き合わせるためには、外部事業者に対する個人データの第三者提供と整理した上で、原則本人の同意を得て提供し、提供先である当該外部事業者の利用目的の範囲内で取り扱うか、外部事業者に対する委託と整理した上で、委託先である当該外部事業者において本人の同意を取得する等の対応を行う必要があるとされている。

エ．**正しい**　個人情報取扱事業者が事業の承継のための契約を締結するより前の交渉段階で、相手会社から自社の調査を受け、自社が保有する個人データを当該相手会社に提供する場合には、あらかじめ本人の同意を得ることなく、又は第三者提供におけるオプトアウト手続を行うことなく、当該個人データを提供することができる。この場合も、法27条5項2号に該当すると解されているからである。

問9　第66回 問題23

個人データの共同利用に関する以下のアからエまでの記述のうち、正しいものを１つ選びなさい。

ア. 個人データを特定の者との間で共同して利用する場合は、共同利用に関する事項を、あらかじめ本人に通知し、又は本人が容易に知り得る状態に置かなければならないが、ここでいう「あらかじめ」とは、個人データの共同利用が開始される前を意味している。

イ. 共同利用に関する事項の項目の中で、「共同して利用する者の範囲」を変更する場合、あらかじめ本人に通知し、又は本人が容易に知り得る状態におかなければならない。

ウ. 共同利用に関する事項の項目の中で、「利用する者の利用目的」を変更する場合は、あらかじめ本人に通知し、又は本人が容易に知り得る状態にする必要はない。

エ. 共同して利用している個人データの内容（本人の住所等）の一部については、各共同利用者が利用する個人データの内容に相違が生ずる可能性があるため、共同利用者が各自で更新することはできない。

個人データの共同利用

公式テキスト 2-10 P.101-102

正答 ア

特定の者との間で共同して利用される個人データが当該特定の者に提供される場合であって、法27条5項3号で定められている情報を、提供に当たりあらかじめ本人に通知し、又は本人が容易に知り得る状態に置いているとき、当該提供先は第三者に該当しない。本問は、この個人データの共同利用に関するに関する理解を問うものである。

ア. 正しい 個人データを特定の者との間で共同して利用する場合は、共同利用に関する事項を、あらかじめ本人に通知し、又は本人が容易に知り得る状態におかなければならない（法27条5項3号）。また、ここでいう「あらかじめ」とは、個人データの共同利用が開始される前を意味している。

イ. 誤　り 共同利用に関する事項の項目の中で、「共同して利用する者の範囲」を変更する場合は、あらかじめ本人に通知し、又は本人が容易に知り得る状態におく必要はない。

ウ. 誤　り 共同利用に関する事項の項目の中で、「利用する者の利用目的」を変更する場合、あらかじめ本人に通知し、又は本人が容易に知り得る状態におかなければならない（法27条6項）。

エ. 誤　り 共同利用者が各自で更新することは可能であるが、これに伴い、各共同利用者が利用する個人データの内容に相違が生ずる可能性があるため、責任を有する者は、個人データを正確かつ最新の内容に保つよう努めることが必要となる。

問10　第65回 問題22

個人データの共同利用に関する以下のアからエまでの記述のうち、誤っているものを１つ選びなさい。

ア．特定の者との間で共同して利用される個人データを当該特定の者に提供する場合であって、一定の事項を、あらかじめ本人に通知し、又は本人が容易に知り得る状態に置き、かつ、個人情報保護委員会に届け出たときは、あらかじめ本人の同意を得ることなく、又は第三者提供におけるオプトアウト手続を行うことなく、当該個人データを提供することができる。

イ．特定の者との間で共同して利用される個人データを当該特定の者に提供する場合とは、全ての共同利用者が双方向で行う場合だけではなく、一部の共同利用者に対し、一方向で行うことも含まれる。

ウ．個人データの提供先が第三者に該当しないとされる共同利用と認められるためには、当該データの管理について責任を有する者の氏名等を、あらかじめ本人に通知等することが必要であるが、当該責任を有する者とは、共同して利用する全ての事業者の中で、第一次的に苦情の受付・処理、開示・訂正等を行う権限を有する者をいう。

エ．個人情報取扱事業者は、共同利用する者の利用目的を変更しようとする場合には、変更する内容について、あらかじめ本人に通知等をしなければならない。

個人データの共同利用

公式テキスト 2-10 P.101-102

正答 ア

次に掲げる場合には、当該個人データの提供を受ける者は、第三者に該当しないものとする（法27条5項3号）。

特定の者との間で共同して利用される個人データが当該特定の者に提供される場合であって、その旨並びに共同して利用される個人データの項目、共同して利用する者の範囲、利用する者の利用目的及び当該個人データの管理について責任を有する者の氏名又は名称について、あらかじめ本人に通知し、又は本人が容易に知り得る状態に置いているとき。

本問は、この共同利用（法27条5項3号）に関する理解を問うものである。

ア．誤　り　特定の者との間で共同して利用される個人データを当該特定の者に提供する場合であって、一定の事項を、あらかじめ本人に通知し、又は本人が容易に知り得る状態に置いているときは、あらかじめ本人の同意を得ることなく、又は第三者提供におけるオプトアウト手続を行うことなく、当該個人データを提供することができる（法27条5項3号）。**個人情報保護委員会への届出は不要**である。

イ．正しい　本記述のとおりである。

ウ．正しい　本記述のとおりである。

エ．正しい　個人情報取扱事業者は、利用する者の利用目的又は個人データの管理について責任を有する者の氏名若しくは名称を変更する場合には、変更する内容について、あらかじめ、本人に通知し、又は本人が容易に知り得る状態に置かなければならない（法27条6項）。

問11　第67回 問題24

第三者提供を受ける際の確認等の義務に関する以下のアからエまでの記述のうち、誤っているものを1つ選びなさい。

ア. 個人情報取扱事業者は、第三者から個人データの提供を受けるに際しては、原則として、当該第三者による当該個人データの取得の経緯を確認しなければならないが、提供者がホームページで個人データの取得の経緯を公表している場合は、その内容を確認することも適切な確認方法である。

イ. 個人情報取扱事業者は、第三者から個人データの提供を受けた場合は、所定の事項を確認した記録を作成しなければならない。

ウ. 個人情報取扱事業者は、第三者から個人データの提供を受けた場合は、原則として所定の事項を確認しなければならないが、個人データを提供する第三者は、当該確認に係る事項を偽ってはならず、違反した場合10万円以下の過料に処せられる。

エ. 個人情報取扱事業者は、第三者から個人データの提供を受けた場合は、所定の事項を確認しなければならないが、複数回にわたって提供を受ける場合でもその都度確認する必要がある。

第三者提供を受ける際の確認等の義務

公式テキスト 2-10 P.105

正答 エ

個人情報保護委員会規則で定めるところにより、個人情報保護法で明記されている事項の確認を行わなければならない（法30条1項）。

本問は、この第三者提供を受ける際の確認等の義務に関する理解を問うものである。

ア．**正しい**　個人情報取扱事業者は、第三者から個人データの提供を受けるに際しては、原則として、当該第三者による当該個人データの取得の経緯を確認しなければならない（法30条1項2号）。また、提供者がホームページで公表している場合に公表されている取得の経緯の記述を確認する方法は、適切な方法である。

イ．**正しい**　本記述のとおりである（法30条3項）。

ウ．**正しい**　本記述のとおりである（法30条2項、同180条（令和5年4月より185条））。

エ．**誤　り**　複数回にわたって同一「本人」の個人データの授受をする場合において、同一の内容である事項を重複して確認する合理性はないため、個人情報保護法施行規則で規定されている方法により確認を行い、個人情報保護法で規定されている方法により作成し、かつ、その時点において保存している記録に記録された事項と内容が同一であるものについては、当該事項の確認を省略することができる。

問12　第66回 問題24

第三者提供を受ける際の確認等の義務に関する以下のアからエまでの記述のうち、誤っているものを１つ選びなさい。

ア．個人情報取扱事業者は、第三者から個人データの提供を受けるに際しては、原則として、当該第三者による当該個人データの取得の経緯を確認しなければならないが、提供者がホームページで個人データの取得の経緯を公表している場合は、その内容を確認することも適切な確認方法である。

イ．個人情報取扱事業者は、第三者から個人データの提供を受けた場合は、所定の事項を確認した記録を作成しなければならない。

ウ．個人情報取扱事業者は、第三者から個人データの提供を受けた場合は、原則として所定の事項を確認しなければならないが、個人データを提供する第三者は、当該確認に係る事項を偽ってはならず、違反した場合10万円以下の過料に処せられる。

エ．個人情報取扱事業者は、第三者から個人データの提供を受けた場合は、所定の事項を確認しなければならないが、複数回にわたって提供を受ける場合でもその都度確認する必要がある。

第三者提供を受ける際の確認等の義務

公式テキスト 2-10 P.105

正答 エ

個人情報保護委員会規則で定めるところにより、個人情報保護法で明記されている事項の確認を行わなければならない（法30条1項）。本問は、第三者提供を受ける際の確認等の義務に関するに関する理解を問うものである。

ア．**正しい**　個人情報取扱事業者は、第三者から個人データの提供を受けるに際しては、原則として、当該第三者による当該個人データの取得の経緯を確認しなければならない（法30条1項2号）。また、提供者がホームページで公表している場合に公表されている取得の経緯の記述を確認する方法は、適切な方法である。

イ．**正しい**　個人情報取扱事業者は、第三者から個人データの提供を受けた場合は、所定の事項を確認した記録を作成しなければならない（法30条3項）。

ウ．**正しい**　個人情報取扱事業者は、第三者から個人データの提供を受けた場合は、原則として所定の事項を確認しなければならないが、個人データを提供する第三者は、当該確認に係る事項を偽ってはならず、当該規定に違反した場合10万円以下の過料に処せられる（法30条2項、180条（令和5年4月より185条））。

エ．**誤　り**　複数回にわたって同一「本人」の個人データの授受をする場合において、同一の内容である事項を重複して確認する合理性はないため、個人情報保護法施行規則で規定されている方法により確認を行い、個人情報保護法で規定されている方法により作成し、かつ、その時点において保存している記録に記録された事項と内容が同一であるものについては、当該事項の確認を省略することができる。

問13　第65回 問題26

第三者提供を受ける際の確認等の義務に関する以下のアからエまでの記述のうち、誤っているものを１つ選びなさい。

ア．個人情報取扱事業者は、第三者から個人データの提供を受けるに際しては、一定の事項の確認を行わなければならず、また、当該第三者は、当該個人情報取扱事業者が当該確認を行う場合において、当該個人情報取扱事業者に対して当該確認に係る事項を偽ってはならず、偽った場合には10万円以下の過料に処される。

イ．個人情報取扱事業者は、第三者から個人データの提供を受けるに際しては、当該第三者による当該個人データの取得の経緯を確認しなければならないが、この確認の方法は、当該第三者から当該第三者による当該個人データの取得の経緯を示す契約書その他の書面の提示を受ける方法その他の適切な方法とされている。

ウ．個人情報取扱事業者は、第三者から個人データの提供を受けるに際しては、当該第三者の氏名又は名称及び住所並びに法人にあっては、その代表者の氏名を確認しなければならないが、この確認の方法として、口頭で申告を受ける方法は、不確実であり適切ではないとされている。

エ．個人情報取扱事業者は、個人情報保護法の規定による確認を行ったときは、一定の事項に関する記録を作成して、一定期間保存しなければならない。

第三者提供を受ける際の確認等の義務

公式テキスト 2-10 P.105

正答 ウ

個人情報取扱事業者は、第三者から個人データの提供を受けるに際しては、原則として、個人情報保護委員会規則で定めるところにより、次に掲げる事項の確認を行わなければならない（法30条1項）。

（1）当該第三者の氏名又は名称及び住所並びに法人にあっては、その代表者の氏名（1号）

（2）当該第三者による当該個人データの取得の経緯（2号）

本問は、この第三者提供を受ける際の確認等（法30条）に関する理解を問うものである。

ア．正しい　個人情報取扱事業者は、第三者から個人データの提供を受けるに際しては、一定の事項の確認を行わなければならず（法30条1項）、また、当該第三者は、当該個人情報取扱事業者が当該確認を行う場合において、当該個人情報取扱事業者に対して当該確認に係る事項を偽ってはならず（同条2項）、偽った場合には10万円以下の過料に処される（法180条1号（令和5年4月より185条1号））。

イ．正しい　個人情報取扱事業者は、第三者から個人データの提供を受けるに際しては、当該第三者による当該個人データの取得の経緯を確認しなければならないが（法30条1項2号）、この確認の方法は、当該第三者から当該第三者による当該個人データの取得の経緯を示す契約書その他の書面の提示を受ける方法その他の適切な方法とされている（施行規則22条2項）。

ウ．誤　り　個人情報取扱事業者は、第三者から個人データの提供を受けるに際しては、当該第三者の氏名又は名称及び住所並びに法人にあっては、その代表者の氏名を確認しなければならないが、この確認の方法は、当該第三者から申告を受ける方法その他の適切な方法とされており、口頭で申告を受ける方法は、第三者から申告を受ける方法に該当するとされている。

エ．正しい　個人情報取扱事業者は、法30条1項の規定による確認を行ったときは、当該個人データの提供を受けた年月日、当該確認に係る事項その他の個人情報保護委員会規則で定める事項に関する記録を作成して（法30条3項）、当該記録を作成した日から個人情報保護委員会規則で定める期間保存しなければならない（同条4項）。

問14　第65回 問題23

外国にある第三者への提供の制限に関する以下のアからエまでの記述のうち、正しいものを１つ選びなさい。

ア．個人情報取扱事業者は、自社の海外支店に個人データを提供する場合には、原則として、あらかじめ外国にある第三者への提供を認める旨の本人の同意を得なければならない。

イ．個人情報取扱事業者は、外国政府に個人データを提供する場合には、あらかじめ外国にある第三者への提供を認める旨の本人の同意を得る必要はない。

ウ．個人情報取扱事業者は、個人の権利利益を保護する上で我が国と同等の水準にあると認められる個人情報の保護に関する制度を有している外国として個人情報保護委員会規則で定める国にある第三者に個人データを提供する場合には、あらかじめ外国にある第三者への提供を認める旨の本人の同意を得る必要はない。

エ．個人情報取扱事業者は、外国にある、個人データの取扱いについて個人情報保護法の規定により個人情報取扱事業者が講ずべきこととされている措置に相当する措置を継続的に講ずるために必要なものとして個人情報保護委員会規則で定める基準に適合する体制を整備している第三者に個人データを提供する場合には、原則として、あらかじめ外国にある第三者への提供を認める旨の本人の同意を得なければならない。

個人データを外国にある第三者に提供する場合

公式テキスト 2-10 P.103

正答 ウ

個人情報取扱事業者は、外国にある第三者に個人データを提供する場合には、原則として、あらかじめ外国にある第三者への提供を認める旨の本人の同意を得なければならない（法28条）。本問は、この外国にある第三者への提供の制限に関する理解を問うものである。

ア. 誤　り　海外の事業所、支店等同一法人格内での個人データの移動は、外国にある第三者への個人データの提供には該当しないので、外国にある第三者への提供を認める旨の本人の同意は不要である。

イ. 誤　り　「外国にある第三者」の「第三者」とは、個人データを提供する個人情報取扱事業者及び当該個人データによって識別される本人以外の者であり、外国政府等も含まれる。したがって、本記述の場合、原則として、あらかじめ外国にある第三者への提供を認める旨の本人の同意を得なければならない。

ウ. 正しい　本記述のとおりである（法28条かっこ書）。現時点では、個人の権利利益を保護する上で我が国と同等の水準にあると認められる個人情報の保護に関する制度を有している外国として個人情報保護委員会規則で定める国には、EU及び英国が該当するとされている。

エ. 誤　り　本記述のような第三者に個人データを提供する場合には、外国にある第三者への提供を認める旨の本人の同意は不要である（法28条かっこ書）。

問15　第66回 問題25

個人情報取扱事業者は、個人データを第三者（第16条2項各号に掲げる者を除く。）に提供したときは、個人情報保護委員会規則で定めるところにより、当該個人データを提供した年月日、当該第三者の氏名又は名称その他の個人情報保護委員会規則で定める事項に関する記録を作成しなければならない。ここでいう「個人情報保護委員会規則で定める事項」に該当しないものを、以下のアからエまでのうち1つ選びなさい。

ア．個人データを提供した年月日
イ．個人データを提供した理由
ウ．個人データによって識別される本人の氏名その他の当該本人を特定するに足りる事項
エ．個人データの項目

第三者提供に係る記録の作成等

公式テキスト 2-10 P.104

正答 イ

個人情報取扱事業者は、個人データを第三者（法16条２項各号に掲げる者を除く。）に提供したときは、個人情報保護委員会規則で定めるところにより、当該個人データを提供した年月日、当該第三者の氏名又は名称その他の個人情報保護委員会規則で定める事項に関する記録を作成しなければならない（法29条）。本問は、第三者提供に係る記録の作成等（個人情報保護委員会規則で定める事項）に関する理解を問うものである。

ア. **正しい** 「個人データを提供した年月日」は、施行規則に掲げられている（施行規則20条１項１号）。

イ. **誤　り** 「個人データを提供した理由」は、施行規則に掲げられていない。

ウ. **正しい** 「個人データによって識別される本人の氏名その他の当該本人を特定するに足りる事項」は、施行規則に掲げられている（施行規則20条１項１号）。

エ. **正しい** 「個人データの項目」は、施行規則に掲げられている（施行規則20条１項１号）。

問16　第65回 問題25

第三者提供に係る記録の作成等に関する以下のアからエまでの記述のうち、誤っているものを１つ選びなさい。

ア．個人情報取扱事業者は、個人データを第三者に提供した場合には、原則として、一定の事項に関する記録を作成する義務を負うが、当該第三者が、国の機関、地方公共団体、独立行政法人等又は地方独立行政法人であるときは、当該義務を負わない。

イ．個人情報取扱事業者は、外国にある第三者に対して個人データを提供した場合には、原則として、一定の事項に関する記録を作成する義務を負うが、当該提供が法令に基づくときは、当該義務を負わない。

ウ．個人情報取扱事業者は、個人データを第三者に提供した場合には、原則として、その都度、速やかに一定の事項に関する記録を作成する義務を負うが、当該第三者に対し個人データを継続的に提供することが確実であると見込まれるときは、一括して作成することができる。

エ．個人情報取扱事業者は、個人データを第三者に提供した場合には、原則として、当該第三者の氏名又は名称その他の当該第三者を特定するに足りる事項に関する記録を作成する義務を負うので、不特定かつ多数の者に対して、個人データを提供することはできない。

第三者提供に係る記録の作成等
公式テキスト 2-10 P.104

正答
エ

個人情報取扱事業者は、個人データを第三者に提供したときは、原則として、個人情報保護委員会規則で定めるところにより、当該個人データを提供した年月日、当該第三者の氏名又は名称その他の個人情報保護委員会規則で定める事項に関する記録を作成しなければならない（法29条）。本問は、この第三者提供に係る記録の作成等に関する理解を問うものである。

ア．**正しい**　個人情報取扱事業者は、個人データを第三者に提供した場合には、原則として、個人情報保護委員会規則で定めるところにより、一定の事項に関する記録を作成する義務を負うが、当該第三者が、国の機関、地方公共団体、独立行政法人等又は地方独立行政法人であるときは、当該義務を負わない（法29条1項かっこ書）。

イ．**正しい**　個人情報取扱事業者は、外国にある第三者に対して個人データを提供した場合には、原則として、一定の事項に関する記録を作成する義務を負うが、当該提供が法令に基づくときは、当該義務を負わない（法29条1項かっこ書）。個人データが転々流通することは想定されにくいからである。

ウ．**正しい**　個人情報取扱事業者は、個人データを第三者に提供した場合には、原則として、その都度、速やかに一定の事項に関する記録を作成する義務を負うが（施行規則19条2項）、当該第三者に対し個人データを継続的に提供することが確実であると見込まれるときは、一括して作成することができる（施行規則9条2項）。

エ．**誤　り**　不特定かつ多数の者に対して個人データを提供したときは、その旨を記録することになる（施行規則20条1項）。したがって、不特定かつ多数の者に対して、個人データを提供することもできる。

問17　第67回 問題25

個人関連情報の第三者提供の制限等に関する以下のアからエまでの記述のうち、誤っているものを１つ選びなさい。

ア．個人関連情報とは、個人情報及び匿名加工情報のいずれかに該当するものをいう。

イ．個人関連情報取扱事業者は、提供先の第三者が個人関連情報（個人関連情報データベース等を構成するものに限る。以下本問において同じ。）を個人データとして取得することが想定されるときは、原則として、第三者が個人データとして取得することを認める旨の本人の同意が得られていることをあらかじめ確認しないで、当該個人関連情報を当該第三者に提供してはならない。

ウ．個人関連情報取扱事業者は、提供先の第三者が個人関連情報を個人データとして取得することが想定される場合であって、当該第三者が外国にある第三者であるときは、原則として、当該外国における個人情報保護に関する制度など、一定の情報が本人に提供された上で個人情報保護法が規定する同意が得られていることをあらかじめ確認しないで、当該個人関連情報を当該第三者に提供してはならない。

エ．個人関連情報取扱事業者は、提供先の第三者が個人関連情報を個人データとして取得することが想定される場合には、個人情報保護法の規定による確認を行い、その記録を作成しなければならない。

個人関連情報の第三者提供の制限
公式テキスト 2-10 P.106

正答 ア

個人関連情報取扱事業者は、第三者が個人関連情報（個人関連情報データベース等を構成するものに限る。）を個人データとして取得することが想定されるときは、当該第三者が個人関連情報の提供を受けて本人が識別される個人データとして取得することを認める旨の当該本人の同意が得られていることを確認することをしないで、当該個人関連情報を当該第三者に提供してはならない（法31条1項）。

本問は、この個人関連情報の第三者提供の制限等に関する理解を問うものである。

ア．誤　り　個人関連情報とは、生存する個人に関する情報であって、個人情報、仮名加工情報及び匿名加工情報のいずれにも該当しないものをいう（法2条7項）。例えば、ある個人の商品購買履歴・サービス利用履歴、ある個人の位置情報、ある個人の興味・関心を示す情報等である。ただし、これらの情報が個人情報に該当する場合は、個人関連情報に該当しないことになる。例えば、個人に関する位置情報が連続的に蓄積される等して特定の個人を識別することができる場合には、個人情報に該当し、個人関連情報には該当しないことになる。

イ．正しい　本記述のとおりである（法31条1項1号）。

ウ．正しい　個人関連情報取扱事業者は、提供先の第三者が個人関連情報を個人データとして取得することが想定される場合であって、当該第三者が外国にある第三者であるときは、原則として、一定の情報（当該外国における個人情報の保護に関する制度、当該第三者が講ずる個人情報の保護のための措置その他当該本人に参考となるべき情報）が本人に提供された上で法31条1項1号が規定する本人の同意が得られていることをあらかじめ確認しないで、当該個人関連情報を当該第三者に提供してはならない（同項2号）。

エ．正しい　個人関連情報取扱事業者は、法31条1項の規定による確認を行ったときは、原則として、その記録を作成しなければならない（法31条3項、同30条3項）。
なお、個人関連情報取扱事業者は、作成した記録を個人情報保護委員会規則で定める期間保存しなければならない（法31条3項、同30条4項）。

問18　第66回 問題26〈改題〉

令和４年４月１日に全面施行された「個人情報の保護に関する法律等の一部を改正する法律」に規定されている個人関連情報の第三者提供の制限等に関する以下のアからエまでの記述のうち、誤っているものを１つ選びなさい。

ア．個人関連情報とは、生存する個人に関する情報であって、個人情報、仮名加工情報及び匿名加工情報のいずれかに該当するものをいう。

イ．個人関連情報取扱事業者は、提供先の第三者が個人関連情報（個人関連情報データベース等を構成するものに限る。以下本問において同じ。）を個人データとして取得することが想定されるときは、原則として、第三者が個人データとして取得することを認める旨の本人の同意が得られていることをあらかじめ確認しないで、当該個人関連情報を当該第三者に提供してはならない。

ウ．個人関連情報取扱事業者は、提供先の第三者が個人関連情報を個人データとして取得することが想定される場合であって、当該第三者が外国にある第三者であるときは、原則として、一定の情報が本人に提供された上で個人情報保護法が規定する同意が得られていることをあらかじめ確認しないで、当該個人関連情報を当該第三者に提供してはならない。

エ．個人関連情報取扱事業者は、提供先の第三者が個人関連情報を個人データとして取得することが想定される場合には、個人情報保護法の規定による確認を行い、その記録を作成しなければならない。

個人関連情報の第三者提供の制限
公式テキスト 2-10 P.106

正答 ア

近年、個人情報ではないユーザの属性情報や閲覧履歴等を、提供先において他の情報と照合することにより個人情報とされることをあらかじめ知りながら、他の事業者に提供する事業形態が出現していること等に鑑み、本人関与のない個人情報の収集方法が広まることを防止するために、個人データに該当しないものを第三者に提供する場合であっても、提供先で個人データとなることが想定されるときは、個人データの第三者提供に準じる規制を課すこととした。これが、個人関連情報の第三者提供の制限を新たに設けた理由である。

ア. **誤　り**　個人関連情報とは、生存する個人に関する情報であって、個人情報、仮名加工情報及び匿名加工情報のいずれにも該当しないものをいう（法２条７項)。例えば、ある個人の商品購買履歴・サービス利用履歴、ある個人の位置情報、ある個人の興味・関心を示す情報等である。ただし、これらの情報が個人情報に該当する場合は、個人関連情報に該当しないことになる。例えば、個人に関する位置情報が連続的に蓄積される等して特定の個人を識別することができる場合には、個人情報に該当し、個人関連情報には該当しないことになる。

イ. **正しい**　本記述のとおりである（法31条１項１号)。

ウ. **正しい**　個人関連情報取扱事業者は、提供先の第三者が個人関連情報を個人データとして取得することが想定される場合であって、当該第三者が外国にある第三者であるときは、原則として、一定の情報（当該外国における個人情報の保護に関する制度、当該第三者が講ずる個人情報の保護のための措置その他当該本人に参考となるべき情報）が本人に提供された上で法31条１項１号が規定する本人の同意が得られていることをあらかじめ確認しないで、当該個人関連情報を当該第三者に提供してはならない（同項２号)。

エ. **正しい**　個人関連情報取扱事業者は、法31条１項の規定による確認を行ったときは、原則として、その記録を作成しなければならない（法30条３項、同法31条３項)。
なお、個人関連情報取扱事業者は、作成した記録を個人情報保護委員会規則で定める期間保存しなければならない（法30条４項、同法31条３項)。

問19　第65回 問題3〈改題〉

令和４年４月１日に全面施行された「個人情報の保護に関する法律等の一部を改正する法律」（令和２年法律第44号）に規定されている個人関連情報の第三者提供の制限等に関する以下のアからエまでの記述のうち、誤っているものを１つ選びなさい 。

ア．個人関連情報とは、生存する個人に関する情報であって、個人情報、仮名加工情報及び匿名加工情報のいずれにも該当しないものをいう。

イ．個人関連情報取扱事業者は、提供先の第三者が個人関連情報（個人関連情報データベース等を構成するものに限る。以下本問において同じ。）を個人データとして取得することが想定されるときは、原則として、個人データとして取得することを認める旨の本人の同意が得られていることをあらかじめ確認しないで、当該個人関連情報を当該第三者に提供してはならない。

ウ．個人関連情報取扱事業者は、提供先の第三者が個人関連情報を個人データとして取得することが想定される場合であって、当該第三者が外国にある第三者であるときは、原則として、一定の情報が本人に提供された上で個人情報保護法が規定する同意が得られていることをあらかじめ確認しないで、当該個人関連情報を当該第三者に提供してはならない。

エ．個人関連情報取扱事業者は、提供先の第三者が個人関連情報を個人データとして取得することが想定される場合には、個人情報保護法の規定による確認を行わなければならないが、その記録を作成する義務までは負わない。

個人関連情報の第三者提供の制限

公式テキスト 2-10 P.106

正答 エ

本問は、個人関連情報の第三者提供の制限についての理解を問うものである。

近年、個人情報ではないユーザーの属性情報や閲覧履歴等を、提供先において他の情報と照合することにより個人情報とされることをあらかじめ知りながら、他の事業者に提供する事業形態が出現していること等に鑑み、本人関与のない個人情報の収集方法が広まることを防止するために、個人データに該当しないものを第三者に提供する場合であっても、提供先で個人データとなることが想定されるときは、個人データの第三者提供に準じる規制を課すこととした。これが、個人関連情報の第三者提供の制限が設けられた理由である。

ア. **正しい**　個人関連情報とは、生存する個人に関する情報であって、個人情報、仮名加工情報及び匿名加工情報のいずれにも該当しないものをいう（法2条7項）。
例えば、ある個人の商品購買履歴・サービス利用履歴、ある個人の位置情報、ある個人の興味・関心を示す情報等である。
ただし、これらの情報が個人情報に該当する場合は、個人関連情報に該当しないことになる。例えば、個人に関する位置情報が連続的に蓄積される等して特定の個人を識別することができる場合には、個人情報に該当し、個人関連情報には該当しないことになる。

イ. **正しい**　本記述のとおりである（法31条1項1号）。

ウ. **正しい**　個人関連情報取扱事業者は、提供先の第三者が個人関連情報を個人データとして取得することが想定される場合であって、当該第三者が外国にある第三者であるときは、原則として、一定の情報（当該外国における個人情報の保護に関する制度、当該第三者が講ずる個人情報の保護のための措置その他当該本人に参考となるべき情報）が本人に提供された上で法31条1項1号が規定する本人の同意が得られていることをあらかじめ確認しないで、当該個人関連情報を当該第三者に提供してはならない（法31条1項2号）。

エ. **誤り**　個人関連情報取扱事業者は、法31条1項の規定による確認を行ったときは、原則として、その記録を作成しなければならない（法30条3項、同31条3項）。
なお、個人関連情報取扱事業者は、作成した記録を個人情報保護委員会規則で定める期間保存しなければならない（法30条4項、同31条3項）。

6. 保有個人データに対する義務

問1　第67回 問題26

保有個人データに関する事項の公表等に関する以下のアからエまでの記述のうち、誤っているものを１つ選びなさい。

ア. 個人情報取扱事業者は、取得の状況からみて利用目的が明らかであると認められる場合でも、全ての保有個人データの利用目的について、本人の知り得る状態に置かなければならない。

イ. 個人情報取扱事業者は、本人から、当該本人が識別される保有個人データの利用目的の通知を求められたときは、原則として、本人に対し、通知を受けたときから２週間以内に、これを通知しなければならない。

ウ. 個人情報取扱事業者は、当該個人情報取扱事業者の氏名又は名称及び住所について、本人の知り得る状態に置かなければならない。

エ. 個人情報取扱事業者は、当該個人情報取扱事業者が行う保有個人データの取扱いに関する苦情の申出先について、本人の知り得る状態に置かなければならない。

保有個人データに関する事項の公表等

公式テキスト 2-11 P.113

正答 イ

個人情報取扱事業者は、保有個人データに関し、所定の事項について、本人の知り得る状態（本人の求めに応じて遅滞なく回答する場合を含む。）に置かなければならない（法32条1項）。また、個人情報取扱事業者は、本人から、当該本人が識別される保有個人データの利用目的の通知を求められたときは、本人に対し、遅滞なく、これを通知しなければならないが、法32条1項の規定により当該本人が識別される保有個人データの利用目的が明らかな場合、または法21条4項1号から3号までに該当する場合は、この限りではない（法32条2項）。

本問は、この保有個人データに関する事項の公表等に関する理解を問うものである。

ア. **正しい**　取得の状況からみて利用目的が明らかであると認められる場合でも、全ての保有個人データの利用目的について、本人の知り得る状態に置かなければならない（法32条1項2号、同21条4項4号）。

イ. **誤　り**　個人情報取扱事業者は、本人から、当該本人が識別される保有個人データの利用目的の通知を求められたときは、本人に対し、**遅滞なく**、これを通知しなければならない（法32条2項）。よって、通知を受けたときから**２週間以内ではない**。

ウ. **正しい**　本記述のとおりである（法32条1項1号）。

エ. **正しい**　本記述のとおりである（法32条1項4号、施行令10条2号）。

問2　第66回 問題27

保有個人データに関する事項の公表等に関する以下のアからエまでの記述のうち、誤っているものを１つ選びなさい。

ア. 個人情報取扱事業者は、当該個人情報取扱事業者が行う保有個人データの取扱いに関する苦情の申出先について、本人の知り得る状態に置かなければならない。

イ. 個人情報取扱事業者は、取得の状況からみて利用目的が明らかであると認められる場合等一定の場合を除き、全ての保有個人データの利用目的について、本人の知り得る状態（本人の求めに応じて遅滞なく回答する場合を含む。以下本問において同じ。）に置かなければならない。

ウ. 個人情報取扱事業者は、本人から、当該本人が識別される保有個人データの利用目的の通知を求められたときは、原則として、本人に対し、遅滞なく、これを通知しなければならない。

エ. 個人情報取扱事業者は、本人から、当該本人が識別される保有個人データの利用目的の通知を求められた場合に、当該通知をしない旨の決定をしたときは、本人に対し、遅滞なく、その旨を通知しなければならない。

保有個人データに関する事項の公表等

公式テキスト 2-11 P.113

正答 イ

個人情報取扱事業者は、保有個人データに関し、次に掲げる事項について、本人の知り得る状態（本人の求めに応じて遅滞なく回答する場合を含む。）に置かなければならない（法32条1項）。

（1）当該個人情報取扱事業者の氏名又は名称

（2）全ての保有個人データの利用目的（法21条4項1号から3号までに該当する場合を除く。）

（3）保有個人データの利用目的の通知の求め又は開示等の請求に応じる手続及び保有個人データの利用目的の通）知の求め又は開示の請求に係る手数料の額（定めた場合に限る。）

（4）保有個人データの安全管理のために講じた措置（ただし、本人の知り得る状態に置くことにより当該保有個人データの安全管理に支障を及ぼすおそれがあるものを除く。）

（5）保有個人データの取扱いに関する苦情の申出先

本問は、この保有個人データに関する事項の公表等（法32条）に関する理解を問うものである。

ア．**正しい**　個人情報取扱事業者は、当該個人情報取扱事業者が行う保有個人データの取扱いに関する苦情の申出先について、本人の知り得る状態に置かなければならない（法32条1項4号、施行令10条2号）。

イ．**誤　り**　個人情報取扱事業者は、一定の場合を除き、全ての保有個人データの利用目的について、本人の知り得る状態（本人の求めに応じて遅滞なく回答する場合を含む。）に置かなければならない（法32条1項2号）。除外される一定の場合とは、法21条4項の1号から3号の場合をいい、取得の状況からみて利用目的が明らかであると認められる場合（同項4号）は含まれていない（法32条1項2号かっこ書）。

ウ．**正しい**　個人情報取扱事業者は、本人から、当該本人が識別される保有個人データの利用目的の通知を求められたときは、原則として、本人に対し、遅滞なく、これを通知しなければならない（法32条2項）。

エ．**正しい**　個人情報取扱事業者は、本人から、当該本人が識別される保有個人データの利用目的の通知を求められた場合に、当該通知をしない旨の決定をしたときは、本人に対し、遅滞なく、その旨を通知しなければならない（法32条3項）。

問3 第65回 問題27

保有個人データに関する事項の公表等に関する以下のアからエまでの記述のうち、誤っているものを１つ選びなさい。

ア. 個人情報取扱事業者は、取得の状況からみて利用目的が明らかであると認められる場合等一定の場合を除き、全ての保有個人データの利用目的について、本人の知り得る状態（本人の求めに応じて遅滞なく回答する場合を含む。以下本問において同じ。）に置かなければならない。

イ. 個人情報取扱事業者は、当該個人情報取扱事業者が行う保有個人データの取扱いに関する苦情の申出先について、本人の知り得る状態に置かなければならない。

ウ. 個人情報取扱事業者は、本人から、当該本人が識別される保有個人データの利用目的の通知を求められたときは、原則として、本人に対し、遅滞なく、これを通知しなければならない。

エ. 個人情報取扱事業者は、本人から、当該本人が識別される保有個人データの利用目的の通知を求められた場合に、当該通知をしない旨の決定をしたときは、本人に対し、遅滞なく、その旨を通知しなければならない。

保有個人データに関する事項の公表等

公式テキスト 2-11 P.113

正答 ア

個人情報取扱事業者は、保有個人データに関し、次に掲げる事項について、本人の知り得る状態（本人の求めに応じて遅滞なく回答する場合を含む。）に置かなければならない（法32条1項）。

（1）当該個人情報取扱事業者の氏名又は名称

（2）全ての保有個人データの利用目的（ただし、一定の場合を除く。）

（3）保有個人データの利用目的の通知の求め又は開示等の請求に応じる手続及び保有個人データの利用目的の通知の求め又は開示の請求に係る手数料の額（定めた場合に限る。）

（4）保有個人データの安全管理のために講じた措置（ただし、本人の知り得る状態に置くことにより当該保有個人データの安全管理に支障を及ぼすおそれがあるものを除く。）

（5）保有個人データの取扱いに関する苦情の申出先

本問は、この保有個人データに関する事項の公表等（法32条）に関する理解を問うものである。

ア. 誤　り　個人情報取扱事業者は、一定の場合を除き、全ての保有個人データの利用目的について、本人の知り得る状態（本人の求めに応じて遅滞なく回答する場合を含む。）に置かなければならない（法32条1項2号）。除外される一定の場合に、取得の状況からみて利用目的が明らかであると認められる場合（法21条4項4号）は含まれていない（法32条1項2号かっこ書）。

イ. 正しい　個人情報取扱事業者は、当該個人情報取扱事業者が行う保有個人データの取扱いに関する苦情の申出先について、本人の知り得る状態に置かなければならない（法32条1項4号、施行令10条2号）。

ウ. 正しい　個人情報取扱事業者は、本人から、当該本人が識別される保有個人データの利用目的の通知を求められたときは、原則として、本人に対し、遅滞なく、これを通知しなければならない（法32条2項）。

エ. 正しい　個人情報取扱事業者は、本人から、当該本人が識別される保有個人データの利用目的の通知を求められた場合に、当該通知をしない旨の決定をしたときは、本人に対し、遅滞なく、その旨を通知しなければならない（法32条3項）。

問4　第67回 問題27

保有個人データの開示に関する以下のアからエまでの記述のうち、誤っているものを１つ選びなさい。

ア．本人は、個人情報取扱事業者に対し、当該本人が識別される保有個人データの電磁的記録の提供による開示を請求することができる。

イ．個人情報取扱事業者は、本人から開示請求を受けた保有個人データがすでに消去されて残っていない場合であっても、これを拒むことはできない。

ウ．個人情報取扱事業者は、本人から保有個人データの開示請求を受けたときは、原則として、当該本人が請求した方法により、遅滞なく、当該保有個人データを開示しなければならない。

エ．個人情報取扱事業者は、本人から保有個人データの開示の請求を受けたが、開示することにより他の法令に違反することとなる場合は、保有個人データの全部若しくは一部を開示しないことができる。

保有個人データの開示

公式テキスト 2-11 P.115

正答 イ

本人は、個人情報取扱事業者に対し、当該本人が識別される保有個人データの開示を請求することができる（法33条1項）。

本問は、この保有個人データの開示に関する理解を問うものである。

ア．**正しい**　本人は、個人情報取扱事業者に対し、当該本人が識別される保有個人データの電磁的記録の提供による方法その他の個人情報保護委員会規則で定める方法による開示を請求することができる（法33条1項）。

イ．**誤　り**　開示請求の対象となるデータがすでに消去され残っていない場合には、保有個人データの**開示請求の対象とならない**。

ウ．**正しい**　本記述のとおりである（法33条2項）。

エ．**正しい**　本記述のとおりである（法33条2項3号）。

問5　第66回 問題28〈改題〉

保有個人データの開示に関する以下のアからエまでの記述のうち、正しいものを１つ選びなさい。

ア. 個人情報取扱事業者は、本人から保有個人データの開示の請求を受けた場合、当該個人情報取扱事業者の業務の適正な実施に著しい支障を及ぼす場合であっても、保有個人データを開示しなければならない。

イ. 個人情報取扱事業者は、本人からの保有個人データの開示請求について、保有個人データの全部若しくは一部について開示しない旨を決定したときは、本人に対し、遅滞なく、その旨を通知しなければならないが、当該保有個人データが存在しないときは、通知をする必要はない。

ウ. 個人情報取扱事業者は、本人から保有個人データの開示の請求を受けたが、他の法令に違反することとなる場合は、個人情報保護委員会の許可を受けて保有個人データの全部若しくは一部を開示しないことができる。

エ. 個人情報取扱事業者は、本人から保有個人データの開示の請求を受けた場合、不開示事由及び他の法令に規定がある場合を除き、保有個人データを開示しなければならないが、令和４年４月１日に全面施行された「個人情報の保護に関する法律等の一部を改正する法律」により、原則として、本人が請求した方法で開示しなければならないとされた。

保有個人データの開示

公式テキスト 2-11 P.115

正答
エ

本人は、個人情報取扱事業者に対し、当該本人が識別される保有個人データの開示を請求することができる（法33条1項）。本問は、この保有個人データの開示に関する理解を問うものである。

ア．誤　り　当該個人情報取扱事業者の業務の適正な実施に著しい支障を及ぼすおそれがある場合、当該保有個人データの全部又は一部を開示しないことができる（法33条2項2号）。

イ．誤　り　個人情報取扱事業者は、法33条1項の規定による請求に係る保有個人データの全部又は一部について開示しない旨の決定をしたとき又は当該保有個人データが存在しないときは、本人に対し、遅滞なく、その旨を通知しなければならない。（法33条3項）。

ウ．誤　り　他の法令に違反することとなる場合は、当該保有個人データの全部又は一部を開示しないことができる（法33条2項3号）。開示をしないことについて個人情報保護委員会の許可を得る必要はない。

エ．正しい　個人情報取扱事業者は、法33条1項の規定による請求を受けたときは、本人に対し、同項の規定により当該本人が請求した方法（当該方法による開示に多額の費用を要する場合その他の当該方法による開示が困難である場合にあっては、書面の交付による方法）により、遅滞なく、当該保有個人データを開示しなければならない（法33条2項）。本規定は、令和4年4月1日に施行された。

問6　第65回 問題28

保有個人データの開示に関する以下のアからエまでの記述のうち、誤っているものを１つ選びなさい。

ア．個人情報取扱事業者は、本人から、当該本人が識別される保有個人データの開示の請求を受けた場合であっても、保有個人データを本人に開示することにより、本人又は第三者の生命、身体又は財産その他の権利利益を害するおそれがあるときは、当該保有個人データの全部又は一部を開示しないことができる。

イ．個人情報取扱事業者は、本人から、当該本人が識別される保有個人データの開示の請求を受けた場合であっても、保有個人データを本人に開示することにより、当該個人情報取扱事業者の業務の適正な実施に著しい支障を及ぼすおそれがあるときは、当該保有個人データの全部又は一部を開示しないことができる。

ウ．個人情報取扱事業者は、本人から、当該本人が識別される保有個人データの開示の請求を受けた場合に、当該請求に係る保有個人データの全部又は一部について開示しない旨の決定をしたときは、本人に対し、遅滞なく、その旨を通知しなければならず、また、本人に対し、その理由を説明するよう努めなければならない。

エ．他の法令の規定により、個人情報保護法に規定する方法に相当する方法により当該本人が識別される保有個人データを開示することとされている場合には、個人情報保護法の規定及び当該他の法令の規定の双方が適用される。

保有個人データの開示

公式テキスト 2-11 P.115

正答
エ

個人情報取扱事業者は、本人から、当該本人が識別される保有個人データの開示の請求を受けたときは、原則として、本人に対し、遅滞なく、当該保有個人データを開示しなければならない（法33条2項）。本問は、この保有個人データの開示（法33条）に関する理解を問うものである。

ア．**正しい**　個人情報取扱事業者は、本人から、当該本人が識別される保有個人データの開示の請求を受けた場合であっても、保有個人データを本人に開示することにより、本人又は第三者の生命、身体又は財産その他の権利利益を害するおそれがあるときは、当該保有個人データの全部又は一部を開示しないことができる（法33条2項1号）。

イ．**正しい**　個人情報取扱事業者は、本人から、当該本人が識別される保有個人データの開示の請求を受けた場合であっても、保有個人データを本人に開示することにより、当該個人情報取扱事業者の業務の適正な実施に著しい支障を及ぼすおそれがあるときは、当該保有個人データの全部又は一部を開示しないことができる（法33条2項2号）。

ウ．**正しい**　個人情報取扱事業者は、本人から、当該本人が識別される保有個人データの開示の請求を受けた場合に、当該請求に係る保有個人データの全部又は一部について開示しない旨の決定をしたときは、本人に対し、遅滞なく、その旨を通知しなければならず（法33条3項）、また、本人に対し、その理由を説明するよう努めなければならない（法36条）。

エ．**誤　り**　他の法令の規定により、個人情報保護法33条2項本文に規定する方法に相当する方法により当該本人が識別される保有個人データを開示することとされている場合には、同条1項及び2項の規定は適用されず、当該他の法令の規定が適用される（法33条3項）。開示手続の重複を避けるためである。

問7　第67回 問題28

保有個人データの訂正等に関する以下のアからエまでの記述のうち、正しいものを1つ選びなさい。

ア. 本人が識別される保有個人データの内容が事実でない場合、本人は、個人情報取扱事業者に対し、当該保有個人データの内容の訂正、追加又は削除のうち、本人が選択した方法を請求することができる。

イ. 個人情報取扱事業者は、本人による保有個人データの内容の訂正等の請求を受けた場合には、利用目的の達成に必要な範囲内において、遅滞なく必要な調査を行わなければならない。

ウ. 個人情報取扱事業者は、本人による訂正等の請求に係る保有個人データの内容の全部若しくは一部について訂正等を行ったときは、本人に対し、その旨を通知しなければならないが、訂正等を行わない旨の決定をしたときは、本人に対し、その旨を通知する必要はない。

エ. 本人が、保有個人データの内容の訂正等の請求に係る訴えを提起しようとするときは、その訴えの被告となるべき者に対し、あらかじめ、当該請求を行う必要はない。

保有個人データの訂正等

公式テキスト 2-11 P.117

正答
イ

本人は、個人情報取扱事業者に対し、当該本人が識別される保有個人データの内容が事実でないときは、当該保有個人データの内容の訂正、追加又は削除（「訂正等」という。）を請求することができる（法34条1項）。

本問は、この保有個人データの訂正等に関する理解を問うものである。

ア．**誤　り**　本人は、個人情報取扱事業者に対し、当該本人が識別される保有個人データの内容が事実でないときは、当該保有個人データの内容の訂正、追加又は削除を請求することができるが（法34条1項）、訂正、追加又は削除のうち本人が選択した方法を請求することはできない。

イ．**正しい**　個人情報取扱事業者は、本人による保有個人データの内容の訂正等の請求を受けた場合には、その内容の訂正等に関して他の法令の規定により特別の手続が定められている場合を除き、利用目的の達成に必要な範囲内において、遅滞なく必要な調査を行わなければならない（法34条2項）。

ウ．**誤　り**　個人情報取扱事業者は、本人による訂正等の請求に係る保有個人データの内容の全部若しくは一部について訂正等を行ったとき、又は訂正等を行わない旨の決定をしたときは、本人に対し、遅滞なく、その旨を通知しなければならない（法34条3項）。

エ．**誤　り**　本人は、保有個人データの内容の訂正等の請求に係る訴えを提起しようとするときは、その訴えの被告となるべき者に対し、あらかじめ、当該請求を行い、かつ、その到達した日から2週間を経過した後でなければ、その訴えを提起することができない（法39条、同34条1項）。

問8　第65回 問題29

保有個人データの訂正等に関する以下のアからエまでの記述のうち、誤っているものを1つ選びなさい。

ア. 個人情報取扱事業者は、本人から、当該本人が識別される保有個人データに誤りがあり、事実でないという理由によって訂正等の請求を受けた場合には、原則として、利用目的の達成に必要な範囲内で遅滞なく必要な調査を行い、その結果に基づき、訂正等を行わなければならない。

イ. 個人情報取扱事業者は、本人から、当該本人が識別される保有個人データに誤りがあり、事実でないという理由によって訂正等の請求を受けた場合に、その請求に係る保有個人データの全部について訂正等を行ったときは、本人に対し、その旨の通知をする必要はない。

ウ. 個人情報取扱事業者は、本人から、当該本人が識別される保有個人データに誤りがあり、事実でないという理由によって訂正等の請求を受けた場合であっても、利用目的からみて訂正等が必要でないときは、訂正等を行う必要はない。

エ. 個人情報取扱事業者は、本人から、当該本人が識別される保有個人データの評価が誤っているとして訂正等の請求を受けた場合でも、訂正等を行う義務が生じる場合がある。

保有個人データの訂正等

公式テキスト 2-11 P.117

正答
イ

個人情報取扱事業者は、本人から、当該本人が識別される保有個人データの内容が事実でないとの理由により、訂正等の請求を受けた場合には、その内容の訂正等に関して他の法令の規定により特別の手続が定められている場合を除き、利用目的の達成に必要な範囲内において、遅滞なく必要な調査を行い、その結果に基づき、当該保有個人データの内容の訂正等を行わなければならない（法34条2項）。本問は、この保有個人データの訂正等（法34条）に関する理解を問うものである。

ア．正しい　個人情報取扱事業者は、本人から、当該本人が識別される保有個人データに誤りがあり、事実でないという理由によって訂正等の請求を受けた場合には、原則として、利用目的の達成に必要な範囲内で遅滞なく必要な調査を行い、その結果に基づき、訂正等を行わなければならない（法34条2項）。

イ．誤　り　個人情報取扱事業者は、本人から、当該本人が識別される保有個人データに誤りがあり、事実でないという理由によって訂正等の請求を受けた場合に、その請求に係る保有個人データの全部について訂正等を行ったときは、本人に対し、遅滞なく、その旨及び訂正等の内容を通知しなければならない（法34条3項）。通知を受けなければ、本人は結果を知ることができないからである。

ウ．正しい　訂正等は、利用目的の達成に必要な範囲内で行う義務が課されているので（法34条2項）、利用目的からみて訂正等が必要でないときは、訂正等を行う必要はない。

エ．正しい　保有個人データの内容が事実でないときに訂正等を行う義務が生じるのが原則であるが、評価の前提となっている事実も記載されており、その事実に誤りがある場合には、その限りにおいて訂正等を行う義務が生じる。

問9　第67回 問題29

保有個人データの利用停止等に関する以下のアからエまでの事例のうち、利用停止等が認められないものを１つ選びなさい。

ア．ダイレクトメールを送付するために個人情報取扱事業者が保有していた情報について、当該個人情報取扱事業者がダイレクトメールの送付を停止した後、本人が消去を請求した場合

イ．電話勧誘のために個人情報取扱事業者が保有していた情報について、当該個人情報取扱事業者が電話勧誘を停止した後、本人が消去を請求した場合

ウ．電話勧誘を受けた本人が、電話勧誘の停止を求める意思を表示したにもかかわらず、個人情報取扱事業者が本人に対する電話勧誘を繰り返し行っていることから、本人が利用停止等を請求する場合

エ．電話の加入者が、電話料金の支払いを免れるため、電話会社に対して課金に必要な情報の利用停止等を請求する場合

保有個人データの利用停止等

公式テキスト 2-11 P.117

正答 エ

本人は、個人情報取扱事業者に対し、当該本人が識別される保有個人データの取扱いにより当該本人の権利又は正当な利益が害されるおそれがある場合には、当該保有個人データの利用停止等を請求することができる（法35条5項）。

本問は、この保有個人データの利用停止等に関する理解を問うものである。

ア. **正しい**　利用する必要がなくなった場合（法35条5項）として利用停止等が認められる。

イ. **正しい**　利用する必要がなくなった場合（法35条5項）として利用停止等が認められる。

ウ. **正しい**　本人の権利又は正当な利益が害されるおそれがある場合（法35条5項）として利用停止等が認められうる。

エ. **誤　り**　本人の権利又は正当な利益が害されるおそれがある場合（法35条5項）として利用停止等が認められうるとはいえない。

問10　第66回 問題29

保有個人データの利用停止等及び第三者提供の停止に関する以下のアからエまでの記述のうち、誤っているものを１つ選びなさい。

ア．個人情報取扱事業者は、本人から、当該本人が識別される保有個人データが、個人情報保護法の規定に違反して本人の同意なく目的外利用されているという理由によって、利用停止等の請求を受けた場合であって、その請求に理由があることが判明したときは、原則として、違反を是正するために必要な限度で、遅滞なく、利用停止等を行わなければならない。

イ．個人情報取扱事業者は、本人から、当該本人が識別される保有個人データが、個人情報保護法の規定に違反して取得されたものであるという理由によって、利用停止等の請求を受けた場合であって、その請求に理由があることが判明したときであっても、当該保有個人データの利用停止等を行うことが困難である場合は、利用停止等その他何等の措置をとる必要はない。

ウ．個人情報取扱事業者は、本人から、当該本人が識別される保有個人データが、個人情報保護法の規定に違反して本人の同意なく第三者に提供されているという理由によって、第三者提供の停止の請求を受けた場合であって、その請求に理由があることが判明したときは、原則として、遅滞なく、第三者提供の停止を行わなければならない。

エ．個人情報取扱事業者は、個人情報保護法の規定による請求に係る保有個人データの全部について第三者への提供を停止したときは、本人に対し、遅滞なく、その旨を通知しなければならない。

保有個人データの利用停止等・第三者提供の停止

公式テキスト 2-11 P.117,119

正答 イ

個人情報取扱事業者は、本人から、当該本人が識別される保有個人データが法18条（利用目的による制限）の規定に違反して取り扱われている、又は法20条（適正な取得）に違反して取得されたものであるという理由によって、利用停止等の請求を受けた場合であって、その請求に理由のあることが判明したときは、違反を是正するために必要な限度で、遅滞なく、当該保有個人データの利用停止等を行わなければならない（法35条2項）。本問は、この保有個人データの利用停止等・第三者提供の停止（法35条）に関する理解を問うものである。

ア．**正しい**　個人情報取扱事業者は、本人から、当該本人が識別される保有個人データが、法18条の規定に違反して本人の同意なく目的外利用されているという理由によって、利用停止等の請求を受けた場合であって、その請求に理由があることが判明したときは、原則として、違反を是正するために必要な限度で、遅滞なく、利用停止等を行わなければならない（法35条2項）。

イ．**誤　り**　個人情報取扱事業者は、本人から、当該本人が識別される保有個人データが、法20条の規定に違反して取得されたものであるという理由によって、利用停止等の請求を受けた場合であって、その請求に理由があることが判明したときであっても、当該保有個人データの利用停止等を行うことが困難な場合であって、本人の権利利益を保護するため必要なこれに代わるべき措置をとるときは、利用停止等を行わなくてよい（法35条2項ただし書）。代替措置をとることが必要である。

ウ．**正しい**　個人情報取扱事業者は、本人から、当該本人が識別される保有個人データが、法27条1項又は28条の規定に違反して本人の同意なく第三者に提供されているという理由によって、第三者提供の停止の請求を受けた場合であって、その請求に理由があることが判明したときは、原則として、遅滞なく、第三者提供の停止を行わなければならない（法35条4項）。

エ．**正しい**　個人情報取扱事業者は、法35条3項の規定による請求に係る保有個人データの全部について第三者への提供を停止したときは、本人に対し、遅滞なく、その旨を通知しなければならない（法35条7項）。本人が自分の請求の結果について知ることができるようにするためである。

問11　第63回 問題31

保有個人データの利用停止等及び第三者提供の停止に関する以下のアからエまでの記述のうち、誤っているものを１つ選びなさい。

ア．個人情報取扱事業者は、本人から、当該本人が識別される保有個人データが、個人情報保護法の規定に違反して本人の同意なく目的外利用されているという理由によって、当該保有個人データの全部消去を求められた場合であって、その請求に理由のあることが判明したときは、利用停止によって手続違反を是正できる場合であっても、全部消去を実施しなければならない。

イ．個人情報取扱事業者は、本人から、当該本人が識別される保有個人データが、個人情報保護法の規定に違反して本人の同意なく第三者に提供されているという理由によって、当該保有個人データの第三者提供の停止の請求を受けた場合であって、その請求に理由のあることが判明したときは、原則として、遅滞なく、第三者提供を停止しなければならない。

ウ．個人情報取扱事業者は、本人から、当該本人が識別される保有個人データが、個人情報保護法の規定に違反して偽りその他不正の手段により取得されたものであるという理由によって、当該保有個人データの利用の停止又は消去の請求を受けた場合で、その請求に理由のあることが判明したときであっても、他の措置をとることができる場合がある。

エ．個人情報取扱事業者は、本人からの請求により、利用停止等を行ったとき若しくは利用停止等を行わない旨の決定をしたとき、又は、第三者提供の停止を行ったとき若しくは第三者提供を停止しない旨の決定をしたときは、遅滞なく、その旨を本人に通知しなければならない。

保有個人データの利用停止等・第三者提供の停止

公式テキスト 2-11 P.117,119

正答 ア

本人は、個人情報取扱事業者に対し、当該本人が識別される保有個人データが法18条の規定に違反して取り扱われているとき又は法20条の規定に違反して取得されたものであるときは、当該保有個人データの利用の停止又は消去（利用停止等）を請求することができる（法35条1項）。また、本人は、個人情報取扱事業者に対し、当該本人が識別される保有個人データが法27条1項又は法28条1項の規定に違反して第三者に提供されているときは、当該保有個人データの第三者への提供の停止を請求することができる（法35条3項）。本問は、この保有個人データの利用停止等・第三者提供の停止に関する理解を問うものである。

なお、令和2年改正個人情報保護法においては、利用停止等又は第三者への提供の停止を請求できる場合が、上記の場合に加え、①利用する必要がなくなった場合、②重大な漏えい等が発生した場合、③本人の権利又は正当な利益が害されるおそれがある場合等にもできるようになり、拡充されている（法35条1項・7項、法18条の2）。

ア．誤り　個人情報取扱事業者は、「違反を是正するために必要な限度で」保有個人データの利用停止等の義務を負うのであるから（法35条2項）、利用停止によって手続違反を是正できるのであれば、利用停止の措置を講ずることにより義務を果たしたことになる。

イ．正しい　法35条4項に規定されているとおりである。例外は、当該保有個人データの第三者への提供の停止に多額の費用を要する場合その他の第三者への提供を停止することが困難な場合であって、本人の権利利益を保護するため必要なこれに代わるべき措置をとるときである（同項ただし書）。

この場合は、当該代替措置を実施すればよいことになる。

ウ．正しい　原則として、利用の停止又は消去を行わなければならないが、例外として、当該保有個人データの利用停止等に多額の費用を要する場合その他の利用停止等を行うことが困難な場合であって、本人の権利利益を保護するため必要なこれに代わるべき措置をとるときは、当該代替措置を実施すればよいとされている（法35条2項ただし書）。

エ．正しい　法35条7項に規定されているとおりである。

問12　第67回 問題30

保有個人データの開示の請求等に係る手数料に関する以下のアからエまでの記述のうち、誤っているものを1つ選びなさい。

ア．個人情報取扱事業者は、本人から、当該本人が識別される保有個人データの利用目的の通知を求められたときは、当該措置の実施に関し、手数料を徴収することができる。

イ．個人情報取扱事業者は、本人から、当該本人が識別される保有個人データの開示の請求を受けたときは、当該措置の実施に関し、手数料を徴収することができる。

ウ．個人データを第三者に提供した個人情報取扱事業者は、本人から、当該本人が識別される個人データの第三者提供記録の開示請求を受けたときは、当該措置の実施に関し、手数料を徴収することができる。

エ．個人情報取扱事業者は、本人から、当該本人が識別される保有個人データの内容の訂正等の請求を受けたときは、当該措置の実施に関し、手数料を徴収することができる。

保有個人データの開示の請求等に係る手数料

公式テキスト 2-11 P.121

正答　エ

個人情報取扱事業者は、法32条第2項の規定による利用目的の通知を求められたとき又は法33条第1項の規定による開示の請求を受けたときは、当該措置の実施に関し、手数料を徴収することができる。

本問は、この保有個人データの開示の請求等に係る手数料に関する理解を問うものである。

ア．正しい　本記述のとおりである（法38条、同32条2項）。

イ．正しい　本記述のとおりである（法38条、同33条1項）。

ウ．正しい　本記述のとおりである（法38条、同33条1項・5項）。

エ．誤　り　個人情報取扱事業者は、本人から、当該本人が識別される保有個人データの内容の訂正等の請求を受けたときは、当該措置の実施に関し、手数料を徴収することができない（法38条、同34条1項）。

問13　第66回 問題30

保有個人データの開示等の請求等に応じる手続及び手数料に関する以下のアからエまでの記述のうち、誤っているものを1つ選びなさい。

ア. 個人情報取扱事業者は、開示、訂正、利用停止等の規定により、本人から求められ、又は請求された措置の全部又は一部について、その措置をとらない旨を通知する場合又はその措置と異なる措置をとる旨を通知する場合は、本人に対し、その理由を説明するよう努めなければならない。

イ. 個人情報取扱事業者が、開示等の請求等を受け付ける方法を合理的な範囲で定めたときは、本人は、当該方法に従って開示等の請求等を行わなければならないが、たとえ本人が当該方法に従わなかった場合であっても、個人情報取扱事業者は、当該開示等の請求等を拒否することはできない。

ウ. 開示等の請求等は、政令で定めるところにより、代理人によってすることができる。

エ. 個人情報取扱事業者は、保有個人データの利用目的の通知を求められたとき又は保有個人データの開示の請求を受けたときは、当該措置の実施に関し、手数料を徴収することができる。

開示等の請求等に応じる手続及び手数料

公式テキスト 2-11 P.121

正答　イ

本問は、開示等の請求等に応じる手続及び手数料に関する理解を問うものである。

ア. 正しい　個人情報取扱事業者は、法32条3項、法33条3項、法34条3項又は35条5項の規定により、本人から求められ、又は請求された措置の全部又は一部について、その措置をとらない旨を通知する場合又はその措置と異なる措置をとる旨を通知する場合は、本人に対し、その理由を説明するよう努めなければならない（法36条）。

イ. 誤　り　個人情報取扱事業者が、開示等の請求等を受け付ける方法を合理的な範囲で定めたときは、本人は、当該方法に従って開示等の請求等を行わなければならず（法37条1項後段）、当該方法に従わなかった場合は、個人情報取扱事業者は、当該開示等の請求等を拒否することができる。

ウ. 正しい　本記述のとおりである（法37条3項）。

エ. 正しい　本記述のとおりである（法38条1項）。

問14　第65回 問題31

保有個人データの開示等の請求等に応じる手続及び手数料に関する以下のアからエまでの記述のうち、誤っているものを１つ選びなさい。

ア．個人情報取扱事業者は、開示等の請求等に関して、これを受け付ける方法として、開示等の請求等に際して提出すべき書面（電磁的記録を含む。）の様式、その他の開示等の請求等の受付方法等を定めることができる。

イ．個人情報取扱事業者が、開示等の請求等を受け付ける方法を合理的な範囲で定めたときは、本人は、当該方法に従って開示等の請求等を行わなければならないが、たとえ本人が当該方法に従わなかった場合であっても、個人情報取扱事業者は、当該開示等の請求等を拒否することはできない。

ウ．個人情報取扱事業者は、本人に対し、開示等の請求等の対象となる当該本人が識別される保有個人データの特定に必要な事項の提示を求めることができる。

エ．個人情報取扱事業者は、保有個人データの利用目的の通知を求められたとき又は保有個人データの開示の請求を受けたときは、当該措置の実施に関し、手数料を徴収することができる。

開示等の請求等に応じる手続及び手数料

公式テキスト 2-11 P.121

正答 イ

個人情報取扱事業者は、開示等の請求等に関し、政令で定めるところにより、その求め又は請求を受け付ける方法を定めることができ、これを定めた場合には、本人は、当該方法に従って、開示等の請求等を行わなければならない（法37条1項）。また、個人情報取扱事業者は、法32条2項の規定による利用目的の通知を求められたとき又は法33条1項の規定による開示の請求を受けたときは、当該措置の実施に関し、手数料を徴収することができる（法38条1項）。本問は、この開示等の請求等に応じる手続（法37条）及び手数料（法38条）に関する理解を問うものである。

ア. **正しい**　個人情報取扱事業者は、開示等の請求等に関して、これを受け付ける方法として、開示等の請求等に際して提出すべき書面（電磁的記録を含む。）の様式、その他の開示等の請求等の受付方法等を定めることができる（法37条1項前段、施行令12条）。

イ. **誤　り**　個人情報取扱事業者が、開示等の請求等を受け付ける方法を合理的な範囲で定めたときは、本人は、当該方法に従って開示等の請求等を行わなければならず（法37条1項後段）、当該方法に従わなかった場合は、個人情報取扱事業者は、当該開示等の請求等を拒否することができる。

ウ. **正しい**　個人情報取扱事業者は、本人に対し、開示等の請求等の対象となる当該本人が識別される保有個人データの特定に必要な事項の提示を求めることができる（法37条2項前段）。円滑に開示等の手続を行えるようにするためである。

エ. **正しい**　個人情報取扱事業者は、保有個人データの利用目的の通知を求められたとき又は保有個人データの開示の請求を受けたときは、当該措置の実施に関し、手数料を徴収することができる（法38条1項）。

問15　第66回 問題31

裁判上の訴えの事前の請求（以下本問において「事前の請求」という。）に関する以下のアからエまでの記述のうち、誤っているものを1つ選びなさい。

ア．本人は、個人情報保護法の規定による開示の請求に係る訴えを提起しようとするときは、原則として、その訴えの被告となるべき者に対し、あらかじめ、当該請求を行い、その請求日から2週間を経過した後でなければ、その訴えを提起することができない。

イ．本人が、個人情報保護法の規定による訂正等の請求に係る訴えを提起しようとして、その訴えの被告となるべき者に対し、あらかじめ、当該請求を行ったが、当該訴えの被告となるべき者がその請求を拒んだときは、請求期間経過前であっても、その訴えを提起することができる。

ウ．本人が、個人情報保護法の規定による利用停止等の請求に係る訴えを提起しようとして、その訴えの被告となるべき者に対して事前に行った当該請求は、被告となるべき者の都合で到達が遅れても、その請求が通常到達すべきであった時に、到達したものとみなされる。

エ．本人が、個人情報保護法の規定による開示の請求に係る仮処分命令の申立てをしようとする場合には、あらかじめ、当該請求を行う必要がある。

裁判上の訴えの事前請求

公式テキスト 2-11 P.123

正答 ア

本人は、開示等の請求に係る訴えを提起しようとするときは、その訴えの被告となるべき者に対し、あらかじめ、当該請求を行い、かつ、その到達した日から2週間を経過した後でなければ、原則として、その訴えを提起することができない（法39条1項）。本問は、この事前の請求に関する理解を問うものである。

ア. **誤　り**　本人は、個人情報保護法の規定による開示の請求に係る訴えを提起しようとするときは、原則として、その訴えの被告となるべき者に対し、あらかじめ、当該請求を行い、かつ、その到達した日から2週間を経過した後でなければ、その訴えを提起することができない（法39条1項）。

イ. **正しい**　本人が、個人情報保護法の規定による訂正等の請求に係る訴えを提起しようとして、その訴えの被告となるべき者に対し、あらかじめ、当該請求を行ったが、当該訴えの被告となるべき者がその請求を拒んだときは、当該請求が到達した日から2週間を経過する前であっても、その訴えを提起することができる（法39条1項ただし書）。

ウ. **正しい**　本人が、個人情報保護法の規定による利用停止等の請求に係る訴えを提起しようとして、その訴えの被告となるべき者に対して事前に行った当該請求は、被告となるべき者の都合で到達が遅れても、その請求が通常到達すべきであった時に、到達したものとみなされる（法39条2項）。

エ. **正しい**　法39条1項及び2項の規定は、仮処分命令の申立てについて準用されているので（同条3項）、事前の請求が必要である。

問16　第65回 問題40

裁判上の訴えの事前の請求（以下本問において「事前の請求」という。）に関する以下のアからエまでの記述のうち、誤っているものを1つ選びなさい。

ア．本人は、個人情報保護法の規定による開示の請求に係る訴えを提起しようとするときは、原則として、その訴えの被告となるべき者に対し、あらかじめ、当該請求を行い、かつ、その到達した日から2週間を経過した後でなければ、その訴えを提起することができない。

イ．本人が、個人情報保護法の規定による訂正等の請求に係る訴えを提起しようとして、その訴えの被告となるべき者に対し、あらかじめ、当該請求を行ったが、当該訴えの被告となるべき者がその請求を拒んだときは、当該請求が到達した日から2週間を経過する前であっても、その訴えを提起することができる。

ウ．本人が、個人情報保護法の規定による利用停止等の請求に係る訴えを提起しようとして、その訴えの被告となるべき者に対して事前に行った当該請求は、その請求が通常到達すべきであった時に、到達したものとみなされる。

エ．本人が、個人情報保護法の規定による開示の請求に係る仮処分命令の申立てをしようとする場合には、あらかじめ、当該請求を行う必要はない。

裁判上の訴えの事前請求

公式テキスト 2-11 P.123

正答 エ

本人は、開示等の請求に係る訴えを提起しようとするときは、その訴えの被告となるべき者に対し、あらかじめ、当該請求を行い、かつ、その到達した日から2週間を経過した後でなければ、原則として、その訴えを提起することができない（法39条1項）。本問は、この事前の請求に関する理解を問うものである。

ア. **正しい**　本人は、個人情報保護法の規定による開示の請求に係る訴えを提起しようとするときは、原則として、その訴えの被告となるべき者に対し、あらかじめ、当該請求を行い、かつ、その到達した日から2週間を経過した後でなければ、その訴えを提起することができない（法39条1項）。

イ. **正しい**　本人が、個人情報保護法の規定による訂正等の請求に係る訴えを提起しようとして、その訴えの被告となるべき者に対し、あらかじめ、当該請求を行ったが、当該訴えの被告となるべき者がその請求を拒んだときは、当該請求が到達した日から2週間を経過する前であっても、その訴えを提起することができる（法39条1項ただし書）。

ウ. **正しい**　本人が、個人情報保護法の規定による利用停止等の請求に係る訴えを提起しようとして、その訴えの被告となるべき者に対して事前に行った当該請求は、その請求が通常到達すべきであった時に、到達したものとみなされる（法39条2項）。

エ. **誤　り**　法39条1項及び2項の規定は、仮処分命令の申立てについて準用されているので（同条3項）、事前の請求が必要である。

問17　第66回 問題35

個人情報及び保有個人データの取扱い等に関する苦情処理に関する以下のアからエまでの記述のうち、誤っているものを１つ選びなさい。

ア．個人情報取扱事業者は、個人情報の取扱いに関する苦情の適切かつ迅速な処理に努めなければならないが、当該規定の違反は、個人情報保護委員会の報告徴収や助言の対象となる。

イ．個人情報取扱事業者は、個人情報の取扱いに関する苦情の適切かつ迅速な処理に努めなければならないが、当該規定の違反は、個人情報保護委員会の勧告や命令の対象となる。

ウ．個人情報取扱事業者は、保有個人データに関し、当該保有個人データの取扱いに関する苦情の申出先を公表しなければならないが、当該規定の違反は、個人情報保護委員会の報告徴収や助言の対象となる。

エ．個人情報取扱事業者は、保有個人データに関し、当該保有個人データの取扱いに関する苦情の申出先を公表しなければならないが、当該規定の違反は個人情報保護委員会の勧告や命令の対象となる。

個人情報の取扱いに関する苦情処理

公式テキスト 2-11 P.123

正答 イ

個人情報取扱事業者は、個人情報の取扱いに関する苦情の適切かつ迅速な処理に努めなければならない（法40条1項）。また、個人情報取扱事業者は、保有個人データの適正な取扱いの確保に関し必要な事項として政令で定めるものについて、本人の知り得る状態（本人の求めに応じて遅滞なく回答する場合を含む。）に置かなければならない（法32条1項4号）。本問は、この個人情報の取扱いに関する苦情処理及び保有個人データの苦情申出先の公表等に関する理解を問うものである。

ア. **正しい**　個人情報取扱事業者は、個人情報の取扱いに関する苦情の適切かつ迅速な処理に努めなければならないが、当該規定の違反は、個人情報保護委員会の報告徴収や助言の対象となる（法143条、144条（令和5年4月よりそれぞれ147条、148））。

イ. **誤　り**　個人情報取扱事業者は、個人情報の取扱いに関する苦情の適切かつ迅速な処理に努めなければならない（法40条）が、当該規定の違反は、個人情報保護委員会の勧告や命令の対象ではない（法145条（令和5年4月より148条））。

ウ. **正しい**　個人情報取扱事業者は、保有個人データに関し、当該保有個人データの取扱いに関する苦情の申出先を公表しなければならないが、当該規定の違反は、個人情報保護委員会の報告徴収や助言の対象となる（法143条、144条（令和5年4月よりそれぞれ148条、149条））。

エ. **正しい**　個人情報取扱事業者は、保有個人データに関し、当該保有個人データの取扱いに関する苦情の申出先を公表しなければならないが、個人情報保護委員会の勧告や命令の対象となる（法145条（令和5年4月より148条））。

問18　第67回 問題34

個人情報取扱事業者による苦情処理に関する以下のアからエまでの記述のうち、誤っているものを1つ選びなさい。

ア. 個人情報取扱事業者は、個人情報の取扱いに関する苦情に対して、適切かつ迅速な処理をしなければならない。

イ. 個人情報取扱事業者は、個人情報の取扱いに関する苦情に対して、適切かつ迅速な処理をするための必要な体制の整備に努めなければならない。

ウ. 個人情報取扱事業者は、苦情を受け付ける担当窓口名等、保有個人データの取扱いに関する苦情の申出先について、本人の知り得る状態に置かなければならない。

エ. 個人情報取扱事業者に限らず、国は、個人情報の取扱いに関し事業者と本人との間に生じた苦情の適切かつ迅速な処理を図るために必要な措置を講ずるものとされている。

個人情報の取扱いに関する苦情処理

公式テキスト 2-11 P.123

正答　ア

個人情報取扱事業者は、個人情報の取扱いに関する苦情の適切かつ迅速な処理に努めなければならない（法40条1項）。

本問は、この個人情報の取扱いに関する苦情処理に関する理解を問うものである。

ア. 誤　り　個人情報取扱事業者は、個人情報の取扱いに関する苦情の適切かつ迅速な処理に**努めなければならない**（法40条1項）。よって、努力義務である。

イ. 正しい　本記述のとおりである（法40条2項）。

ウ. 正しい　本記述のとおりである（法32条1項4号、施行令10条2号）。

エ. 正しい　国は、個人情報の取扱いに関し事業者と本人との間に生じた苦情の適切かつ迅速な処理を図るために必要な措置を講ずるものとするとされる（法10条）。

問19　第65回 問題36

個人情報保護法に規定されている苦情処理に関する以下のアからエまでの記述のうち、誤っているものを1つ選びなさい。

ア. 個人情報取扱事業者は、個人情報の取扱いに関する苦情の適切かつ迅速な処理及びそのために必要な体制の整備をする法的義務を負っている。

イ. 匿名加工情報取扱事業者は、匿名加工情報の取扱いに関する苦情の処理に必要な措置を自ら講じ、かつ、当該措置の内容を公表する努力義務を負っている。

ウ. 認定個人情報保護団体は、本人その他の関係者から対象事業者の個人情報等の取扱いに関する苦情について解決の申出があったときは、その相談に応じる等の法的義務を負っている。

エ. 地方公共団体は、個人情報の取扱いに関し事業者と本人との間に生じた苦情が適切かつ迅速に処理されるようにするため、苦情の処理のあっせんその他必要な措置を講じる努力義務を負っている。

苦情処理制度

公式テキスト 2-11 P.123・2-14 P.141

正答
ア

個人情報取扱事業者は、個人情報の取扱いに関する苦情の適切かつ迅速な処理に努めなければならない（法40条1項。匿名加工情報については法43条6項）。苦情処理に関しては、その他、匿名加工情報取扱事業者につき法43条に、認定個人情報保護団体につき法53条に、地方公共団体につき法14条に規定されている。本問は、これらの苦情処理に関する規定の理解を問うものである。

ア. 誤　り　個人情報取扱事業者は、個人情報の取扱いに関する苦情の適切かつ迅速な処理及びそのために必要な体制の整備をする**努力義務**を負っている（法40条）。

イ. 正しい　本記述のとおりである（法43条）。

ウ. 正しい　本記述のとおりである（法53条）。

エ. 正しい　本記述のとおりである（法14条）。

7. 仮名加工情報

問1　第67回 問題9

仮名加工情報に関する以下のアからエまでの記述のうち、誤っているものを1つ選びなさい。

ア. 氏名、生年月日その他の記述等により、特定の個人を識別できる個人情報については、当該個人情報に含まれる記述等の一部を削除することが、仮名加工情報の要件の1つである。
イ. 仮名加工情報は、個人情報に該当する場合と該当しない場合がある。
ウ. 個人識別符号が含まれる個人情報については、当該個人識別符号の全部又は一部を削除等することにより、特定の個人を識別することができないようにすることが、仮名加工情報の要件の1つである。
エ. 個人情報に含まれる記述等の一部を「削除すること」には、復元することのできる規則性を有しない方法により他の記述等に置き換えることも含まれる。

仮名加工情報
公式テキスト 2-12 P.125

正答
ウ

「仮名加工情報」とは、当該情報に含まれる氏名、生年月日その他の記述等により特定の個人を識別できる個人情報（他の情報と容易に照合することができ、それにより特定の個人を識別することができることとなるものを含む。）（法２条１項１号）」の場合は、当該個人情報に含まれる記述等の一部を削除し（法２条５項１号）、個人識別符号が含まれる個人情報（法２条１項２号）の場合は、当該個人情報に含まれる個人識別符号の全部を削除する（当該個人識別符号を復元することのできる規則性を有しない方法により他の記述等に置き換えることを含む。）（法２条５項２号）など措置を講じて他の情報と照合しない限り特定の個人を識別することができないように個人情報を加工して得られる個人に関する情報をいう（法２条５項）。

本問は、この「仮名加工情報」に関する理解を問うものである。

ア. **正しい**　氏名、生年月日その他の記述等により、特定の個人を識別できる個人情報については、当該個人情報に含まれる記述等の一部を削除する必要がある（法２条５項１号）。

イ. **正しい**　例えば、仮名加工情報を作成した個人情報取扱事業者が、当該仮名加工情報及び当該仮名加工情報に係る削除情報等を、事業の承継に伴い他の事業者に提供した場合、当該他の事業者にとって、当該仮名加工情報は、通常、当該削除情報等と容易に照合でき、それによって特定の個人を識別できる情報に該当するため、個人情報に該当する。また、仮名加工情報の提供を受けた仮名加工情報取扱事業者が、当該仮名加工情報の作成の元となった個人情報や当該仮名加工情報に係る削除情報等を保有していない等により、当該仮名加工情報が「他の情報と容易に照合することができ、それにより特定の個人を識別することができる」状態にない場合には、当該仮名加工情報は、個人情報に該当しない。

ウ. **誤　り**　個人識別符号が含まれる個人情報については、当該個人情報に含まれる個人識別符号の**全部を削除する必要があり、一部の削除では足りない**（法２条５項２号）。

エ. **正しい**　「削除すること」には、一部の記述等又は当該個人識別符号を復元することのできる規則性を有しない方法により他の記述等に置き換えることを含むとされている。

問2　第65回 問題1〈改題〉

令和４年４月１日に全面施行された「個人情報の保護に関する法律等の一部を改正する法律」（令和２年法律第44号）に規定されている仮名加工情報に関する以下のアからエまでの記述のうち、誤っているものを１つ選びなさい。

ア．仮名加工情報とは、個人情報の区分に応じて一定の措置を講じて他の情報と照合しない限り特定の個人を識別することができないように個人情報を加工して得られる個人に関する情報をいう。

イ．仮名加工情報が、「他の情報と容易に照合することができ、それにより特定の個人を識別することができる」状態にある場合は、当該仮名加工情報は個人情報に該当する。

ウ．仮名加工情報については、変更前の利用目的と関連性を有すると合理的に認められる範囲を超える利用目的の変更が認められる。

エ．個人情報取扱事業者である仮名加工情報取扱事業者は、原則として、仮名加工情報である個人データを第三者に提供することができる。

仮名加工情報

公式テキスト 2-12 P.125

正答 エ

仮名化された個人情報は、本人と紐づいて利用されることがない限りは、個人の権利利益が侵害されるリスクが相当程度低下することとなり、また、こうした情報を企業の内部で分析・活用することは、我が国企業の競争力を確保する上でも重要である。

こうした観点から、仮名加工情報を設け、事業者内部で個人情報を様々な分析に活用できるようにした。

ア. **正しい**　本記述のとおりである（法２条５項）。
個人情報の区分とは以下のとおり。
（１）法２条１項１号に該当する個人情報　当該個人情報に含まれる記述等の一部を削除すること（当該一部の記述等を復元することのできる規則性を有しない方法により他の記述等に置き換えることを含む。）
（２）法２条１項２号に該当する個人情報　当該個人情報に含まれる個人識別符号の全部を削除すること（当該個人識別符号を復元することのできる規則性を有しない方法により他の記述等に置き換えることを含む。）

イ. **正しい**　仮名加工情報取扱事業者が、仮名加工情報の作成の元となった個人情報や当該仮名加工情報に係る削除情報等を保有している等により、当該**仮名加工情報が、「他の情報と容易に照合することができ、それにより特定の個人を識別することができる」状態にある場合は、当該仮名加工情報は個人情報（法２条１項）に該当する**。この場合、当該仮名加工情報取扱事業者は、個人情報である仮名加工情報の取扱いに関する義務を遵守する必要がある。

ウ. **正しい**　仮名加工情報については、法17条２項は適用されず（法41条３項）、**変更前の利用目的と関連性を有すると合理的に認められる範囲を超える利用目的の変更が認められる**。変更を行った場合には、変更後の利用目的を公表しなければならない（法41条４項）。この公表により透明性が図られる。

エ. **誤り**　個人情報取扱事業者である仮名加工情報取扱事業者は、法令に基づく場合を除くほか、仮名加工情報である個人データを第三者に提供してはならない（法41条６項）。事業者内部における分析に限定するための行為規制である。

問3　第67回 問題31

仮名加工情報の作成等に関する以下のアからエまでの記述のうち、誤っているものを１つ選びなさい。

ア．個人情報取扱事業者は、仮名加工情報を作成するときは、他の情報と照合しない限り特定の個人を識別することができないようにするために個人情報を加工しなければならない。

イ．仮名加工情報を含む情報の集合物であって、特定の仮名加工情報を電子計算機を用いて検索することができるように体系的に構成したものその他特定の仮名加工情報を容易に検索することができるように体系的に構成したものを仮名加工情報データベース等という。

ウ．個人情報取扱事業者は、仮名加工情報を作成したときは、削除情報等（仮名加工情報の作成に用いられた個人情報から削除された記述等及び個人識別符号並びに加工方法に関する情報をいう。）の漏えいを防止するために、削除情報等を削除しなければならない。

エ．仮名加工情報取扱事業者は、仮名加工情報を取り扱うに当たっては、当該仮名加工情報の作成に用いられた個人情報に係る本人を識別するために、当該仮名加工情報を他の情報と照合してはならない。

仮名加工情報の作成等

公式テキスト 2-12 P.125-128

正答
ウ

個人情報取扱事業者は、仮名加工情報を作成するときは、他の情報と照合しない限り特定の個人を識別することができないようにするために、個人情報を加工しなければならない（法41条1項）。

本問は、この仮名加工情報の作成等に関する理解を問うものである。

ア．正しい　本記述のとおりである（法41条1項）。

イ．正しい　本記述のとおりである（法16条5項）。

ウ．誤　り　個人情報取扱事業者は、仮名加工情報を作成したときは、削除情報等（仮名加工情報の作成に用いられた個人情報から削除された記述等及び個人識別符号並びに加工方法に関する情報をいう。）の漏えいを防止するために、削除情報等の安全管理のための措置を講じなければならないが（法41条2項）、削除情報等を削除しなければならないわけではない。

エ．正しい　本記述のとおりである（法41条7項）。

問4　第66回 問題32〈改題〉

令和４年４月１日に全面施行された「個人情報の保護に関する法律等の一部を改正する法律」に規定されている仮名加工情報に関する以下のアからエまでの記述のうち、誤っているものを１つ選びなさい。

ア．仮名加工情報とは、個人情報の区分に応じて一定の措置を講じて他の情報と照合しない限り特定の個人を識別することができないように個人情報を加工して得られる個人に関する情報をいう。

イ．仮名加工情報が、「他の情報と容易に照合することができ、それにより特定の個人を識別することができる」状態にある場合は、当該仮名加工情報は個人情報に該当する。

ウ．仮名加工情報を作成したとき、又は仮名加工情報及び当該仮名加工情報に係る削除情報等を取得したときは、削除情報等の安全管理措置を講じなければならない。

エ．個人情報取扱事業者である仮名加工情報取扱事業者は、原則として、仮名加工情報である個人データを第三者に提供することができる。

仮名加工情報

公式テキスト 2-12 P.127-129

正答
エ

仮名化された個人情報は、本人と紐づいて利用されることがない限りは、個人の権利利益が侵害されるリスクが相当程度低下することとなり、また、こうした情報を企業の内部で分析・活用することは、我が国企業の競争力を確保する上でも重要である。こうした観点から、仮名加工情報を設け、事業者内部で個人情報を様々な分析に活用できるようにした。

ア. **正しい**　仮名加工情報とは、次の各号に掲げる個人情報の区分に応じて当該各号に定める措置を講じて他の情報と照合しない限り特定の個人を識別することができないように個人情報を加工して得られる個人に関する情報をいう（法２条５項）。

①法２条１項１号に該当する個人情報 当該個人情報に含まれる記述等の一部を削除すること（当該一部の記述等を復元することのできる規則性を有しない方法により他の記述等に置き換えることを含む。）

②法２条１項２号に該当する個人情報 当該個人情報に含まれる個人識別符号の全部を削除すること（当該個人識別符号を復元することのできる規則性を有しない方法により他の記述等に置き換えることを含む。）

イ. **正しい**　仮名加工情報取扱事業者が、仮名加工情報の作成の元となった個人情報や当該仮名加工情報に係る削除情報等を保有している等により、当該仮名加工情報が、「他の情報と容易に照合することができ、それにより特定の個人を識別することができる」状態にある場合は、当該仮名加工情報は個人情報（法２条１項）に該当する。この場合、当該仮名加工情報取扱事業者は、個人情報である仮名加工情報の取扱いに関する義務を遵守する必要がある。

ウ. **正しい**　仮名加工情報を作成したとき、又は仮名加工情報及び当該仮名加工情報に係る削除情報等を取得したときは、削除情報等の安全管理措置を講じなければならない（法41条２項）。

エ. **誤　り**　個人情報取扱事業者である仮名加工情報取扱事業者は、法令に基づく場合を除くほか、仮名加工情報である個人データを第三者に提供してはならない（法41条６項）。事業者内部における分析に限定するための行為規制である。

問5　第67回 問題32

仮名加工情報の第三者提供の制限等に関する以下のアからエまでの記述のうち、誤っているものを1つ選びなさい。

ア．仮名加工情報取扱事業者は、あらかじめ本人の同意を得ない限り、仮名加工情報を第三者に提供してはならない。

イ．第三者は、原則、仮名加工情報の提供を受けることができないが、仮名加工情報取扱事業者が利用目的の達成に必要な範囲内において仮名加工情報の取扱いの全部又は一部を委託する場合は、仮名加工情報の提供を受けることができる。

ウ．第三者は、原則、仮名加工情報の提供を受けることができないが、合併その他の事由による事業の承継に伴う場合は、仮名加工情報の提供を受けることができる。

エ．仮名加工情報取扱事業者は、その取り扱う仮名加工情報の漏えいの防止その他の仮名加工情報の安全管理のために必要かつ適切な措置を講じなければならない。

仮名加工情報の第三者提供の制限等

公式テキスト 2-12 P.127-129

正答　ア

仮名加工情報取扱事業者は、法令に基づく場合を除くほか、仮名加工情報（個人情報であるものを除く。）を第三者に提供してはならない（法42条1項）。

本問は、この仮名加工情報の第三者提供の制限等に関する理解を問うものである。

ア．誤　り　仮名加工情報取扱事業者は、法令に基づく場合を除くほか、仮名加工情報を第三者に提供してはならず（法42条1項）、あらかじめ本人の**同意があっても**、第三者に提供できない。

イ．正しい　本記述のとおりである（法42条2項、同27条5項1号）。

ウ．正しい　本記述のとおりである（法42条2項、同27条5項2号）。

エ．正しい　本記述のとおりである（法42条3項、同23条）。

問6　第66回 問題33〈改題〉

令和4年4月1日に全面施行された「個人情報の保護に関する法律等の一部を改正する法律」に規定されている仮名加工情報、仮名加工情報である個人データ及び仮名加工情報である保有個人データについて適用する規定を以下のアからエまでのうち1つ選びなさい。

ア．利用目的の変更（法17条2項）
イ．委託先の監督（法25条）
ウ．漏えい等の報告等（法26条）
エ．本人からの開示等の請求等（法32条～第39条）

仮名加工情報等に適用する規定

公式テキスト 2-12 P.127-129

正答 イ

仮名加工情報、仮名加工情報である個人データ及び仮名加工情報である保有個人データについては、法第17条第2項、第26条及び第32条から第39条までの規定は、適用しない（法41条9項）。

個人情報取扱事業者は、個人データの取扱いの全部又は一部を委託する場合は、その取扱いを委託された個人データの安全管理が図られるよう、委託を受けた者に対する必要かつ適切な監督を行わなければならない（法25条）。

ア．適用しない　仮名加工情報（個人情報 であるもの）については、利用目的の変更の制限に関する法17条2項の規定は適用されないため、変更前の利用目的と関連性を有すると合理的に認められる範囲を超える利用目的の変更も認められる。

イ．適用する　仮名加工情報である個人データの取扱いの全部又は一部を委託する場合は、その取扱いを委託された仮名加工情報である個人データの安全管理が図られるよう、委託を受けた者に対する必要かつ適切な監督を行わなければならない（法25条）。

ウ．適用しない　仮名加工情報である個人データについては、法26条の規定は適用されないため、仮名加工情報である個人データについて漏えい等が発生した場合でも、法26条の規定に基づく報告や本人通知は不要である。

エ．適用しない　仮名加工情報である保有個人データについては、法32条から39条までの規定は適用されないため、仮名加工情報である保有個人データについては、これらの規定に基づく本人からの開示等の請求等の対象とならない。

8. 匿名加工情報

問1　第66回 問題8

「匿名加工情報」に関する以下のアからエまでの記述のうち、正しいものを1つ選びなさい。

ア．匿名加工情報を作成するために個人情報を加工する作業を行っている途上であるものは、加工が不十分である場合、特定の個人を識別することができ、又は元の個人情報が復元できる状態にある可能性があることから、原則としてプライバシー情報として取り扱うことが適当であるとされている。

イ．個人情報を安全管理措置の一環のためにマスキング等によって匿名化した場合、「匿名加工情報」に該当する。

ウ．個人識別符号が含まれる個人情報の場合、当該個人識別符号の一部のみを削除等することにより、特定の個人を識別することができないようにすることが、「匿名加工情報」の要件の1つであるとされている。

エ．要配慮個人情報を含む個人情報を加工して「匿名加工情報」を作成することは禁止されていない。

匿名加工情報

公式テキスト 2-13 P.130-131

正答 エ

「匿名加工情報」とは、法2条6項の各号に掲げる個人情報の区分に応じて当該各号に定める措置を講じて特定の個人を識別することができないように個人情報を加工して得られる情報であって、当該個人情報を復元することができないようにしたものをいう（法2条6項）。本問は、この「匿名加工情報」に関する理解を問うものである。

ア. **誤　り**　匿名加工情報を作成するために個人情報を加工する作業を行っている途上であるものは、加工が不十分である場合には、特定の個人を識別することができる、又は元の個人情報が復元できる状態にある可能性があることから、原則として個人情報として取り扱うことが適当であるとされている。適当であるとされているのは個人情報であってプライバシー情報ではない。

イ. **誤　り**　匿名加工情報を作成するためには、匿名加工情報作成の意図を持って、法43条1項に基づき、施行規則34条各号で定める基準に従い加工する必要がある。したがって、匿名加工情報作成基準に基づかずに、個人情報を安全管理措置の一環等のためにマスキング等によって匿名化した場合には、匿名加工情報に該当しない。

ウ. **誤　り**　法2条1項2号に該当する「個人識別符号が含まれるもの」である個人情報の場合には、「当該個人情報に含まれる個人識別符号の全部を削除すること（当該個人識別符号を復元することのできる規則性を有しない方法により他の記述等に置き換えることを含む。）。」という措置を講じて、「特定の個人を識別することができないように個人情報を加工して得られる個人に関する情報であって、当該個人情報を復元することができないようにしたもの」であることが「匿名加工情報」の要件となる（法2条6項2号）。個人識別符号が含まれる個人情報の場合、当該個人情報に含まれる個人識別符号の「全部」を削除等することにより、特定の個人を識別することができないようにしたものでなければならないとされている。

エ. **正しい**　要配慮個人情報を含む個人情報を加工して匿名加工情報を作成することも可能とされているため、禁止されていない。

問2　第65回 問題11

匿名加工情報に関する以下のアからエまでの記述のうち、誤っているものを１つ選びなさい。

ア．匿名加工情報とは、個人情報を個人情報の区分に応じて定められた措置を講じて特定の個人を識別することができないように加工して得られる個人に関する情報であって、当該個人情報を復元して特定の個人を再識別化することができないようにしたものをいう。

イ．個人識別符号が含まれる個人情報でない場合には、加工とは、特定の個人を識別することができなくなるように当該個人情報に含まれる氏名、生年月日その他の記述等を削除することをいう。

ウ．個人識別符号が含まれる個人情報の場合には、加工とは、当該個人情報に含まれる個人識別符号の全部を削除することをいい、この措置を講じた上で、まだなお個人識別符号が含まれる個人情報でない個人情報であったとしても、さらに、加工を行う必要はない。

エ．個人情報取扱事業者が匿名加工情報（匿名加工情報データベース等を構成するものに限る。）を作成するときは、個人情報保護委員会規則で定める基準に従って加工しなければならない。

匿名加工情報

公式テキスト 2-13 P.130-131

正答 ウ

匿名加工情報とは、個人情報を個人情報の区分に応じて定められた措置を講じて特定の個人を識別することができないように加工して得られる個人に関する情報であって、当該個人情報を復元して特定の個人を再識別化することができないようにしたものをいう（法２条６項）。本問は、この匿名加工情報に関する理解を問うものである。

ア．正しい　匿名加工情報とは、個人情報を個人情報の区分に応じて定められた措置を講じて特定の個人を識別することができないように加工して得られる個人に関する情報であって、当該個人情報を復元して特定の個人を再識別化することができないようにしたものをいう（法２条６項）。

イ．正しい　個人識別符号が含まれる個人情報でない場合には、加工とは、特定の個人を識別することができなくなるように当該個人情報に含まれる氏名、生年月日その他の記述等を削除することをいう（法２条６項１号）。

ウ．誤　り　個人識別符号が含まれる個人情報の場合には、加工とは、当該個人情報に含まれる個人識別符号の全部を削除することをいい（法２条６項２号）、この措置を講じた上で、まだなお個人識別符号が含まれる個人情報でない個人情報（同項１号に該当する個人情報）であった場合には、さらに、この個人情報としての加工を行う必要がある。

エ．正しい　個人情報取扱事業者が匿名加工情報（匿名加工情報データベース等を構成するものに限る。）を作成するときは、個人情報保護委員会規則で定める基準に従って加工しなければならない（法43条１項）。

問3　第65回 問題32

**匿名加工情報を作成する個人情報取扱事業者の義務に関する以下のアからエまでの記述のうち、誤っているものを１つ選びなさい。
なお、本問における「匿名加工情報」は、匿名加工情報データベース等を構成するものとする。**

ア. 個人情報取扱事業者は、匿名加工情報を作成したときは、加工方法等情報の漏えいを防止するために、個人情報保護委員会規則で定める基準に従い、その加工方法等情報の安全管理のための措置を講じなければならない。

イ. 個人情報取扱事業者は、匿名加工情報を作成したときは、当該匿名加工情報の安全管理のために必要かつ適切な措置等当該匿名加工情報の適正な取扱いを確保するために必要な措置を自ら講じ、かつ、当該措置の内容を公表するよう努めなければならない。

ウ. 個人情報取扱事業者は、匿名加工情報を作成したときは、遅滞なく、インターネット等を利用し、当該匿名加工情報に含まれる個人に関する情報の項目を公表しなければならないが、委託により匿名加工情報を作成する場合は、委託元において公表するものとされている。

エ. 個人情報取扱事業者は、匿名加工情報を作成して自ら当該匿名加工情報を取り扱うに当たっては、当該匿名加工情報の作成に用いられた個人情報に係る本人を識別するために、当該匿名加工情報を他の情報と照合してはならないが、この「他の情報」は、加工方法等情報に限定される。

匿名加工情報を作成する個人情報取扱事業者の義務

公式テキスト 2-13 P.132-133

正答 エ

個人情報取扱事業者は、匿名加工情報（匿名加工情報データベース等を構成するものに限る。）を作成するときは、特定の個人を識別すること及びその作成に用いる個人情報を復元することができないようにするために必要なものとして個人情報保護委員会規則で定める基準に従い、当該個人情報を加工しなければならない（法43条1項）。本問は、この匿名加工情報を作成する個人情報取扱事業者が遵守すべき義務（43条）に関する理解を問うものである。

ア．**正しい**　個人情報取扱事業者は、匿名加工情報を作成したときは、加工方法等情報（その作成に用いた個人情報から削除した記述等及び個人識別符号並びに加工の方法に関する情報（その情報を用いて当該個人情報を復元することができるものに限る。））の漏えいを防止するために、個人情報保護委員会規則で定める基準に従い、その加工方法等情報の安全管理のための措置を講じなければならない（法43条2項）。

イ．**正しい**　個人情報取扱事業者は、匿名加工情報を作成したときは、当該匿名加工情報の安全管理のために必要かつ適切な措置等当該匿名加工情報の適正な取扱いを確保するために必要な措置を自ら講じ、かつ、当該措置の内容を公表するよう努めなければならない（法43条6項）。

ウ．**正しい**　個人情報取扱事業者は、匿名加工情報を作成したときは、遅滞なく、インターネット等を利用し、当該匿名加工情報に含まれる個人に関する情報の項目を公表しなければならないが、委託により匿名加工情報を作成する場合は、委託元において公表するものとされている（法43条3項、施行規則36条1項・2項）。

エ．**誤　り**　個人情報取扱事業者は、匿名加工情報を作成して自ら当該匿名加工情報を取り扱うに当たっては、当該匿名加工情報の作成に用いられた個人情報に係る本人を識別するために、当該匿名加工情報を他の情報と照合してはならないが（法43条5項）、この「他の情報」に限定はない。

問4　第66回 問題34

匿名加工情報を作成する個人情報取扱事業者が遵守する義務に関する以下のアからエまでの記述のうち、正しいものを1つ選びなさい。なお、本問における「匿名加工情報」は、匿名加工情報データベース等を構成するものとする。

ア. 個人情報取扱事業者は、匿名加工情報を作成したときは、個人情報保護委員会規則で定めるところにより、当該匿名加工情報に含まれる個人に関する情報の項目を公表するよう努めなければならない。

イ. 個人情報取扱事業者は、匿名加工情報を作成したときは、当該匿名加工情報の安全管理のために必要かつ適切な措置、当該匿名加工情報の作成その他の取扱いに関する苦情の処理その他の当該匿名加工情報の適正な取扱いを確保するために必要な措置を自ら講じ、かつ、当該措置の内容を公表するよう努めなければならない。

ウ. 匿名加工情報取扱事業者は、匿名加工情報の安全管理のために必要かつ適切な措置、匿名加工情報の取扱いに関する苦情の処理その他の匿名加工情報の適正な取扱いを確保するために必要な措置を自ら講じ、かつ、当該措置の内容を公表しなければならない。

エ. 匿名加工情報取扱事業者は、匿名加工情報を第三者に提供するときは、個人情報保護委員会規則で定めるところにより、あらかじめ、第三者に提供される匿名加工情報に含まれる個人に関する情報の項目及びその提供の方法について公表するよう努めるとともに、当該第三者に対して、当該提供に係る情報が匿名加工情報である旨を明示しなければならない。

匿名加工情報取扱事業者等の義務

公式テキスト 2-13 P.133-135

正答 イ

本問は、匿名加工情報取扱事業者等の義務に関する理解を問うものである。

ア. 誤 り　個人情報取扱事業者は、匿名加工情報を作成したときは、個人情報保護委員会規則で定めるところにより、当該匿名加工情報に含まれる個人に関する情報の項目を公表しなければならない（法43条3項)。努力義務ではなく義務規定となっている。

イ. 正しい　個人情報取扱事業者は、匿名加工情報を作成したときは、当該匿名加工情報の安全管理のために必要かつ適切な措置、当該匿名加工情報の作成その他の取扱いに関する苦情の処理その他の当該匿名加工情報の適正な取扱いを確保するために必要な措置を自ら講じ、かつ、当該措置の内容を公表するよう努めなければならない（法43条6項)。

ウ. 誤 り　匿名加工情報取扱事業者は、匿名加工情報の安全管理のために必要かつ適切な措置、匿名加工情報の取扱いに関する苦情の処理その他の匿名加工情報の適正な取扱いを確保するために必要な措置を自ら講じ、かつ、当該措置の内容を公表するよう努めなければならない（法46条)。義務規定ではなく努力義務となっている。

エ. 誤 り　匿名加工情報取扱事業者は、匿名加工情報（自ら個人情報を加工して作成したものを除く。）を第三者に提供するときは、個人情報保護委員会規則で定めるところにより、あらかじめ、第三者に提供される匿名加工情報に含まれる個人に関する情報の項目及びその提供の方法について公表するとともに、当該第三者に対して、当該提供に係る情報が匿名加工情報である旨を明示しなければならない（法44条)。公表については努力義務ではなく義務規定となっている。

問5　第66回 問題9

「匿名加工情報取扱事業者」に関する以下のアからエまでの記述のうち、誤っているものを１つ選びなさい。

ア．匿名加工情報取扱事業者とは、匿名加工情報データベース等を事業の用に供している者をいい、国の機関、地方公共団体、独立行政法人等、地方独立行政法人等も、匿名加工情報取扱事業者に該当する。

イ．匿名加工情報取扱事業者は、匿名加工情報データベース等を構成する匿名加工情報について、個人情報保護法に基づく義務を負う。

ウ．個人事業主は、匿名加工情報データベース等を事業の用に供している場合、匿名加工情報取扱事業者に該当する。

エ．匿名加工情報を作成していない者であっても、匿名加工情報取扱事業者には該当する場合がある。

匿名加工情報取扱事業者
公式テキスト 2-13 P.131-133

正答
ア

「匿名加工情報取扱事業者」とは、匿名加工情報を含む情報の集合物であって、特定の匿名加工情報を電子計算機を用いて検索することができるように体系的に構成したものとして政令で定めるもの（43条１項において「匿名加工情報データベース等」という。）を事業の用に供している者をいう。ただし、第二項各号に掲げる者を除く（法16条６項）。

本問は、「匿名加工情報取扱事業者」関する理解を問うものである。

ア．誤　り　法16条２項各号に掲げる者（国の機関、地方公共団体、独立行政法人等、地方独立行政法人等）は、「匿名加工情報取扱事業者」から除かれている。本記述は誤っている。

イ．正しい　「匿名加工情報データベース等」を事業の用に供している者は、「匿名加工情報取扱事業者」に該当する。

ウ．正しい　法人格のない、権利能力のない社団（任意団体）又は個人であっても、匿名加工情報データベース等を事業の用に供している場合は、「匿名加工情報取扱事業者」に該当し、個人情報保護法に基づく義務を負う。

エ．正しい　匿名加工情報を作成していない者であっても、匿名加工情報データベース等を事業の用に供している場合は、「匿名加工情報取扱事業者」に該当する。

問6　第67回 問題33

個人情報取扱事業者は、匿名加工情報を作成するときは、特定の個人を識別すること及びその作成に用いる個人情報を復元することができないように、個人情報保護委員会規則で基準が定められている。この基準に定められていない加工方法を以下のアからエまでのうち1つ選びなさい。

ア. 個人情報に含まれる特定の個人を識別することができる記述等の全部又は一部を削除すること
イ. 個人情報と当該個人情報に措置を講じて得られる情報とを連結する符号を削除すること
ウ. 個人情報に含まれる個人識別符号の全部又は一部を削除すること
エ. 特異な記述等を削除すること

匿名個人情報の作成方法
公式テキスト 2-13 P.133-134

正答
ウ

個人情報取扱事業者は、匿名加工情報を作成するときは、特定の個人を識別すること及びその作成に用いる個人情報を復元することができないようにするために必要なものとして個人情報保護委員会規則で定める基準に従い、当該個人情報を加工しなければならない（法43条1項）。

本問は、この匿名加工情報の作成等に関する理解を問うものである。

ア. 正しい　本記述のとおりである（施行規則34条1号）。
イ. 正しい　本記述のとおりである（施行規則34条3号）。
ウ. 誤　り　個人情報に含まれる個人識別符号の全部を削除しなければならない（施行規則34条2号）。
エ. 正しい　本記述のとおりである（施行規則34条4号）。

9. 認定個人情報保護団体

問1　第67回 問題35

認定個人情報保護団体の業務に関する以下のアからエまでの記述のうち、誤っているものを１つ選びなさい。

ア．対象事業者の個人情報等の取扱いに関する苦情の処理
イ．対象事業者の個人情報等の取扱いに関する紛争の調停
ウ．個人情報等の適正な取扱いの確保に寄与する事項についての対象事業者に対する情報の提供
エ．対象事業者の個人情報等の適正な取扱いの確保に関し必要な業務

認定個人情報保護団体
公式テキスト 2-14 P.141

正答
イ

本問は、認定個人情報保護団体の業務に関する理解を問うものである。
ア．正しい　本記述のとおりである（法47条１項１号）。
イ．誤　り　このような規定はない。
ウ．正しい　本記述のとおりである（法47条１項２号）。
エ．正しい　本記述のとおりである（法47条１項３号）。

問2　第66回 問題36

認定個人情報保護団体に関する以下のアからエまでの記述のうち、誤っているものを1つ選びなさい。

ア. 認定個人情報保護団体は、個人情報保護委員会の認定を受ける必要があり、監督機関も個人情報保護委員会となっている。

イ. 認定個人情報保護団体は、個人情報等の適正な取扱いの確保を目的として、対象事業者に対して、個人情報保護法で定める認定業務を行うが、当該認定個人情報保護団体の構成員である個人情報取扱事業者等以外は、対象事業者に該当しない。

ウ. 認定個人情報保護団体は、認定業務として、個人情報保護指針の作成と個人情報保護委員会への届出を行う。

エ. 認定個人情報保護団体は、認定業務として、対象事業者に個人情報保護指針を導守させるための指導・勧告を行う。

認定個人情報保護団体

公式テキスト 2-14 P.141

正答　イ

本問は、認定個人情報保護団体に関する理解を問うものである。

ア. **正しい**　認定個人情報保護団体は、個人情報保護委員会の認定を受ける必要があり、認定個人情報保護団体の監督機関も個人情報保護委員会である（法47条1項）。

イ. **誤　り**　認定個人情報保護団体は、個人情報等の適正な取扱いの確保を目的として、対象事業者に対して、個人情報保護法で定める認定業務を行うが、ここでいう「対象事業者」とは、当該認定個人情報保護団体の構成員である個人情報取扱事業等又は認定業務の対象となることについて同意を得た個人情報取扱事業者等である（法52条1項）。

ウ. **正しい**　認定個人情報保護団体は、認定業務として、個人情報保護指針の作成と個人情報保護委員会の届出を行う（法54条1項～3項）。

エ. **正しい**　認定個人情報保護団体は、認定業務として、対象事業者に個人情報保護指針を導守させるための指導・勧告を行う（法54条4項）。

問3　第65回 問題35〈改題〉

認定個人情報保護団体に関する以下のアからエまでの記述のうち、誤っているものを１つ選びなさい。

ア. 個人情報取扱事業者等の個人情報等の適正な取扱いの確保を目的として個人情報保護法の規定に掲げる業務を行おうとする法人は、個人情報保護委員会の認定を受けることができる。

イ. 令和４年４月１日に全面施行された「個人情報の保護に関する法律等の一部を改正する法律」（令和２年法律第44号。以下本問において「改正法」という。）により、改正前の制度に加え、対象事業者の事業の種類その他の業務の範囲を限定して、認定業務を行おうとする法人を認定することができるようになった。

ウ. 改正法により、認定個人情報保護団体は、個人情報保護指針を遵守しない対象事業者に対し、当該個人情報保護指針を遵守させるために必要な指導等の措置をとったにもかかわらず、当該対象事業者が当該個人情報保護指針を遵守しないときは、当該対象事業者を認定業務の対象から除外することができるようになった。

エ. 認定個人情報保護団体は、対象事業者の個人情報等の適正な取扱いの確保のために、一定の事項に関し、消費者の意見を代表する者その他の関係者の意見を聴いて、個人情報保護法の規定の趣旨に沿った指針（個人情報保護指針）を作成する法的義務を負っている。

認定個人情報保護団体

公式テキスト 2-14 P.141

正答 エ

認定個人情報保護団体制度は、個人情報等の取扱いに関する苦情の処理や情報提供等を行おうとする法人を個人情報保護委員会が認定し、分野ごとにより高い水準の個人情報保護等の推進を図る制度である。本問は、この認定個人情報保護団体（法47条以下）の理解を問うものである。

ア．**正しい**　個人情報取扱事業者等の個人情報等の適正な取扱いの確保を目的として個人情報保護法の規定に掲げる業務を行おうとする法人は、個人情報保護委員会の認定を受けることができる（法47条1項）。

イ．**正しい**　法47条2項により、改正前の制度に加え、対象事業者の事業の種類その他の業務の範囲を限定して、認定業務を行おうとする法人を認定することができるようになった。高い専門性をもって個人情報保護の推進を図ろうとする民間団体による個人情報保護の推進を図るためである。

ウ．**正しい**　法52条により、認定個人情報保護団体は、個人情報保護指針を遵守しない対象事業者に対し、当該個人情報保護指針を遵守させるために必要な指導等の措置をとったにもかかわらず、当該対象事業者が当該個人情報保護指針を遵守しないときは、当該対象事業者を認定業務の対象から除外することができるようになった。

エ．**誤　り**　認定個人情報保護団体は、対象事業者の個人情報等の適正な取扱いの確保のために、一定の事項に関し、消費者の意見を代表する者その他の関係者の意見を聴いて、個人情報保護法の規定の趣旨に沿った指針（個人情報保護指針）を作成する**努力義務**を負っている（法54条1項）。法的義務ではなく、努力義務である。

10. 個人情報取扱事業者等に関する雑則

問1　第67回 問題37

個人情報保護法上、個人情報取扱事業者等が一定の目的で個人情報等を取り扱う場合、個人情報取扱事業者等の義務規定の適用が除外されることがある。この適用除外に関する以下のアからエまでの記述のうち、誤っているものを1つ選びなさい。

ア．新聞社その他の報道機関が、報道の用に供する目的で個人情報を取り扱う場合は、個人情報取扱事業者の義務等に関する規定は適用されない。

イ．名簿業者が、名簿を作成する目的で個人情報を取り扱う場合は、個人情報取扱事業者の義務等に関する規定は適用されない。

ウ．政治団体が、政治活動の用に供する目的で個人情報を取り扱う場合は、個人情報取扱事業者の義務等に関する規定は適用されない。

エ．教会が、宗教の教義を広めることを目的で個人情報を取り扱う場合は、個人情報取扱事業者の義務等に関する規定は適用されない。

個人情報取扱事業者等の義務規定の適用除外

公式テキスト 2-15 P.143

正答 イ

個人情報保護法上、個人情報取扱事業者等が一定の目的で個人情報等を取り扱う場合、個人情報取扱事業者等の義務規定は適用除外される（法57条1項）。

本問は、この個人情報取扱事業者等の義務規定の適用除外に関する理解を問うものである。

ア. **正しい**　本記述のとおりである（法57条1項1号）。

イ. **誤　り**　著述を業として行う者が、著述の用に供する目的で個人情報を取り扱う場合は、個人情報取扱事業者の義務等に関する規定は適用されないが（法57条1項2号）、名簿等のようにデータの羅列にすぎないものは「著述」に該当しない。

ウ. **正しい**　本記述のとおりである（法57条1項4号）。

エ. **正しい**　宗教団体が、宗教活動の用に供する目的で個人情報を取り扱う場合は、個人情報取扱事業者の義務等に関する規定は適用されない（法57条1項3号）。したがって、教会が、宗教の教義を広めることを目的で個人情報を取り扱う場合は、個人情報取扱事業者の義務等に関する規定は適用されない。

問2　第66回 問題38

個人情報保護法上、一定の個人情報取扱事業者等が一定の目的で個人情報等を取り扱う場合、個人情報取扱事業者の規定の適用が除外されることがある。この適用除外に関する以下のアからエまでの記述のうち、正しいものを１つ選びなさい。

ア．放送機関、新聞社、通信社その他の報道機関が、報道の用に供する目的で、個人情報を取り扱う場合は、個人情報取扱事業者の義務等に関する規定は適用されないが、報道を業とするフリージャーナリストは、ここでいう「報道機関」からは除かれる。

イ．著述を業として行う者が、著述の用に供する目的で、個人情報を取り扱う場合は、個人情報取扱事業者の義務等に関する規定は適用されないが、文芸作品の創作は、ここでいう「著述」に該当し、文芸批評や評論等は「著述」には該当しない。

ウ．政治団体が、政治活動の用に供する目的で、個人情報を取り扱う場合は、個人情報取扱事業者の義務等に関する規定は適用されないが、当該政治活動に付随する活動については、個人情報取扱事業者の義務等に関する規定が適用される。

エ．大学その他の学術研究を目的とする機関若しくは団体又はそれらに属する者が、学術研究の用に供する目的で、個人情報を取り扱う場合は、個人情報取扱事業者の義務等に関する規定は適用されないが、ここでいう「大学その他の学術研究を目的とする機関若しくは団体」には、単に製品開発を目的としている機関は含まれない。

適用除外

公式テキスト 2-15 P.143

正答 エ

個人情報保護法上、一定の個人情報取扱事業者等が一定の目的で個人情報を取り扱う場合、個人情報取扱事業者の義務規定は適用除外される（法57条1項）。本問は、この適用除外に関する理解を問うものである。

ア. 誤　り　放送機関、新聞社、通信社その他の報道機関（報道を業として行う個人を含む）が、報道の用に供する目的で、個人情報を取り扱う場合、個人情報取扱事業者の義務等に関する規定の適用は除外される（法57条1項1号）。ここでいう「報道」とは、新聞、ラジオ、テレビ等を通じて社会の出来事などを広く知らせることをいい、「報道機関」とは、報道を目的とする施設、組織隊をいう。また、「報道機関」の概念には、報道を業とするフリージャーナリストのような個人も含まれる。

イ. 誤　り　著述を業として行う者が、著述の用に供する目的で、個人情報を取り扱う場合は、個人情報取扱事業者の義務規定の適用は除外される（法57条1項2号）。ここでいう「著述」とは、文芸作品の創作、文芸批評、評論等がこれに該当する。

ウ. 誤　り　政治団体が、政治活動（これに付随する活動を含む）の用に供する目的で、個人情報を取り扱う場合は、個人情報取扱事業者の義務規定の適用は除外される（法57条1項5号）。

エ. 正しい　大学その他の学術研究を目的とする機関若しくは団体又はそれらに属する者が、学術研究の用に供する目的で、個人情報を取り扱う場合は、個人情報取扱事業者の義務規定の適用は除外される（法57条1項3号）。ここでいう「大学その他の学術研究を目的とする機関若しくは団体」には、単に製品開発を目的としている機関は含まれない。

問3　第65回 問題38

適用除外及び個人情報保護委員会（以下本問において「委員会」という。）の権限の行使の制限に関する以下のアからエまでの記述のうち、誤っているものを１つ選びなさい。

ア．個人情報取扱事業者である報道機関が、報道の用に供する目的で個人情報を取り扱う場合には、個人情報保護法第４章「個人情報取扱事業者等の義務等」の規定は適用されないが、ここにいう「報道」とは、不特定かつ多数の者に対して客観的事実を事実として知らせること（これに基づいて意見又は見解を述べることを含む。）をいう。

イ．個人情報取扱事業者である著述を業として行う者が、著述の用に供する目的で個人情報を取り扱う場合には、個人情報保護法第４章「個人情報取扱事業者等の義務等」の規定は適用されないが、当該著述を業として行う者は、個人情報の適切な取扱いを確保するために必要な措置を自ら講じ、かつ、当該措置の内容を公表するよう努めなければならない。

ウ．委員会は、個人情報保護法の規定により個人情報取扱事業者等に対し報告若しくは資料の提出の要求、立入検査、指導、助言又は勧告を行うに当たっては、表現の自由、学問の自由、信教の自由及び政治活動の自由を妨げてはならないが、命令を行うに当たっては、これらの自由を妨げることができる。

エ．委員会は、個人情報取扱事業者等が、個人情報取扱事業者である政治団体（政治活動の用に供する目的で個人情報を取り扱う場合に限る。）に対して個人情報を提供する行為については、その権限を行使しないものとされている。

適用除外

公式テキスト 2-15 P.143

正答
ウ

個人情報保護法上、一定の個人情報取扱事業者等が一定の目的で個人情報等を取り扱う場合、表現の自由等への配慮から、第4章「個人情報取扱事業者等の義務等」の規定の適用は除外される（法57条1項）。また、個人情報保護委員会（以下「委員会」という。）の権限の行使は、表現の自由等との調整のため制限されている（法146条（令和5年4月より149条））。本問は、この適用除外及び個人情報保護委員会の権限の行使の制限に関する理解を問うものである。

ア．正しい　個人情報取扱事業者である報道機関が、報道の用に供する目的で個人情報を取り扱う場合には、個人情報保護法第4章「個人情報取扱事業者等の義務等」の規定は適用されないが（法57条1項1号）、ここにいう「報道」とは、不特定かつ多数の者に対して客観的事実を事実として知らせること（これに基づいて意見又は見解を述べることを含む。）をいう（同条2項）。

イ．正しい　個人情報取扱事業者である著述を業として行う者が、著述の用に供する目的で個人情報を取り扱う場合には、個人情報保護法第4章「個人情報取扱事業者等の義務等」の規定は適用されないが（法57条1項2号）、当該著述を業として行う者は、個人情報の適切な取扱いを確保するために必要な措置を自ら講じ、かつ、当該措置の内容を公表するよう努めなければならない（同条3項）。

ウ．誤　り　委員会は、個人情報保護法の規定により個人情報取扱事業者等に対し報告若しくは資料の提出の要求、立入検査、指導、助言、勧告又は命令を行うに当たっては、表現の自由、学問の自由、信教の自由及び政治活動の自由を妨げてはならない（法146条（令和5年4月より149条1項））。

エ．正しい　委員会は、個人情報取扱事業者等が、個人情報取扱事業者である政治団体（政治活動の用に供する目的で個人情報を取り扱う場合に限る。）に対して個人情報を提供する行為については、その権限を行使しないものとされている（法146条（令和5年4月より149条2項））。

問4　第67回 問題39

域外適用に関する以下のアからエまでの記述のうち、誤っているものを１つ選びなさい。

ア．個人情報取扱事業者が、国内にある者に対する役務の提供に関連して、国内にある者を本人とする個人情報を外国において取り扱う際に違法行為を行った場合、個人情報保護委員会は、当該事業者に対して指導を行うことができる。

イ．匿名加工情報取扱事業者が、国内にある者に対する役務の提供に関連して、国内にある者を本人とする匿名加工情報を外国において取り扱う際に違法行為を行った場合、個人情報保護委員会は、当該事業者に対して指導を行うことができる。

ウ．個人情報取扱事業者が、国外居住者で日本国籍を有する者に対する役務の提供に関連して、国外居住者で日本国籍を有する者を本人とする個人情報を、外国において取り扱う際に違法行為を行った場合、個人情報保護委員会は、当該事業者に対して指導を行うことができる。

エ．個人情報取扱事業者が、国内にある者に対する役務の提供に関連して、国内にある者を本人とする個人情報を、外国において取り扱う際に違法行為を行った場合、個人情報保護委員会は、当該事業者に対して命令をし、命令に違反したときは、その旨を公表することができる。

適用範囲（域外適用）

公式テキスト 2-15 P.143

正答
ウ

本問は、適用範囲（法166条（令和5年4月より171条））に関する理解を問うものである。

ア．**正しい**　本記述のとおりである（法166条（令和5年4月より171条））。

イ．**正しい**　本記述のとおりである（法166条（令和5年4月より171条））。

ウ．**誤　り**　法166条は、個人情報取扱事業者が、国内にある者に対する役務の提供に関連して、国内にある者を本人とする個人情報を、外国において取り扱う場合に適用されるものであり、日本国籍を有していても、国外居住者を本人とする場合には適用されない。

エ．**正しい**　本記述のとおりである（法166条、同145条4項（それぞれ令和5年4月より171条、同148条4項））。

問5　第66回 問題39〈改題〉

域外適用等及び外国執行当局への情報提供に関する以下のアからエまでの記述のうち、誤っているものを１つ選びなさい。

ア．令和４年４月１日に全面施行された「個人情報の保護に関する法律等の一部を改正する法律」により、個人情報取扱事業者等が個人情報保護委員会の命令に違反した場合には、個人情報保護委員会がその旨を公表することができることとなった。この公表によって、内国事業者に対する命令の実効性は担保されるが、外国事業者に対する命令の実効性が担保されることにはならない。

イ．令和４年４月１日に全面施行された「個人情報の保護に関する法律等の一部を改正する法律」により、域外適用の対象範囲が拡大され、日本国内にある者に係る個人情報等を取り扱う外国事業者は、罰則によって担保された報告徴収・命令の対象となった。

ウ．個人情報保護委員会は、外国執行当局に対し、その職務（個人情報保護法に規定する委員会の職務に相当するものに限る。）の遂行に資すると認める情報の提供を行うことができる。

エ．外国執行当局への情報提供については、当該情報が当該外国執行当局の職務の遂行以外に使用されず、かつ、個人情報保護法の規定による個人情報保護委員会の同意がなければ外国の刑事事件の捜査等に使用されないよう適切な措置がとられなければならない。

適用範囲（域外適用）等
公式テキスト 2-15 P.143

正答
ア

本問は、適用範囲（法166条（令和５年４月より171条））等及び外国執行当局への情報提供（法171条（令和５年４月より172条））に関する理解を問うものである。

ア．誤　り　令和４年４月１日に全面施行された「個人情報の保護に関する法律等の一部を改正する法律」により、個人情報取扱事業者等が個人情報保護委員会の命令に違反した場合には、個人情報保護委員会がその旨を公表することができることとなり（改正法145条４項（令和５年４月より148条４項））、この公表によって外国事業者に対する命令の実効性を担保することとしている。

イ．正しい　令和４年４月１日に全面施行された「個人情報の保護に関する法律等の一部を改正する法律」により、域外適用の対象範囲が拡大され、日本国内にある者に係る個人情報等を取り扱う外国事業者は、罰則によって担保された報告徴収・命令の対象となった（法166条（令和５年４月より171条））。改正前においては、個人情報保護委員会の権限が限定されていたため、外国における漏えい等の事案に対して、同委員会が適切に対処できないおそれがあり、また、法の規定が適用される者が限定されていたため、国内の事業者と外国の事業者との間で公平に法が適用されないという問題があった。そこで、令和２年の改正により、域外適用の対象範囲が拡大された。

ウ．正しい　個人情報保護委員会は、外国執行当局に対し、その職務（個人情報保護法に規定する委員会の職務に相当するものに限る。）の遂行に資すると認める情報の提供を行うことができる（法171条１項（令和５年４月より172条１項））。この執行協力により委員会の監督の実効性を確保することも期待されている。

エ．正しい　外国執行当局への情報提供については、当該情報が当該外国執行当局の職務の遂行以外に使用されず、かつ、法171条３項（令和５年４月より172条３項）の規定による委員会の同意がなければ外国の刑事事件の捜査等に使用されないよう適切な措置がとられなければならない（法171条２項（令和５年４月より172条２項））。

問6　第65回 問題37〈改題〉

域外適用等及び外国執行当局への情報提供に関する以下のアからエまでの記述のうち、誤っているものを１つ選びなさい。

ア. 令和４年４月１日に全面施行された「個人情報の保護に関する法律等の一部を改正する法律」（令和２年法律第44号。以下本問において「改正法」という。）により、域外適用の対象範囲が拡大され、日本国内にある者に係る個人情報等を取り扱う外国事業者は、罰則によって担保された報告徴収・命令の対象となった。

イ. 改正法により、個人情報取扱事業者等が個人情報保護委員会の命令に違反した場合には、個人情報保護委員会がその旨を公表することができることとなったが、この公表によって、内国事業者に対する命令の実効性は担保されるが、外国事業者に対する命令の実効性が担保されることにはならない。

ウ. 個人情報保護委員会（以下本問において「委員会」という。）は、外国執行当局に対し、その職務（個人情報保護法に規定する委員会の職務に相当するものに限る。）の遂行に資すると認める情報の提供を行うことができる。

エ. 外国執行当局への情報提供については、当該情報が当該外国執行当局の職務の遂行以外に使用されず、かつ、個人情報保護法の規定による委員会の同意がなければ外国の刑事事件の捜査等に使用されないよう適切な措置がとられなければならない。

適用範囲（域外適用）等

公式テキスト 2-15 P.143

正答 イ

本問は、適用範囲（法166条）等及び外国執行当局への情報提供（法171条（令和5年4月より172条））に関する理解を問うものである。

ア. 正しい 令和4年4月1日に全面施行された「個人情報の保護に関する法律等の一部を改正する法律」（令和2年法律第44号）により、域外適用の対象範囲が拡大され、日本国内にある者に係る個人情報等を取り扱う外国事業者は、罰則によって担保された報告徴収・命令の対象となった（法166条（令和5年4月より171条））。改正前においては、個人情報保護委員会の権限が限定されていたため、外国における漏えい等の事案に対して、同委員会が適切に対処できないおそれがあり、また、法の規定が適用される者が限定されていたため、国内の事業者と外国の事業者との間で公平に法が適用されないという問題があった。そこで、令和2年の改正により、域外適用の対象範囲が拡大された。

イ. 誤　り 改正法により、個人情報取扱事業者等が個人情報保護委員会の命令に違反した場合には、個人情報保護委員会がその旨を公表することができることとなり（法145条4項（令和5年4月より148条4項））、この公表によって外国事業者に対する命令の実効性を担保することとしている。

ウ. 正しい 個人情報保護委員会（以下本問において「委員会」という。）は、外国執行当局に対し、その職務（個人情報保護法に規定する委員会の職務に相当するものに限る。）の遂行に資すると認める情報の提供を行うことができる（法171条1項（令和5年4月より172条1項））。この執行協力により委員会の監督の実効性を確保することも期待されている。

エ. 正しい 外国執行当局への情報提供については、当該情報が当該外国執行当局の職務の遂行以外に使用されず、かつ、法171条3項（令和5年4月より172条3項）の規定による委員会の同意がなければ外国の刑事事件の捜査等に使用されないよう適切な措置がとられなければならない（法171条2項（令和5年4月より172条2項））。

問7　第65回 問題24

「個人情報の保護に関する法律に係るEU及び英国域内から十分性認定により移転を受けた個人データの取扱いに関する補完的ルール」に関する以下のアからエまでの記述のうち、誤っているものを１つ選びなさい。

ア．EU又は英国域内から十分性認定に基づき提供を受けた個人データについては、個人情報取扱事業者が、加工方法等情報を削除することにより、匿名化された個人を再識別することを何人にとっても不可能とした場合に限り、個人情報保護法（以下本問において「法」という。）に定める匿名加工情報とみなすこととする。

イ．個人情報取扱事業者が、EU又は英国域内から十分性認定に基づき提供を受けた個人データについては、「その存否が明らかになることにより公益その他の利益が害されるものとして政令で定めるもの」も保有個人データとして扱うものとする。

ウ．個人情報取扱事業者が、EU又は英国域内から十分性認定に基づき個人データの提供を受ける場合、法の規定に基づき、EU又は英国域内から当該個人データの提供を受ける際に特定された利用目的を含め、その取得の経緯を確認し、記録することとする。

エ．個人情報取扱事業者が、EU又は英国域内から十分性認定に基づき移転された個人データの提供を受けた他の個人情報取扱事業者から、当該個人データの提供を受ける場合、法の規定に基づき、当該個人データの提供を受ける際に特定された利用目的を含め、その取得の経緯を確認し、記録することとする。

補完的ルールとGDPR

公式テキスト 2-15 P.144-145

正答
イ

個人情報保護委員会は、日EU間で相互の円滑な個人データ移転を図るため、個人情報保護法24条に基づき、個人の権利利益を保護する上で我が国と同等の水準にあると認められる個人情報の保護に関する制度を有している外国としてEUを指定し、これにあわせて、欧州委員会は、GDPR（一般データ保護規則）45条に基づき、日本が個人データについて十分な保護水準を確保していると決定している。

これにより、日EU間で、個人の権利利益を高い水準で保護した上で相互の円滑な個人データ移転が図られることとなる。日EU双方の制度は極めて類似しているものの、いくつかの関連する相違点が存在するという事実に照らして、個人情報の保護に関する基本方針を踏まえ、EU域内から十分性認定により移転を受けた個人情報について高い水準の保護を確保するために、個人情報取扱事業者によるEU域内から十分性認定により移転を受けた個人情報の適切な取扱い及び適切かつ有効な義務の履行を確保する観点から、各国政府との協力の実施等に関する法の規定に基づき個人情報保護委員会は補完的ルールを策定している。

本問は、この補完的ルールに関する理解を問うものである。

ア．**正しい**　本記述のとおりである。

イ．**誤り**　個人情報取扱事業者が、EU又は英国域内から十分性認定に基づき提供を受けた個人データであっても、「その存否が明らかになることにより公益その他の利益が害されるものとして政令で定めるもの」は、保有個人データから除かれる。

ウ．**正しい**　本記述のとおりである。
個人情報取扱事業者は、法28条1項及び3項の規定に基づき確認し、記録した当該個人データを当初又はその後提供を受ける際に特定された利用目的の範囲内で利用目的を特定し、その範囲内で当該個人データを利用することとする。

エ．**正しい**　本記述のとおりである。
この場合も、上記ウの場合と同様に、個人情報取扱事業者は、法28条1項及び3項の規定に基づき確認し、記録した当該個人データを当初又はその後提供を受ける際に特定された利用目的の範囲内で利用目的を特定し、その範囲内で当該個人データを利用することとする。

11. 行政機関等の義務等

問1　第67回 問題38

行政機関等の保有個人情報の開示請求に関する以下のアからエまでの記述のうち、誤っているものを1つ選びなさい。

ア. 何人も、この法律の定めるところにより、行政機関の長等に対し、当該行政機関の長等の属する行政機関等の保有する自己を本人とする保有個人情報の開示を請求することができる。

イ. 開示請求は、開示請求をする者の氏名及び住所又は居所と開示請求に係る保有個人情報が記録されている行政文書等の名称その他の開示請求に係る保有個人情報を特定するに足りる事項を記載した書面を行政機関の長等に提出してしなければならない。

ウ. 開示請求をする者は、政令で定めるところにより、開示請求に係る保有個人情報の本人であることを示す書類を提示し、又は提出しなければならない。

エ. 行政機関の長等は、開示請求書に形式上の不備があると認めるときは、開示請求をした者に対し、直ちに当該請求を取り下げるように通知しなければならない。

行政機関等の保有個人情報の開示請求　**正答　エ**

本問は、行政機関等の保有個人情報の開示請求に関する理解を問うものである。

ア. 正しい　本記述のとおりである（法76条1項）。

イ. 正しい　本記述のとおりである（法77条1項）。

ウ. 正しい　本記述のとおりである（法77条2項）。

エ. 誤　り　行政機関の長等は、開示請求書に形式上の不備があると認めるときは、開示請求をした者に対し、相当の期間を定めて、その補正を求めることができる。この場合において、行政機関の長等は、開示請求者に対し、補正の参考となる情報を提供するよう努めなければならない（法77条3項）。

12. 個人情報保護委員会と個人情報保護ガイドライン

問1　第67回 問題36

個人情報保護委員会に関する以下のアからエまでの記述のうち、正しいものを１つ選びなさい。

ア．個人情報保護委員会は、総務大臣の所轄に属する。
イ．個人情報保護委員会の委員長及び委員は、共同してその職権を行う。
ウ．個人情報保護委員会の委員長及び委員の任期は、４年である。
エ．個人情報保護委員会の委員長及び委員は、再任することができる。

個人情報保護委員会

公式テキスト 2-16 P.148

正答
エ

本問は、個人情報保護委員会（法127条（令和５年４月より130条）以下）に関する理解を問うものである。

ア．誤　り　個人情報保護委員会は、**内閣総理大臣**の所轄に属する（法127条２項（令和５年４月より130条２項））。

イ．誤　り　個人情報保護委員会の委員長及び委員は、**独立して**その職権を行う（法130条（令和５年４月より133条））。

ウ．誤　り　個人情報保護委員会の委員長及び委員の任期は、**５年**である（法132条１項（令和５年４月より135条１項））。

エ．正しい　個人情報保護委員会の委員長及び委員は、再任することができる（法132条２項（令和５年４月より135条２項））。

問2　第65回 問題33

個人情報保護委員会（以下本問において「委員会」という。）による監督に関する以下のアからエまでの記述のうち、誤っているものを1つ選びなさい。

ア. 委員会は、個人情報保護法の一定の規定の施行に必要な限度において、個人情報取扱事業者等に対し、個人情報等の取扱いに関し必要な指導及び助言をすることができる。

イ. 委員会は、個人情報取扱事業者が個人情報保護法の一定の規定に違反した場合において、個人の権利利益を保護するため必要があると認めるときは、当該個人情報取扱事業者に対し、当該違反行為の中止その他違反を是正するために必要な措置をとるべき旨を勧告することができる。

ウ. 委員会は、個人情報保護法の規定による指導を受けた個人情報取扱事業者が正当な理由がなくてその指導に係る措置をとらなかった場合において個人の重大な権利利益の侵害が切迫していると認めるときは、当該個人情報取扱事業者に対し、その指導に係る措置をとるべきことを命ずることができる。

エ. 委員会は、一定の場合には、報告及び立入検査に関する権限を、事業所管大臣に委任することができ、事業所管大臣は、委任された権限を行使したときは、その結果について委員会に報告するものとされている。

個人情報保護委員会による監督

公式テキスト 2-16 P.148-149

正答
ウ

個人情報保護委員会（以下「委員会」という。）は、監督機関として、個人情報取扱事業者等に対し、報告及び立入検査（法143条（令和5年4月より146条））、指導及び助言（法144条（令和5年4月より147条））、勧告及び命令（法145条（令和5年4月より148条））を行うことができる。本問は、この委員会による監督に関する理解を問うものである。

ア．正しい　委員会は、個人情報保護法第4章の規定の施行に必要な限度において、個人情報取扱事業者等に対し、個人情報等の取扱いに関し必要な指導及び助言をすることができる（法144条（令和5年4月より147条））。

イ．正しい　委員会は、個人情報取扱事業者が個人情報保護法の一定の規定（18条から43条までの指定条文）に違反した場合において、個人の権利利益を保護するため必要があると認めるときは、当該個人情報取扱事業者に対し、当該違反行為の中止その他違反を是正するために必要な措置をとるべき旨を勧告することができる（法145条1項（令和5年4月より148条1項））。

ウ．誤り　委員会は、法145条1項（令和5年4月より148条1項）の規定による**勧告**を受けた個人情報取扱事業者が正当な理由がなくてその**勧告**に係る措置をとらなかった場合において個人の重大な権利利益の侵害が切迫していると認めるときは、当該個人情報取扱事業者に対し、その**勧告**に係る措置をとるべきことを命ずることができる（法145条2項（令和5年4月より148条2項））。

エ．正しい　委員会は、一定の場合には、報告及び立入検査に関する権限を、事業所管大臣に委任することができ（法147条1項（令和5年4月より150条1項））、事業所管大臣は、委任された権限を行使したときは、その結果について委員会に報告するものとされている（同条2項）。各個別分野に長年取り組んできた各関係省庁の経験を活かして当該個別分野の特色を踏まえた規律を行うためである。

問3　第66回 問題37

個人情報保護委員会に関する以下のアからエまでの記述のうち、正しいものを１つ選びなさい。

ア. 個人情報保護委員会は、委員長及び４人以上の委員の出席がなければ、会議を開き、議決をすることができない。
イ. 個人情報保護委員会は、専門の事項を調査させるため、専門委員を置かなければならない。
ウ. 個人情報保護委員会の委員長及び委員の任期は３年とし、再任も認められている。
エ. 個人情報保護委員会は、委員長及び委員８人をもって組織され、委員８人は常勤とされている。

個人情報保護委員会

公式テキスト 2-16 P.148

正答　ア

本問は、個人情報委員会に関する理解を問うものである。

ア. **正しい**　個人情報保護委員会は、委員長及び４人以上の委員の出席がなければ、会議を開き、議決をすることができない（法136条２項（令和５年４月より139条２項））。
イ. **誤　り**　「委員会に、専門の事項を調査させるため、専門委員を置くことができる」と規定されている（法137条（令和５年４月より140条））。「置かなければならない」という規定ではない。
ウ. **誤　り**　個人情報保護委員会の委員長及び委員の任期は５年とする。ただし、補欠の委員長又は委員の任期は、前任者の残任期間とする（法132条１項（令和５年４月より135条１項））。また、「委員長及び委員は、再任されることができる」と規定されているため、再任も認められている（同条２項）。任期は５年であって３年ではない。
エ. **誤　り**　個人情報保護委員会は、委員長及び委員８人をもって組織され、委員のうち４人は非常勤とされている（法131条１項、２項（令和５年４月より134条１項、２項））。

問4　第65回 問題34

個人情報保護委員会（以下本問において「委員会」という。）に関する以下のアからエまでの記述のうち、誤っているものを１つ選びなさい。

ア．委員会は、委員長及び委員８人をもって組織され、委員長及び委員は、両議院の同意を得て、内閣総理大臣が任命する。

イ．委員長及び委員は、破産手続開始の決定を受けたとき等の一定の場合を除いて、在任中、その意に反して罷免されることがない。

ウ．委員長及び委員は、その職務を退いた後も含め、政党その他の政治団体の役員となり、又は積極的に政治運動をしてはならない。

エ．委員会は、毎年、内閣総理大臣を経由して国会に対し所掌事務の処理状況を報告するとともに、その概要を公表しなければならない。

個人情報保護委員会

公式テキスト 2-16 P.148

正答
ウ

本問は、個人情報保護委員会（法127条（令和５年４月より130条）以下）に関する理解を問うものである。

ア．正しい　委員会は、委員長及び委員８人をもって組織され（法131条１項（令和５年４月より134条１項））、委員長及び委員は、両議院の同意を得て、内閣総理大臣が任命する（同条３項）。

イ．正しい　本記述のとおりである（法133条（令和５年４月より136条））。独立性を確保するための身分保障規定である。

ウ．誤　り　委員長及び委員は、**在任中**、政党その他の政治団体の役員となり、又は積極的に政治運動をしてはならない（法139条１項（令和５年４月より142条１項））。秘密保持義務とは異なり、政治運動等の禁止は、在任中に限られている。

エ．正しい　本記述のとおりである（法163条（令和５年４月より168条））。主権者たる国民による監視に資するためである。

問5　第66回 問題10

「個人情報の保護に関する法律についてのガイドライン（通則編）」に関する以下のアからエまでの記述のうち、誤っているものを1つ選びなさい。

ア．本ガイドラインは、事業者の業種・規模等を問わず、法の適用対象である個人情報取扱事業者又は匿名加工情報取扱事業者に該当する事業者に適用される。

イ．個人情報取扱事業者は、個人情報を取り扱うに当たっては、利用目的をできる限り具体的に特定しなければならないため、利用目的を「マーケティング活動に用いるため」と明示するだけでは、できる限り具体的に特定したことにはならないと解される。

ウ．個人情報取扱事業者は、その従業者に個人データを取り扱わせるに当たっては、当該個人データの安全管理が図られるよう、当該従業者に対する必要かつ適切な監督を行わなければならないが、従業者が、個人データの安全管理措置を定める規程等に従って業務を行っていることを確認しなかった結果、個人データが漏えいした場合、従業者に対して必要かつ適切な監督を行っていないと解される。

エ．本ガイドラインでは、個人情報データベース等に該当する事例と該当しない事例が挙げられているが、カーナビゲーションシステムについては、個人情報データベース等に該当する事例として挙げられている。

個人情報の保護に関する法律についてのガイドライン（通則編）
公式テキスト 2-2 P.54・2-5 P.73・2-7 P.81・2-9 P.91-93

正答 エ

本問は、「個人情報の保護に関する法律についてのガイドライン（通則編）」に関する理解を問うものである。

ア．**正しい**　本ガイドラインは、事業者の業種・規模等を問わず、法の適用対象である個人情報取扱事業者又は匿名加工情報取扱事業者（個人情報取扱事業者等）に該当する事業者に適用される。

イ．**正しい**　個人情報取扱事業者は、個人情報を取り扱うに当たっては、利用目的をできる限り特定しなければならない（法17条）。また、利用目的の特定に当たっては、利用目的を単に抽象的、一般的に特定するのではなく、個人情報が個人情報取扱事業者において、最終的にどのような事業の用に供され、どのような目的で個人情報を利用されるのかが、本人にとって一般的かつ合理的に想定できる程度に具体的に特定することが望ましい。肢問のように単に利用目的を「マーケティング活動に用いるため」と明示するだけでは、できる限り具体的に特定したことにはならない。

ウ．**正しい**　個人情報取扱事業者は、その従業者に個人データを取り扱わせるに当たっては、当該個人データの安全管理が図られるよう、当該従業者に対する必要かつ適切な監督を行わなければならない（法24条）。その際、個人データが漏えい等をした場合に本人が被る権利利益の侵害の大きさを考慮し、事業の規模及び性質、個人データの取扱状況（取り扱う個人データの性質及び量を含む。）等に起因するリスクに応じて、個人データを取り扱う従業者に対する教育、研修等の内容及び頻度を充実させるなど、必要かつ適切な措置を講ずることが望ましい。従業者が、個人データの安全管理措置を定める規程等に従って業務を行っていることを確認しなかった結果、個人データが漏えいした場合は、従業者に対して必要かつ適切な監督を行っていないと解される。

エ．**誤　り**　本ガイドラインでは、個人情報データベース等に該当する事例と該当しない事例が挙げられている。また、市販の電話帳、住宅地図、職員録、カーナビゲーションシステム等は個人情報データベース等に該当しない事例として挙げられている。

問6　第67回 問題21

個人データの漏えい等の事案が発生した場合等の対応に関する以下のアからエまでの記述のうち、正しいものを1つ選びなさい。

ア．漏えい等事案に係る個人データが高度な暗号化により秘匿化されている場合でも、実質的には個人データが外部に漏えいしているといえるから、当該事案について、個人情報保護委員会への報告を要する。

イ．漏えい等事案に係る個人データを第三者に閲覧されないうちに全て回収した場合は、実質的に個人データが外部に漏えいしていないと判断されるから、当該事案について、個人情報保護委員会への報告は不要である。

ウ．漏えい等事案に係る個人データによって特定の個人を識別することが漏えい等事案を生じさせた事業者以外ではできない場合でも、実質的には個人データが外部に漏えいしているといえるから、当該事案について、個人情報保護委員会への報告を要する。

エ．第三者が漏えい等事案に係る個人データを閲覧することが合理的に予測できる場合でも、当該個人データの滅失又は毀損にとどまっている場合は、実質的に個人データが外部に漏えいしていないと判断されるから、当該事案について、個人情報保護委員会への報告は不要である。

個人データの漏えい等の事案が発生した場合等の対応

公式テキスト 2-18 P.156-159

正答 イ

本問は、「個人データの漏えい等の事案が発生した場合等の対応について（平成29年個人情報保護委員会告示第１号）」に関する理解を問うものである。

ア．誤　り　漏えい等事案に係る個人データ又は加工方法等情報について高度な暗号化等の秘匿化がされている場合は、実質的に個人データが外部に漏えいしていないと判断される場合に当たり、個人情報保護委員会への報告を要しない。

イ．正しい　漏えい等事案に係る個人データを第三者に閲覧されないうちに全て回収した場合は、実質的に個人データが外部に漏えいしていないと判断されるから、実質的に個人データが外部に漏えいしていないと判断される場合に当たり、個人情報保護委員会への報告を要しない。

ウ．誤　り　漏えい等事案に係る個人データによって特定の個人を識別することが漏えい等事案を生じさせた事業者以外ではできない場合は、実質的に個人データが外部に漏えいしていないと判断されるから、実質的に個人データが外部に漏えいしていないと判断される場合に当たり、個人情報保護委員会への報告を要しない。

エ．誤　り　個人データの滅失又は毀損にとどまっていても、第三者が漏えい等事案に係る個人データを閲覧することが合理的に予測できる場合は、当該事案について、個人情報保護委員会への報告を要する。

問7　第66回 問題19〈改題〉

令和４年４月１日に全面施行された「個人情報の保護に関する法律等の一部を改正する法律」に規定されている漏えい等の報告等に関する以下のアからエまでの記述のうち、誤っているものを１つ選びなさい。

ア．個人情報取扱事業者は、要配慮個人情報が含まれる個人データ（高度な暗号化その他の個人の権利利益を保護するために必要な措置を講じたものを含む。）の漏えい等が発生し、又は発生したおそれがある事態（以下本問において「報告対象事態」という。）を知ったときは、原則として、当該事態が生じた旨を個人情報保護委員会に報告しなければならない。

イ．個人情報取扱事業者は、個人データに係る本人の数が千人を超える漏えい等が発生し、又は発生したおそれがある事態を知ったときは、原則として、当該事態が生じた旨を個人情報保護委員会に報告しなければならない。

ウ．個人情報取扱事業者は、滅失等の報告対象事態を知った場合には、原則として、当該事態が生じた旨を個人情報保護委員会に報告しなければならないが、当該個人情報取扱事業者が行政機関等から当該個人データの取扱いの全部又は一部の委託を受けた場合であって、個人情報保護委員会規則で定めるところにより、当該事態が生じた旨を当該行政機関等に通知したときは、この限りでない。

エ．個人情報取扱事業者が、他の個人情報取扱事業者から個人データの取扱いが委託されている場合において、委託先の個人情報取扱事業者が、報告義務を負っている委託元の個人情報取扱事業者に報告対象事態が発生したことを通知したときは、委託先は、個人情報保護委員会への報告義務とともに本人への通知義務も免除される。

漏えい等の報告等

公式テキスト 2-18 P.156-159

正答 ア

本問は、改正法により新たに設けられた漏えい等の報告等（改正法26条）についての理解を問うものである。漏えい等が発生した場合に、個人情報保護委員会が事態を早急に把握し、必要な措置を講じることができるようにするため、個人の権利利益の侵害のおそれが大きい事態については、同委員会への報告を義務付けることとした。また、本人が漏えい等の発生を認知することで、自らの権利利益の保護に必要な措置を講じられるようにするため、漏えい等が発生した場合には、本人への通知も義務付けることとした。

ア．誤　り　個人情報取扱事業者は、要配慮個人情報が含まれる個人データ（高度な暗号化その他の個人の権利利益を保護するために必要な措置を講じたものを<u>除く</u>。）の漏えい等が発生し、又は発生したおそれがある事態（以下本問において「報告対象事態」という。）を知ったときは、原則として、当該事態が生じた旨を個人情報保護委員会に報告しなければならない（法26条1項、規則7条1項1号）。

イ．正しい　個人情報取扱事業者は、個人データに係る本人の数が千人を超える漏えい等が発生し、又は発生したおそれがある事態を知ったときは、原則として、当該事態が生じた旨を個人情報保護委員会に報告しなければならない（法26条1項、規則7条1項4号）。

ウ．正しい　個人情報取扱事業者は、滅失等の報告対象事態を知った場合には、原則として、当該事態が生じた旨を個人情報保護委員会に報告しなければならない。ただし、当該個人情報取扱事業者が、他の個人情報取扱事業者又は行政機関等から当該個人データの取扱いの全部又は一部の委託を受けた場合であって、個人情報保護委員会規則で定めるところにより、当該事態が生じた旨を当該他の個人情報取扱事業者又は行政機関等に通知したときは、この限りでない（法26条1項ただし書）。

エ．正しい　個人データの取扱いが委託されている場合において、委託先が、報告義務を負っている委託元に報告対象事態が発生したことを通知したときは、委託先は、個人情報保護委員会への報告義務とともに本人への通知義務も免除される（法26条1項ただし書、同条2項かっこ書）。

問8　第65回 問題2〈改題〉

令和4年4月1日に全面施行された「個人情報の保護に関する法律等の一部を改正する法律」（令和2年法律第44号）に規定されている漏えい等の報告等に関する以下のアからエまでの記述のうち、誤っているものを1つ選びなさい。

ア．個人情報取扱事業者は、要配慮個人情報が含まれる個人データ（高度な暗号化その他の個人の権利利益を保護するために必要な措置を講じたものを除く。以下本問において同じ。）の漏えい等が発生し、又は発生したおそれがある事態（以下本問において「報告対象事態」という。）を知ったときは、原則として、当該事態が生じた旨を個人情報保護委員会に報告しなければならない。

イ．個人情報取扱事業者は、個人データに係る本人の数が千人を超える漏えい等が発生し、又は発生したおそれがある事態を知ったときは、原則として、当該事態が生じた旨を個人情報保護委員会に報告しなければならない。

ウ．個人情報取扱事業者は、報告対象事態を知った場合には、原則として、当該事態の状況に応じて速やかに、当該事態が生じた旨を本人に対し通知しなければならないが、本人の権利利益を保護するために必要な代替措置を講じるときは、本人への通知が困難であるか否かにかかわらず、この通知義務は免除される。

エ．個人データの取扱いが委託されている場合において、委託先が、報告義務を負っている委託元に報告対象事態が発生したことを通知したときは、委託先は、個人情報保護委員会への報告義務とともに本人への通知義務も免除される。

漏えい等の報告等

公式テキスト 2-18 P.156-159

正答　ウ

本問は、漏えい等の報告等（法26条）についての理解を問うものである。

漏えい等が発生した場合に、個人情報保護委員会が事態を早急に把握し、必要な措置を講じることができるようにするため、個人の権利利益の侵害のおそれが大きい事態については、同委員会への報告を義務付けることとした。

また、本人が漏えい等の発生を認知することで、自らの権利利益の保護に必要な措置を講じられるようにするため、漏えい等が発生した場合には、本人への通知も義務付けることとした。

ア．正しい　個人情報取扱事業者は、要配慮個人情報が含まれる個人データ（高度な暗号化その他の個人の権利利益を保護するために必要な措置を講じたものを除く。以下本問において同じ。）の漏えい等が発生し、又は発生したおそれがある事態（以下本問において「報告対象事態」という。）を知ったときは、原則として、当該事態が生じた旨を個人情報保護委員会に報告しなければならない（法26条1項、施行規則7条1号）。

イ．正しい　個人情報取扱事業者は、個人データに係る本人の数が千人を超える漏えい等が発生し、又は発生したおそれがある事態を知ったときは、原則として、当該事態が生じた旨を個人情報保護委員会に報告しなければならない（法26条1項、施行規則7条4号）。

ウ．誤　り　個人情報取扱事業者は、報告対象事態を知ったときは、原則として、当該事態の状況に応じて、速やかに、当該事態が生じた旨を本人に対し通知しなければならないが（法26条2項）、**本人への通知が困難な場合であって**、本人の権利利益を保護するために必要な代替措置を講じるときは、この通知義務は免除される（法26条2項ただし書）。

エ．正しい　個人データの取扱いが委託されている場合において、委託先が、報告義務を負っている委託元に報告対象事態が発生したことを通知したときは、委託先は、個人情報保護委員会への報告義務とともに本人への通知義務も免除される（法26条1項ただし書、同条2項かっこ書）。

13. 罰則

問1　第67回 問題40

個人情報保護法の罰則に関する以下のアからエまでの記述のうち、誤っているものを１つ選びなさい。

ア．個人情報取扱事業者が、その業務に関して取り扱った個人情報データベース等を自己若しくは第三者の不正な利益を図る目的で提供したときは、１年以下の懲役又は50万円以下の罰金に処せられる。

イ．国外において、個人情報取扱事業者が、その業務に関して取り扱った個人情報データベース等を自己若しくは第三者の不正な利益を図る目的で提供したときでも、罰則の適用がある。

ウ．個人情報保護委員会による命令に違反し、法人の従業者が、100万円以下の罰金に処せられた場合、当該法人も同様に100万円以下の罰金に処せられる。

エ．認定個人情報保護団体でない者が、認定個人情報保護団体という名称又はこれに紛らわしい名称を用いた場合、10万円以下の過料に処せられる。

罰則

公式テキスト 2-17 P.151

正答　ウ

本問は、罰則（171条（令和５年４月より176条）以下）に関する理解を問うものである。

ア．正しい　本記述のとおりである(法174条(令和５年４月より179条))。

イ．正しい　個人情報取扱事業者が、その業務に関して取り扱った個人情報データベース等を自己若しくは第三者の不正な利益を図る目的で提供したときは、罰則の適用があるが（法174条）、日本国外で犯した場合でも同様である（法178条（令和５年４月より183条））。

ウ．誤　り　個人情報保護委員会による命令に違反し、法人の従業者が罰せられた場合、当該法人は**１億**円以下の罰金に処せられる（法179条１項１号、同173条（令和５年４月よりそれぞれ184条１項１号、178条））。

エ．正しい　本記述のとおりである（法180条１号（令和５年４月より185条１号）、同56条）。

問2　第65回 問題39

個人情報保護法（以下本問において「法」という。）における罰則に関する以下のアからエまでの記述のうち、誤っているものを１つ選びなさい。

ア．法の規定による命令に違反した場合には、当該違反行為をした者は、１年以下の懲役又は100万円以下の罰金に処される。

イ．法の規定による報告若しくは資料の提出をしなかったときは、当該違反行為をした者は、50万円以下の罰金に処される。

ウ．法人の代表者が、その法人の業務に関して法の規定による命令に違反した場合には、その法人は、１億円以下の罰金に処される。

エ．法人の従業者が、その法人の業務に関して法の規定による報告若しくは資料の提出をしなかったときは、その法人は、１億円以下の罰金に処される。

罰則

公式テキスト 2-17 P.151

正答　エ

本問は、罰則（法171条（令和５年４月より176条）以下）についての理解を問うものである。

ア．正しい　法145条２項又は３項（令和５年４月より148条２項又は３項）の規定による命令に違反した場合には、当該違反行為をした者は、１年以下の懲役又は100万円以下の罰金に処される（法173条（令和５年４月より178条））。

イ．正しい　法143条１項（令和５年４月より146条１項）の規定による報告若しくは資料の提出をしなかったときは、当該違反行為をした者は、50万円以下の罰金に処される（法177条１号（令和５年４月より182条１号））。

ウ．正しい　本記述のとおりである（法179条１号、173条（令和５年４月よりそれぞれ184条１号、178条））。

エ．誤　り　法人の従業者が、その法人の業務に関して法の規定による報告若しくは資料の提出をしなかったときは、その法人は、**50万円以下**の罰金に処される（法177条２号（令和５年４月より182条２号））。

問3　第66回 問題40

個人情報保護法の罰則に関する以下のアからエまでの記述のうち、誤っているものを1つ選びなさい。

ア. 個人情報データベース等の不正提供を行った場合、行為者は、1年以下の懲役又は50万円以下の罰金に処せられ、両罰規定により、法人等に対しては、1億円以下の罰金に処せられる。

イ. 個人情報保護委員会からの命令に違反した場合、行為者は、1年以下の懲役又は100万円以下の罰金に処せられ、両罰規定により、法人等に対しては、1億円以下の罰金に処せられる。

ウ. 個人情報保護委員会からの報告徴収や立入検査に対し、虚偽の報告や虚偽の資料提出をした場合、行為者は、50万円以下の罰金に処せられ、両罰規定により、法人等に対しては、100万円以下の罰金に処せられる。

エ. 認定個人情報保護団体でない者が、認定個人情報保護団体又は紛らわしい名称を用いた場合、10万円以下の過料に処せられる。

罰則

公式テキスト 2-17 P.151

正答
ウ

本問は、罰則（171条（令和5年4月より176条）以下）に関する理解を問うものである。

ア. 正しい　個人情報データベース等の不正提供を行った場合、行為者は、1年以下の懲役又は50万円以下の罰金に処せられる（法174条（令和5年4月より179条））。また、両罰規定により、法人等に対しては、1億円以下の罰金刑が科される（法179条1号（令和5年4月より184条1号））。

イ. 正しい　個人情報委員会からの命令に違反した場合、行為者は、1年以下の懲役又は100万円以下の罰金に処せられる（法173条（令和5年4月より178条））。また、両罰規定により、法人等に対しては、1億円以下の罰金に処せられる（法179条1号（令和5年4月より184条1号））。

ウ. 誤　り　個人情報委員会からの報告徴収や立入検査に対し、虚偽の報告や虚偽の資料提出をした場合、行為者は、50万円以下の罰金に処せられる（法177条2号（令和5年4月より182条2号））。また、両罰規定により、法人等に対しては、法177条2号（令和5年4月より182条2号）と同じ50万円以下の罰金に処せられる（法179条2号（令和5年4月より184条2号））。

エ. 正しい　認定個人情報保護団体でない者が、認定個人情報保護団体又は紛らわしい名称を用いた場合（法56条）、10万円以下の過料に処せられる（法180条（令和5年4月より185条））。また、本規定は、両罰規定の対象ではない。

第3章

課題Ⅰ
「マイナンバー法の理解」の過去問題と解説

1. マイナンバー法の目的と定義……236
2. 個人番号……243
3. 個人番号カード……264
4. 特定個人情報の取扱い……268
5. 法人番号……274
6. 罰則……278

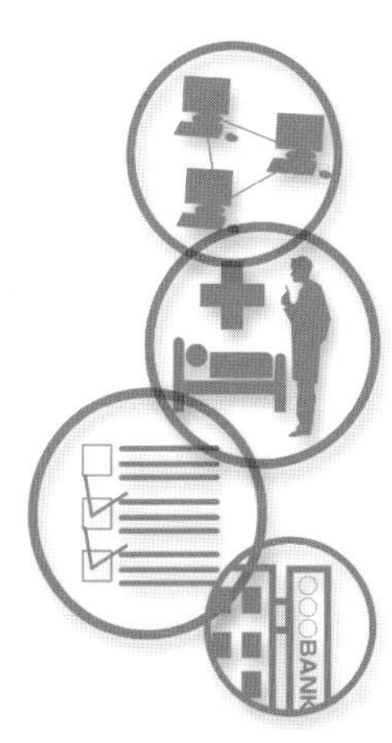

1. マイナンバー法の目的と定義

問1　第67回 問題42

番号法の目的条文に関する以下のアからエまでの記述のうち、誤っているものを1つ選びなさい。

ア. 行政機関、地方公共団体その他の行政事務を処理する者が、効率的な情報の管理及び利用並びに他の行政事務を処理する者との間における迅速な情報の授受を行うことができるようにすることを目的としている。

イ. 国民が、手続の簡素化による負担の軽減、本人確認の簡易な手段その他の利便性の向上を得られるようにすること、並びに行政運営の透明性の向上が図られるようにすることを目的としている。

ウ. 個人番号その他の特定個人情報の取扱いが安全かつ適正に行われるよう、個人情報保護法の特例を定めることを目的としている。

エ. 行政運営の効率化及び行政分野におけるより公正な給付と負担の確保を図ることを目的としている。

番号法の目的

公式テキスト 4-2 P.206

正答 イ

本問は、番号法の目的に関する理解を問うものである。

> この法律は、行政機関、地方公共団体その他の行政事務を処理する者が、個人番号及び法人番号の有する特定の個人及び法人その他の団体を識別する機能を活用し、並びに当該機能によって異なる分野に属する情報を照合してこれらが同一の者に係るものであるかどうかを確認することができるものとして整備された情報システムを運用して、効率的な情報の管理及び利用並びに他の行政事務を処理する者との間における迅速な情報の授受を行うことができるようにするとともに、これにより、行政運営の効率化及び行政分野におけるより公正な給付と負担の確保を図り、かつ、これらの者に対し申請、届出その他の手続を行い、又はこれらの者から便益の提供を受ける国民が、手続の簡素化による負担の軽減、本人確認の簡易な手段その他の利便性の向上を得られるようにするために必要な事項を定めるほか、個人番号その他の特定個人情報の取扱いが安全かつ適正に行われるよう個人情報の保護に関する法律（平成十五年法律第五十七号）の特例を定めることを目的とする。

肢イの記述にある、「行政運営の透明性の向上が図られるようにすること」は規定されていない。

問2　第65回 問題41

番号法の目的（法１条）に関する以下のアからエまでの記述のうち、誤っているものを１つ選びなさい。

ア．個人情報の有用性に配慮しつつ、個人の権利利益を保護することは、番号法の目的として規定されていない。

イ．行政分野におけるより公正な給付と負担の確保を図ることは、番号法の目的として規定されている。

ウ．国民の的確な理解と批判の下にある公正で民主的な行政の推進に資することは、番号法の目的として規定されていない。

エ．行政運営における公正の確保と透明性の向上を図ることは、番号法の目的として規定されている。

番号法の目的

公式テキスト 4-2 P.206

正答　エ

本問は、番号法の目的（法１条）に関する理解を問うものである。

ア．**正しい**　本記述のとおりである。本記述の内容は、個人情報保護法１条に規定されているものである。

イ．**正しい**　本記述のとおりである。

ウ．**正しい**　本記述のとおりである。本記述の内容は、「行政機関の保有する情報の公開に関する法律」１条に規定されているものである。

エ．**誤　り**　「行政運営における公正の確保と透明性の向上を図ること」は、番号法１条ではなく、行政手続法１条に規定されているものである。

問3 第67回 問題41

番号法における用語の定義（2条）に関する以下のアからエまでの記述のうち、誤っているものを１つ選びなさい。

ア．番号法において「本人」とは、個人番号によって識別される特定の個人をいう。
イ．番号法において「個人番号カード」とは、氏名、住所、生年月日、性別、個人番号その他政令で定める事項が記載されたカードであるが、本人の写真は表示されない。
ウ．番号法において「特定個人情報」とは、個人番号をその内容に含む個人情報をいう。
エ．番号法において「個人番号利用事務実施者」とは、個人番号利用事務を処理する者だけでなく、個人番号利用事務の全部又は一部の委託を受けた者も含まれる。

用語の定義
公式テキスト 4-3 P.208-209,212

正答 イ

本問は、法２条におけるさまざまな用語の定義に関する理解を問うものである。

ア．正しい　本記述のとおりである（法２条６項）。
イ．誤　り　番号法において「個人番号カード」とは、氏名、住所、生年月日、性別、個人番号その他政令で定める事項が記載されたカードであり、本人の写真も表示される（法２条７項）。
ウ．正しい　本記述のとおりである（法２条８項）。
エ．正しい　番号法において「個人番号利用事務実施者」とは、個人番号利用事務を処理する者及び個人番号利用事務の全部又は一部の委託を受けた者をいう（法２条12項）。

問4　第65回 問題42

番号法における定義（法2条）に関する以下のアからエまでの記述のうち、誤っているものを1つ選びなさい。

ア.「個人番号」とは、番号法の規定により、住民票コードを変換して得られる番号であって、当該住民票コードが記載された住民票に係る者を識別するために指定されるものをいう。

イ.「個人番号カード」とは、氏名等その他政令で定める事項が記載され、本人の写真が表示され、かつ、カード記録事項が電磁的方法により記録されたカードであって、番号法又は番号法に基づく命令で定めるところによりカード記録事項を閲覧し、又は改変する権限を有する者以外の者による閲覧又は改変を防止するために必要なものとして総務省令で定める措置が講じられたものをいう。

ウ.「特定個人情報」とは、個人番号（個人番号に対応し、当該個人番号に代わって用いられる番号、記号その他の符号であって、住民票以外のものを含む。）をその内容に含む個人情報をいう。

エ.「個人番号利用事務」とは、行政機関、地方公共団体、独立行政法人等その他の行政事務を処理する者が番号法の規定によりその保有する特定個人情報ファイルにおいて個人情報を効率的に検索し、及び管理するために必要な限度で個人番号を利用して処理する事務及びこれに関して行われる他人の個人番号を必要な限度で利用して行う事務をいう。

用語の定義 　**正答**
公式テキスト 4-3 P.208-210　**エ**

本問は、番号法上の定義（法2条）に関する理解を問うものである。

ア. **正しい** 「個人番号」とは、番号法7条1項又は2項の規定により、住民票コードを変換して得られる番号であって、当該住民票コードが記載された住民票に係る者を識別するために指定されるものをいう（法2条5項）。

イ. **正しい** 「個人番号カード」とは、氏名、住所、生年月日、性別、個人番号その他政令で定める事項が記載され、本人の写真が表示され、かつ、これらの事項その他総務省令で定める事項（以下「カード記録事項」という。）が電磁的方法により記録されたカードであって、番号法又は番号法に基づく命令で定めるところによりカード記録事項を閲覧し、又は改変する権限を有する者以外の者による閲覧又は改変を防止するために必要なものとして総務省令で定める措置が講じられたものをいう（法2条7項）。

ウ. **正しい** 「特定個人情報」とは、個人番号（個人番号に対応し、当該個人番号に代わって用いられる番号、記号その他の符号であって、住民票以外のものを含む。）をその内容に含む個人情報をいう（法2条8項）。

エ. **誤　り** 「これ（個人番号利用事務）に関して行われる他人の個人番号を必要な限度で利用して行う事務」は、個人番号関係事務である（法2条10項・11項）。

第3章

問5　第66回 問題41

番号法における用語の定義（2条）に関する以下のアからエまでの記述のうち、正しいものを１つ選びなさい。

ア．番号法における個人番号は、個人識別符号に該当する。
イ．特定個人情報ファイルとは、個人番号及び住民票コードをその内容に含む個人情報ファイルをいう。
ウ．本人とは、個人番号又は住民票コードによって識別される特定の個人をいう。
エ．個人情報ファイルとは、行政機関等が保有するものをいう。

用語の定義
公式テキスト 4-3 P.208-210

正答　ア

本問は、法２条におけるさまざまな用語の定義に関する理解を問うものである。

ア．正しい　生存する個人の個人番号は、個人情報保護法２条１項２号における「個人識別符号」に該当する。
イ．誤　り　「特定個人情報ファイル」とは、個人番号をその内容に含む個人情報ファイルをいう（法２条９項）。住民票コードを含む個人情報ファイルは、「特定個人情報ファイル」ではない。
ウ．誤　り　「本人」とは、個人番号によって識別される特定の個人をいう（法２条６項）。住民票コードによって識別される旨は規定されていない。
エ．誤　り　「個人情報ファイル」とは、個人情報保護法60条２項に規定する個人情報ファイルであって行政機関等（個人情報保護法２条第11項に規定する行政機関等をいう。）が保有するもの又は個人情報保護法16条第１項に規定する個人情報データベース等であって行政機関等以外の者が保有するものをいう（法２条４項）。

2. 個人番号

問1　第67回 問題43

個人番号に関する以下のアからエまでの記述のうち、誤っているものを１つ選びなさい。

ア．個人番号とは、所定の規定により、住民票コードを変換して得られる番号であって、当該住民票コードが記載された住民票に係る者を識別するために指定されるものをいう。

イ．市町村長は、個人番号を指定するときは、あらかじめ地方公共団体情報システム機構(以下機構という。)に対し、当該指定しようとする者に係る住民票に記載された住民票コードを通知するとともに、個人番号とすべき番号の生成を求めるものとする。

ウ．機構は、市町村長から個人番号とすべき番号の生成を求められたときは、政令で定めるところにより、電子情報処理組織を使用して、番号を生成し、速やかに本人に通知するものとする。

エ．市町村長は、当該市町村が備える住民基本台帳に記録されている者の個人番号が漏えいして不正に用いられるおそれがあると認められるときは、その者に対し、職権で従前の個人番号に代わる新しい個人番号を指定することができる。

個人番号　正答：ウ

公式テキスト 4-3 P.208・4-4 P.214

「個人番号」とは、住民票コードを変換して得られる番号であって、当該住民票コードが記載された住民票に係る者を識別するために指定されるものをいう。本問は、この個人番号に関する理解を問うものである。

ア．正しい　本記述のとおりである（法２条５号）。

イ．正しい　市町村長は、個人番号を指定するときは、あらかじめ機構に対し、当該指定しようとする者に係る住民票に記載された住民票コードを通知するとともに、個人番号とすべき番号の生成を求めるものとする（法８条１項）。

ウ．誤　り　機構は、市町村長から個人番号とすべき番号の生成を求められたときは、政令で定めるところにより、電子情報処理組織を使用して、番号を生成し、速やかに、**当該市町村長**に対し、通知するものとする（法８条２項）。

エ．正しい　本記述のとおりである（法７条２項）。

問2 第66回 問題43

「特定個人情報」とは「個人番号」をその内容に含む個人情報をいうが、「特定個人情報」に該当するもの又は該当する場合があるものはいくつあるか、以下のアからエまでのうち、1つ選びなさい。

a．雇用保険被保険者資格取得届
b．労働保険概算保険料申告書
c．健康保険被保険者資格喪失届
d．年金請求書（国民年金・厚生年金保険老齢給付）

ア．1つ　　イ．2つ　　ウ．3つ　　エ．4つ

特定個人情報
公式テキスト 4-3 P.209・4-6 P.222-223

正答
ウ

「特定個人情報」とは、個人番号（個人番号に対応し、当該個人番号に代わって用いられる番号、記号その他の符号であって、住民票コード以外のものを含む。法7条1項及び2項、法8条並びに法48条並びに附則3条1項から3項まで及び5項を除く。）をその内容に含む個人情報をいう。本問は、この「特定個人情報」に関する理解を問うものである。

a．○　雇用保険被保険者資格取得届は、個人番号を記入する項目がある。

b．×　労働保険概算保険料申告書は、個人番号を記入する項目がない。また当該申告書は労働保険番号を記入する項目があるが、労働保険番号はマイナンバー法上の個人番号に該当しない。

c．○　健康保険被保険者資格喪失届は、個人番号と基礎年金番号のどちらかを記入する項目があり、個人番号を記入する場合は特定個人情報となる。

d．○　年金請求書（国民年金・厚生年金保険老齢給付）は、個人番号と基礎年金番号のどちらかを記入する項目があり、個人番号を記入する場合は特定個人情報となる。

したがって、該当するもの又は該当する場合があるものは3つあり、正解は肢ウとなる。

問3　第67回 問題44

個人番号の利用目的に関するアからエまでの記述のうち、誤っているものを１つ選びなさい。

ア. 事業者は、本人から個人番号の提供を受ける場合、利用目的について本人からの同意を得る必要はない。
イ. 個人番号の利用目的を特定して、本人への通知又は公表を行う場合は、個人番号の提出先を具体的に示す必要がある。
ウ. 個人番号の利用目的の通知等の方法として、就業規則へ明記する方法が考えられる。
エ. 事業者は、従業員から個人番号を取得する場合、本人に利用目的を明示するとともに、本人確認を行わなければならない。

個人番号の利用目的
公式テキスト 4-7 P.227-237

正答
イ

本問は、個人番号の利用目的に関する理解を問うものである。

ア. **正しい**　本記述のとおりである。
イ. **誤　り**　個人番号関係事務は、本人から個人番号の提供を受けて、その個人番号を個人番号利用事務実施者に提供する事務であり、通常これらの事務を利用目的として示せば提供先も明らかになっているものと解されるため、必ずしも個々の提出先を具体的に示す必要はない。
ウ. **正しい**　個人番号の利用目的の通知等の方法として、社内LANにおける通知や利用目的を記載した書類の提示を行うほか、就業規則へ明記する方法も認められる。
エ. **正しい**　従業員から個人番号を取得する場合は、本人に利用目的を明示するとともに、他人へのなりすましを防止するために厳格な本人確認を行う必要がある。

問4　第65回 問題43

個人番号の指定及び通知並びに個人番号とすべき番号の生成に関する以下のアからエまでの記述のうち、誤っているものを1つ選びなさい。

ア．市町村長（特別区の区長を含む。以下同じ。）は、住民基本台帳法の規定により住民票に住民票コードを記載したときは、速やかに、地方公共団体情報システム機構（以下「機構」という。）から通知された個人番号とすべき番号をその者の個人番号として指定し、その者に対し、当該個人番号を通知しなければならない。

イ．市町村長は、当該市町村（特別区を含む。以下同じ。）が備える住民基本台帳に記録されている者の個人番号が漏えいして不正に用いられるおそれがあると認められるときは、その者の請求又は職権により、その者の従前の個人番号に代えて、機構から通知された個人番号とすべき番号をその者の個人番号と指定し、速やかに、その者に対し、当該個人番号を通知しなければならない。

ウ．他のいずれの個人番号とも異なることが、番号法上、個人番号とすべき番号の要件の一つとされているが、番号法に規定されている従前の個人番号は、ここにいう「他のいずれの個人番号」には含まれない。

エ．市町村長が指定しようとする者に係る住民票に記載された住民票コードを変換して得られるものであることが、番号法上、個人番号とすべき番号の要件の一つとされている。

個人番号の指定及び通知等

公式テキスト 4-4 P.214

正答
ウ

本問は、個人番号の指定及び通知（法７条）並びに個人番号とすべき番号の生成（法８条）に関する理解を問うものである。

ア. 正しい　本記述のとおりである（法７条１項）。

イ. 正しい　本記述のとおりである（法７条２項）。

ウ. 誤　り　他のいずれの個人番号（前条（７条）第２項の**従前の個人番号を含む**。）とも異なることが、番号法上、個人番号とすべき番号の要件の一つとされている（法８条２項１号）。

エ. 正しい　本記述のとおりである（法８条２項２号）。

問5　第67回 問題45

個人番号の利用範囲に関するアからエまでの記述のうち、誤っているものを１つ選びなさい。

ア．顧客の住所等を調べる目的で照会した端末の画面に、特定個人情報ファイルに登録済の情報が表示された状態で、これをプリントアウトする場合、利用目的の範囲外となる。

イ．支払金額が所管法令の定める一定の金額に満たず、提出義務のない支払調書に個人番号を記載して税務署長に提出することは、目的外の利用として利用制限に違反する。

ウ．事業者は、従業員の雇用形態がアルバイトから正社員に変更された場合、既に取得している個人番号を、当初の利用目的の範囲内であれば、利用目的の変更をしなくても利用することができる。

エ．雇用契約に基づく給与所得の源泉徴収票作成事務のために提供を受けた個人番号を、雇用契約に基づく健康保険・厚生年金保険届出事務等に利用しようとする場合は、利用目的を変更して、本人に通知又は公表を行うことで、健康保険・厚生年金保険届出事務等に個人番号を利用することが認められる。

個人番号の利用範囲

公式テキスト 4-6 P.220-223

正答 イ

本問は、個人番号の利用範囲（法９条）に関する理解を問うものである。

ア. **正しい**　個人番号関係事務以外の業務を処理する目的（例えば、顧客の住所等を調べる等）で照会した端末の画面に、特定個人情報ファイルに登録済の情報が表示された状態で、これをプリントアウトする場合は、個人番号関係事務の範囲外での利用となる。

イ. **誤　り**　支払金額が所管法令の定める一定の金額に満たず、税務署長に提出することを要しないとされている支払調書についても、提出することまで禁止されておらず、支払調書であることに変わりはないと考えられることから、支払調書作成事務のために個人番号の提供を受けている場合には、それを税務署長に提出する場合であっても利用目的の範囲内として個人番号を利用することができる。

ウ. **正しい**　本記述のとおりである。

エ. **正しい**　本記述のとおりである。

問6　第65回 問題46

個人番号の利用制限に関する以下のアからエまでの記述のうち、誤っているものを1つ選びなさい。

ア．健康保険組合等以外の事業者は、個人番号関係事務として個人番号を利用できるだけであり、個人番号利用事務として個人番号を利用できる場合はない。

イ．事業者が、講師に対して講演料を支払った場合において、所得税法の規定に従って、講師の個人番号を報酬、料金、契約金及び賞金の支払調書に記載して、税務署長に提出することは個人番号関係事務に当たる。

ウ．事業者は、原則として、利用目的（個人番号を利用できる事務の範囲で特定した利用目的）の範囲内でのみ個人番号を利用することができる。

エ．預金取扱金融機関等は、支払調書の作成等の個人番号関係事務を処理する目的で保有している個人番号を、顧客に対する金銭の支払を行うという目的のために、顧客の預金情報等の検索に利用することができる場合がある。

個人番号の利用制限

公式テキスト 4-6 P.220-223

正答 ア

個人番号は、番号法があらかじめ限定的に定めた事務の範囲の中から、具体的な利用目的を特定した上で、利用するのが原則である。本問は、この個人番号の利用制限（法9条、30条2項）に関する理解を問うものである。

ア. **誤　り**　行政機関等又は健康保険組合等から個人番号利用事務の委託を受けた場合には、個人番号利用事務として個人番号を利用することになる。

イ. **正しい**　本記述のとおりである。

ウ. **正しい**　事業者は、原則として、利用目的（個人番号を利用できる事務の範囲で特定した利用目的）の範囲内でのみ個人番号を利用することができる（番号法30条2項により読み替えて適用される個人情報保護法18条1項）。

エ. **正しい**　銀行等の預金取扱金融機関等は、「激甚災害に対処するための特別の財政援助等に関する法律」2条1項の激甚災害が発生したとき等に、支払調書の作成等の個人番号関係事務を処理する目的で保有している個人番号を、顧客に対する金銭の支払を行うという目的のために、顧客の預金情報等の検索に利用することができる（法9条4項等）。

問7　第67回 問題47

本人確認の措置に関する以下のアからエまでの記述のうち、誤っているものを１つ選びなさい。

ア. 事業者が、本人から対面で個人番号の提供を受ける場合、個人番号が記載されている住民票の写し及び旅券（パスポート）のみの提示を受けることにより、本人確認の措置をとることができる。

イ. 事業者が、本人から対面で個人番号の提供を受ける場合、個人番号通知書及び国民健康保険の被保険者証のみの提示を受けることにより、本人確認の措置をとることができる。

ウ. 親権者である法定代理人から個人番号の提供を受ける場合、代理人の運転免許証、代理人の戸籍謄本、本人の個人番号が記載されている住民票記載事項証明書の写し、以上３つの提示を受けることにより、本人確認の措置をとることができる。

エ. 任意代理人から個人番号の提供を受ける場合、委任状、本人の個人番号が記載されている住民票の写し、代理人の個人番号カード、以上３つの提示を受けることにより、本人確認の措置をとることができる。

本人確認の措置
公式テキスト 4-7 P.230-237

正答 **イ**

本問は、本人確認の措置（法16条）に関する理解を問うものである。

ア．正しい　個人番号が記載されている住民票の写しの提示を受けることにより「本人の番号確認」をすることができる。また、旅券（パスポート）の提示を受けることにより「本人の身元確認」をすることができる。

イ．誤　り　国民健康保険の被保険者証の提示を受けることでは、「本人の身元確認」をすることはできない。国民健康保険の被保険者証のように**写真表示がない公的書類の場合、２つ以上の提示が必要**となる。

ウ．正しい　親権者である法定代理人の運転免許証の提示を受けることにより「代理人の身元確認」をすることができる。代理人の戸籍謄本の提示を受けることにより「代理権の確認」をすることができる。本人の個人番号が記載されている住民票記載事項証明書の写しの提示を受けることにより「本人の番号確認」をすることができる。以上３つの提示を受けることにより、本人確認の措置をとることができる。

エ．正しい　委任状の提示を受けることにより「代理権の確認」をすることができる。本人の個人番号が記載されている住民票の写しの提示を受けることにより「本人の番号確認」をすることができる。また、代理人の個人番号カードで「代理人の身元確認」をすることができる。

問8　第66回 問題44

本人確認の措置に関する以下のアからエまでの記述のうち、誤っているものを１つ選びなさい。

ア．本人から対面で個人番号の提供を受ける場合は、個人番号カードの提示のみで本人確認を行うことができるが、個人番号カード以外で本人確認を行う場合は、原則として実在確認と番号確認のために別々の方法が必要になる。

イ．本人から対面で個人番号の提供を受ける場合、個人番号が記載された住民票の写し、健康保険の被保険者証（写真なし）の提示を受けることにより、本人確認の措置をすることができる。

ウ．個人番号利用事務実施者が認める場合には、代理人の実在確認資料の提示は不要となる。

エ．代理権確認方法として、妻が夫を代理する場合などの法定代理人以外の場合は、委任状が必要となる。

本人確認の措置

公式テキスト 4-7 P.230-237

正答　イ

本問は、本人確認の措置（法16条）に関する理解を問うものである。

ア．正しい　個人番号カード以外で本人確認を行う場合は、原則として実在確認と番号確認のために別々の方法が必要になる。

イ．誤　り　実在確認の方法として、写真がついていない公的身分証明書等（健康保険の被保険者証等）については、２枚確認する必要がある（施行規則１条２号、３条２号イ）。なお、個人番号が記載された住民票の写しについては、番号確認の方法として認められる。

ウ．正しい　個人番号利用事務実施者が認める場合には、代理人の実在確認資料の提示は不要となる（施行規則９条４項）。

エ．正しい　代理権確認方法として、妻が夫を代理する場合などの法定代理人以外の場合は、委任状が必要となる（施行令12条２項１号、施行規則６条１項１号・２号）。

問9　第65回 問題44

本人確認の措置（法16条）に関する以下のアからエまでの記述のうち、誤っているものを１つ選びなさい。

ア．本人から個人番号の提供を受ける場合、通知カードの廃止後であっても、当該通知カードに係る記載事項に変更がないときは、当該通知カード及び本人の身元確認書類により、本人確認を行うことができる。

イ．本人から個人番号の提供を受ける場合に、個人番号カードの提示を受けるときは、本人確認には、この他に本人の身元確認書類が必要となる。

ウ．本人から個人番号の提供を受ける場合、個人番号が記載された住民票の写し及び運転免許証により、本人確認を行うことができる。

エ．本人の代理人から個人番号の提供を受ける場合、本人確認には、代理権確認書類、代理人の身元確認書類及び本人の番号確認書類が必要となる。

本人確認の措置

公式テキスト 4-7 P.230-237

正答　イ

他人のなりすましを防ぐため、本人から個人番号の提供を受ける場合には、本人確認を行わなければならない。本問は、この本人確認（法16条）に関する理解を問うものである。

ア．正しい　本記述のとおりである（デジタル手続法施行に伴う経過措置）。

イ．誤　り　本人から個人番号の提供を受ける場合、**個人番号カードの提示を受けることのみ**で本人確認を行うことができる（法16条）。

ウ．正しい　本人から個人番号の提供を受ける場合、住民票の写し（番号確認書類）及び運転免許証（本人の身元確認書類）により、本人確認を行うことができる。

エ．正しい　本記述のとおりである。

問10　第66回 問題45

委託の取扱いに関する以下のアからエまでの記述のうち、誤っているものを１つ選びなさい。

ア. 特定個人情報を取り扱う情報システムにクラウドサービス契約のように外部の事業者を活用していても、当該外部の事業者が個人番号をその内容に含む電子データを取り扱わない場合には、番号法上の委託には該当しない。

イ. 特定個人情報の受渡しに関して、配送業者による配送手段を利用する場合、当該配送業者が依頼された特定個人情報の中身を取り扱わないときは、個人番号関係事務又は個人番号利用事務の委託に該当しない。

ウ. 個人番号利用事務等がＡ→Ｂ→Ｃ→Ｄと順次委託される場合、ＣはＢの許諾を得た場合に限り、Ｄに再委託することができる。

エ. 個人番号利用事務等がＡ→Ｂ→Ｃ→Ｄと順次委託される場合、ＡはＢに対する監督義務を負うだけではなく、再委託先であるＣ、Ｄに対しても間接的に監督義務を負う。

委託の取扱い

公式テキスト 4-8 P.246-247

正答 ウ

本問は、委託の取扱い（法10条・11条）に関する理解を問うものである。

ア. **正しい** 特定個人情報を取り扱う情報システムにクラウドサービス契約のように外部の事業者を活用していても、当該外部の事業者が個人番号をその内容に含む電子データを取り扱わない場合には、番号法上の委託には該当しない。

イ. **正しい** 特定個人情報の受渡しに関して、配送業者による配送手段を利用する場合、当該配送業者が依頼された特定個人情報の中身を取り扱わないときは、個人番号関係事務又は個人番号利用事務の委託に該当しない。

ウ. **誤り** 個人番号利用事務等がA→B→C→Dと順次委託される場合、Cは最初の委託者であるAの許諾を得た場合に限り、Dに再委託することができる（法10条2項）。

エ. **正しい** 個人番号利用事務等がA→B→C→Dと順次委託される場合、乙に対する甲の監督義務の内容には、再委託の適否だけではなく、BがC、Dに対して必要かつ適切な監督を行っているかどうかを監督することも含まれる。よって、AはBに対する監督義務だけではなく、再委託先であるC、Dに対しても間接的に監督義務を負うことになる。

問11　第67回 問題46

個人番号の提供の要求に関する以下のアからエまでの記述のうち、誤っているものを1つ選びなさい。

ア．従業員持株会は、従業員が株主となるために持株会に入会申請した時点ではなく、従業員が持株会のある会社に入社した時点で、その従業員に個人番号の提供を求めることができる。

イ．正式な内定通知がなされ、入社に関する誓約書を提出した場合等、その内定者が確実に雇用されることが予想される場合には、事業者はその時点で、個人番号の提供を求めることができる。

ウ．事業者が行う個人番号関係事務においては、個人番号関係事務が発生した時点で個人番号の提供を求めることが原則であるが、従業員等の給与の源泉徴収事務、健康保険・厚生年金保険届出事務等に伴う給与所得の源泉徴収票、健康保険・厚生年金保険被保険者資格取得届等の作成事務の場合、雇用契約の締結時点で個人番号の提供を求めることも可能である。

エ．人材派遣会社の派遣登録において、登録時にしか個人番号の提供を求める機会がなく、実際に雇用する際の給与支給条件等を決める等、近い将来雇用契約が成立する蓋然性が高いと認められる場合には、雇用契約が成立した場合に準じて、個人番号の提供を求めることができる。

個人番号の提供の要求

公式テキスト 4-6 P.220-223

正答 ア

本問は、個人番号の提供の要求（法14条）に関する理解を問うものである。

ア. 誤　り　従業員等が所属会社に**入社しただけで、まだ株主となっていない時点では、個人番号関係事務の処理のために必要がある場合とはいえない**ため、持株会が従業員等に個人番号の提供を求めることはできない。従業員等が株主となるために持株会に入会申請した時点で、当該従業員等に対し、個人番号の提供を求めることができる。

イ. 正しい　内定者については、立場や状況の違いにより一律の取扱いはできないが、正式な内定通知がなされ、入社に関する誓約書を提出した場合等、その内定者が確実に雇用されることが予想されるときには、事業者はその時点で、個人番号の提供を求めることができると解される。

ウ. 正しい　従業員等の給与の源泉徴収事務、健康保険・厚生年金保険届出事務等に伴う給与所得の源泉徴収票、健康保険・厚生年金保険被保険者資格取得届等の作成事務の場合、当該作成事務の必要が生じるたびに個人番号の提供を求める必要はなく、雇用契約の締結時点で個人番号の提供を求めることも可能であると解される。

エ. 正しい　人材派遣会社に登録しただけでは雇用されるかどうかは未定であり、個人番号関係事務の発生が予想されず、いまだ給与の源泉徴収事務等の個人番号関係事務を処理する必要性が認められるとはいえないため、原則として登録者の個人番号の提供を求めることはできない。ただし、登録時にしか本人確認をした上で個人番号の提供を求める機会がなく、実際に雇用する際の給与支給条件等を決める等、近い将来雇用契約が成立する蓋然性が高いと認められる場合には、雇用契約が成立した場合に準じて、個人番号の提供を求めることができる。

問12　第66回 問題46

個人番号の提供の要求に関する以下のアからエまでの記述のうち、誤っているものを１つ選びなさい。

ア．正式な内定通知がなされ、入社に関する誓約書を提出した場合等、その内定者が確実に雇用されることが予想される場合には、事業者はその時点で、個人番号の提供を求めることができる。

イ．従業員持株会は、従業員が株主となるために持株会に入会申請した時点ではなく、従業員が持株会のある会社に入社した時点で、その従業員に個人番号の提供を求めることができる。

ウ．事業者が行う個人番号関係事務においては、個人番号関係事務が発生した時点で個人番号の提供を求めることが原則であるが、従業員等の給与の源泉徴収事務、健康保険・厚生年金保険届出事務等に伴う給与所得の源泉徴収票、健康保険・厚生年金保険被保険者資格取得届等の作成事務の場合、雇用契約の締結時点で個人番号の提供を求めることも可能である。

エ．人材派遣会社の派遣登録において、登録時にしか本人確認をした上で個人番号の提供を求める機会がなく、実際に雇用する際の給与支給条件等を決める等、近い将来雇用契約が成立する蓋然性が高いと認められる場合には、雇用契約が成立した場合に準じて、個人番号の提供を求めることができる。

個人番号の提供の要求
公式テキスト 4-6 P.220-223

正答
イ

本問は、個人番号の提供の要求（14条）に関する理解を問うものである。

ア. **正しい**　内定者については、立場や状況の違いにより一律の取扱いはできないが、正式な内定通知がなされ、入社に関する誓約書を提出した場合等、その内定者が確実に雇用されることが予想されるときには、事業者はその時点で、個人番号の提供を求めることができると解される。

イ. **誤　り**　従業員等が所属会社に入社しただけで、まだ株主となっていない時点では、個人番号関係事務の処理のために必要がある場合とはいえないため、持株会が従業員等に個人番号の提供を求めることはできない。従業員等が株主となるために持株会に入会申請した時点で、当該従業員等に対し、個人番号の提供を求めることができる。

ウ. **正しい**　従業員等の給与の源泉徴収事務、健康保険・厚生年金保険届出事務等に伴う給与所得の源泉徴収票、健康保険・厚生年金保険被保険者資格取得届等の作成事務の場合、当該作成事務の必要が生じるたびに個人番号の提供を求める必要はなく、雇用契約の締結時点で個人番号の提供を求めることも可能であると解される。

エ. **正しい**　人材派遣会社に登録しただけでは雇用されるかどうかは未定であり、個人番号関係事務の発生が予想されず、いまだ給与の源泉徴収事務等の個人番号関係事務を処理する必要性が認められるとはいえないため、原則として登録者の個人番号の提供を求めることはできない。ただし、登録時にしか本人確認をした上で個人番号の提供を求める機会がなく、実際に雇用する際の給与支給条件等を決める等、近い将来雇用契約が成立する蓋然性が高いと認められる場合には、雇用契約が成立した場合に準じて、個人番号の提供を求めることができる。

問13　第65回 問題47

特定個人情報の提供の制限等に関する以下のアからエまでの記述のうち、誤っているものを１つ選びなさい。

ア．個人番号利用事務等実施者は、個人番号利用事務等を処理するために必要があるときは、本人又は他の個人番号利用事務等実施者に対し個人番号の提供を求めることができる。

イ．事業者は、従業員に対し、給与の源泉徴収事務のため、当該従業員の扶養親族の個人番号を記載した扶養控除等申告書の提出を求めることができるが、この場合、当該従業員は、個人番号関係事務実施者として取り扱われる。

ウ．地代等の支払に伴う支払調書の作成事務の場合、契約締結時点においては、支払調書の作成が必要であるかどうかが不明であるため、契約締結時点で個人番号の提供を求めることはできず、支払調書の作成事務が発生した時点ではじめて個人番号の提供を求めることができる。

エ．何人も、番号法に規定されている場合に該当し特定個人情報の提供を受けることができる場合を除き、他人の個人番号の提供を求めてはならないが、自己と同一の世帯に属する者に対しては、当該場合に該当しなくても、個人番号の提供を求めることができる。

特定個人情報の提供の制限等

正答 ウ

公式テキスト 4-5 P.218-219・4-6 P.220-223

個人番号利用事務等実施者は、個人番号利用事務等を処理するために必要があるときは、本人又は他の個人番号利用事務等実施者に対し個人番号の提供を求めることができる（法14条1項）。また、何人も、番号法19条各号のいずれかに該当し特定個人情報の提供を受けることができる場合を除き、他人の個人番号の提供を求めてはならない（法15条）。本問は、この提供の要求（法14条）及び提供の求めの制限（法15条）に関する理解を問うものである。

ア. **正しい** 本記述のとおりである（法14条1項）。

イ. **正しい** 事業者は、従業員に対し、給与の源泉徴収事務のため、当該従業員の扶養親族の個人番号を記載した扶養控除等申告書の提出を求めることができるが、この場合、当該従業員は、扶養親族の個人番号を記載した扶養控除等申告書を提出する法令（所得税法194条1項）上の義務を負っていることから、個人番号関係事務実施者として取り扱われる。

ウ. **誤　り** 地代等の支払に伴う支払調書の作成事務の場合は、賃料の金額により契約締結時点で支払調書の作成が不要であることが明らかである場合を除き、契約締結時点で個人番号の提供を求めることが可能であると解されている。

エ. **正しい** 何人も、番号法に規定されている場合に該当し特定個人情報の提供を受けることができる場合を除き、他人の個人番号の提供を求めてはならないが（法15条）、自己と同一の世帯に属する者に対しては、当該場合に該当しなくても、個人番号の提供を求めることができる。法15条に規定されている「他人」とは、自己と同一の世帯に属する者以外の者だからである。

第3章

3. 個人番号カード

問1　第65回 問題45

個人番号カードの交付等に関する以下のアからエまでの記述のうち、誤っているものを1つ選びなさい。

ア. 市町村長は、当該市町村が備える住民基本台帳に記録されている者に対し、その者の申請により、その者に係る個人番号カードを交付するが、その際、その者が本人であることを確認するための措置をとらなければならない。

イ. 個人番号カードの交付を受けている者は、住民基本台帳法に規定する最初の転入届をする場合には当該最初の転入届をした日から14日以内に、当該個人番号カードを市町村長に提出しなければならない。

ウ. 個人番号カードの交付を受けている者は、他の市町村に転入した場合を除くほか、カード記録事項に変更があった場合には、原則として、その変更があった日から14日以内に、その旨を住所地市町村長に届け出るとともに、当該個人番号カードを提出しなければならない。

エ. 個人番号カードの交付を受けている者は、当該個人番号カードを紛失した場合には、直ちに、その旨を住所地市町村長に届け出なければならない。

個人番号カードの交付等

公式テキスト 4-4 P.215-217

正答
イ

本問は、個人番号カードの交付等（法17条）に関する理解を問うものである。

ア．**正しい**　市町村長は、当該市町村が備える住民基本台帳に記録されている者に対し、その者の申請により、その者に係る個人番号カードを交付するが、その際、その者が本人であることを確認するための措置をとらなければならない（法17条1項）。

イ．**誤　り**　個人番号カードの交付を受けている者は、住民基本台帳法に規定する最初の転入届をする場合には当該最初の**転入届と同時に**、当該個人番号カードを市町村長に提出しなければならない（法17条2項）。

ウ．**正しい**　法17条2項の場合を除くほか、個人番号カードの交付を受けている者は、カード記録事項に変更があった場合には、その変更があった日から14日以内に、その旨を住所地市町村長に届け出るとともに、当該個人番号カードを提出しなければならない（法17条4項）。

エ．**正しい**　個人番号カードの交付を受けている者は、当該個人番号カードを紛失した場合には、直ちに、その旨を住所地市町村長に届け出なければならない（法17条5項）。

第3章

問2　第67回 問題48

個人番号カードに関するアからエまでの記述のうち、誤っているものを１つ選びなさい。

ア．個人番号カードは、その有効期間が満了した場合その他政令で定める場合には、その効力を失う。

イ．個人番号カードの交付を受けている者は、当該個人番号カードの有効期間が満了した場合その他政令で定める場合には、当該個人番号カードを住所地市町村長に返納しなければならない。

ウ．個人番号カードの交付を受けている者は、カード記録事項に変更があったときは、その変更があった日から１か月以内に、その旨を住所地市町村長に届け出るとともに、当該個人番号カードを提出しなければならない。

エ．個人番号カードの交付を受けている者は、当該個人番号カードを紛失したときは、直ちに、その旨を住所地市町村長に届け出なければならない。

個人番号カード

公式テキスト 4-4 P.215-217

正答　ウ

本問は、個人番号カード（法17条）に関する理解を問うものである。

ア．**正しい**　本記述のとおりである（法17条６項）。

イ．**正しい**　個人番号カードの交付を受けている者は、当該個人番号カードの有効期間が満了した場合その他政令で定める場合には、政令で定めるところにより、当該個人番号カードを住所地市町村長に返納しなければならない（法17条７項）。

ウ．**誤　り**　個人番号カードの交付を受けている者は、カード記録事項に変更があったときは、その変更があった日から**14日**以内に、その旨を住所地市町村長に届け出るとともに、当該個人番号カードを提出しなければならない（法17条４項）。

エ．**正しい**　本記述のとおりである（法17条５項）。

問3　第66回 問題42

個人番号カードに関する以下のアからエまでの記述のうち、誤っているものを1つ選びなさい。

ア. 個人番号カードの発行の日において20歳以上の者における個人番号カードの有効期間は、当該発行の日から10回目の誕生日までである。
イ. 個人番号は、個人番号カードの裏面に記載される。
ウ. 民間の事業者は、個人番号カードのICチップ内の空き領域を利用することはできない。
エ. 個人番号カードは、国外に転出したときには効力を失う。

個人番号カード
公式テキスト 4-4 P.215-217

正答
ウ

本問は、個人番号カード（法2条7項）に関する理解を問うものである。

ア. 正しい　個人番号カードの発行の日において20歳以上の者における個人番号カードの有効期間は、当該発行の日から10回目の誕生日までである。

イ. 正しい　個人番号カードの表面には、氏名、住所、生年月日、性別、顔写真などが記載され、裏面に個人番号が記載される。

ウ. 誤り　個人番号カードのICチップ内の空き領域は、国の機関等だけではなく、民間の事業者も、個人番号カードのICチップ内の空き領域を利用することはできる。

エ. 正しい　個人番号カードは、国外に転出したときには効力を失う。

4. 特定個人情報の取扱い

問1　第67回 問題49

特定個人情報の収集等の制限に関する以下のアからエまでの記述のうち、誤っているものを１つ選びなさい。

ア．何人も、他人の個人番号を含む特定個人情報を収集し、又は保管してはならないが、ここでいう「収集」とは集める意思を持って自己の占有に置くことをいい、特定個人情報の提示を受けただけでは、「収集」に該当しない。

イ．適法に保管している個人番号は、当初特定した利用目的の範囲内であれば、改めて個人番号の提供を受けることなく、新しい契約に基づいて発生する個人番号関係事務に利用することができる。

ウ．事業者は、個人番号を削除した場合、削除した記録を保存することとされている。

エ．所管法令によって個人番号が記載された書類を一定期間保存することが義務付けられている場合、その期間、事業者は個人番号を電子化してシステム内で保管することができない。

特定個人情報の収集等の制限
公式テキスト 4-7 P.237-239

正答
エ

本問は、特定個人情報の収集等の制限（法20条）に関する理解を問うものである。

ア. **正しい**　何人も、原則として、他人の個人番号を含む特定個人情報を収集し、又は保管してはならない（法20条）。ここでいう「収集」とは、集める意思を持って自己の占有に置くことを意味し、例えば、人から個人番号を記載したメモを受け取ること、人から聞き取った個人番号をメモすること等、直接取得する場合のほか、電子計算機等を操作して個人番号を画面上に表示させ、その個人番号を書き取ること、プリントアウトすること等を含む。特定個人情報の提示を受けたのみでは、「収集」に該当しない。

イ. **正しい**　本記述のとおりである。

ウ. **正しい**　個人番号若しくは特定個人情報ファイルを削除した場合、又は電子媒体等を廃棄した場合には、削除又は廃棄した記録を保存することとされている。

エ. **誤　り**　所管法令で定められた個人番号を記載する書類等の保存期間を経過するまでの間は、当該書類だけでなく、システム内においても保管することができると解される。

問2　第66回 問題47

特定個人情報の収集等の制限に関する以下のアからエまでの記述のうち、誤っているものを１つ選びなさい。

ア．何人も、他人の個人番号を含む特定個人情報を収集し、又は保管してはならないが、ここでいう「収集」とは集める意思を持って自己の占有に置くことをいい、特定個人情報の提示を受けただけでは、「収集」に該当しない。

イ．事業者は、従業員等が休職し、復職が未定の場合であっても、特定個人情報を継続的に保管することができる。

ウ．事業者は、個人番号を削除した場合、削除した記録を保存することとされている。

エ．所管法令によって個人番号が記載された書類を一定期間保存することが義務付けられている場合、その期間、事業者は個人番号を電子化してシステム内で保管することができない。

特定個人情報の収集等の制限
公式テキスト 4-7 P.237-239

正答
エ

本問は、特定個人情報の収集等の制限（法20条）に関する理解を問うものである。

ア. **正しい**　何人も、原則として、他人の個人番号を含む特定個人情報を収集し、又は保管してはならない（法20条）。ここでいう「収集」とは、集める意思を持って自己の占有に置くことを意味し、例えば、人から個人番号を記載したメモを受け取ること、人から聞き取った個人番号をメモすること等、直接取得する場合のほか、電子計算機等を操作して個人番号を画面上に表示させ、その個人番号を書き取ること、プリントアウトすること等を含む。特定個人情報の提示を受けたのみでは、「収集」に該当しない。

イ. **正しい**　従業員が休職している場合には、復職が未定であっても雇用契約が継続していることから、特定個人情報を継続的に保管することができる。

ウ. **正しい**　個人番号若しくは特定個人情報ファイルを削除した場合、又は電子媒体等を廃棄した場合には、削除又は廃棄した記録を保存することとされている。

エ. **誤　り**　所管法令で定められた個人番号を記載する書類等の保存期間を経過するまでの間は、当該書類だけでなく、システム内においても保管することができると解される。

問3 第65回 問題48

特定個人情報の収集等の制限に関する以下のアからエまでの記述のうち、誤っているものを1つ選びなさい。

ア．何人も、番号法に規定されている場合に該当する場合を除き、特定個人情報（他人の個人番号を含むものに限る。）を収集し、又は保管してはならない。

イ．意図せずに特定個人情報を入手してしまった場合や個人情報を閲覧するだけの場合には、収集に該当しない。

ウ．番号法で限定的に明記された事務を処理する必要がなくなった場合で、所管法令において定められている保存期間を経過した場合には、個人番号をできるだけ速やかに廃棄又は削除しなければならない。

エ．事業者は、従業員が休職しており復職が未定である場合は、特定個人情報を継続して保管することはできない。

特定個人情報の収集等の制限

公式テキスト 4-7 P.237-239

正答 エ

何人も、番号法19条各号のいずれかに該当する場合を除き、他人の個人番号を含む特定個人情報を収集又は保管してはならない（法20条）。本問は、この特定個人情報の収集等の制限に関する理解を問うものである。

ア．正しい 何人も、番号法19条各号のいずれかに該当する場合を除き、特定個人情報（他人の個人番号を含むものに限る。）を収集し、又は保管してはならない。

イ．正しい 収集とは、集める意思をもって自己の占有に置くことをいうので、意図せずに特定個人情報を入手してしまった場合には「集める意思」がなく、また、個人情報を閲覧するだけの場合には「自己の占有に置いた」ものとはいえず、収集に該当しない。

ウ．正しい 本記述のとおりである。

エ．誤　り 従業員が休職している場合には、復職が未定であっても雇用契約が継続していることから、特定個人情報を継続的に保管することができると解されている。雇用契約が継続しているため、源泉徴収票作成事務等を処理するために個人番号を利用する必要があるからである。

問4　第66回 問題48

特定個人情報保護評価に関する以下のアからエまでの記述のうち、誤っているものを１つ選びなさい。

ア. 特定個人情報保護評価の対象者は、行政機関の長等である。
イ. 「特定個人情報ファイルを保有しようとする者に対する指針」を作成するのは、個人情報保護委員会である。
ウ. 「特定個人情報ファイルを保有しようとする者に対する指針」は、少なくとも３年ごとに再検討を加え、必要があると認めるときは、これを変更するものとされている。
エ. 特定個人情報保護評価の実施が義務付けられていない者は、特定個人情報保護評価を実施することができない。

特定個人情報保護評価
公式テキスト 4-12 P.264

正答
エ

本問は、特定個人情報保護評価等（法27条・法28条）に関する理解を問うものである。

ア. 正しい　特定個人情報保護評価の対象者は「行政機関の長等」とされている(法28条１項)。行政機関の長等は、行政機関の長、地方公共団体の機関、独立行政法人等、地方独立行政法人、地方公共団体情報システム機構、法19条８号(情報提供ネットワークシステム)に規定する情報照会者及び情報提供者並びに法19条９号に規定する条例事務関係情報照会者及び条例事務関係情報提供者をいう(法２条14項)。

イ. 正しい　個人情報保護委員会は、特定個人情報の適正な取扱いを確保するため、特定個人情報ファイルを保有しようとする者が、特定個人情報保護評価(特定個人情報の漏えいその他の事態の発生の危険性及び影響に関する評価をいう。)を自ら実施し、これらの事態の発生を抑止することその他特定個人情報を適切に管理するために講ずべき措置を定めた指針を作成し、公表するものとする(法27条１項)。

ウ. 正しい　個人情報委員会は、個人情報の保護に関する技術の進歩及び国際的動向を踏まえ、少なくとも３年ごとに指針について再検討を加え、必要があると認めるときは、これを変更するものとする(法27条２項)。

エ. 誤　り　特定個人情報保護評価の実施が義務付けられていない事業者が、任意に特定個人情報保護評価を活用することは禁止されておらず、特定個人情報の保護の観点から有益であると考えられる。

5. 法人番号

問1　第67回 問題50

法人番号に関する以下のアからエまでの記述のうち、正しいものを1つ選びなさい。

ア. 法人番号は申請法人に対し、原則として、1つの法人番号を指定するが、支店や複数の事業所がある場合は、それぞれの支店や事務所に法人番号を指定する。

イ. 法人等以外の法人又は人格のない社団等であって政令で定めるものは、政令で定めるところにより、その者の商号又は名称及び本店又は主たる事務所の所在地その他財務省令で定める事項を国税庁長官に届け出て法人番号の指定を受けることができる。

ウ. 外国法人（外国に本店がある法人）の場合、日本国内で事務所の支店登記をしなければ、法人番号は指定されない。

エ. 法人が破産手続開始の決定を受けた場合は、設立登記法人の法人番号は抹消される。

法人番号
公式テキスト 4-12 P.264-265

正答
イ

本問は、法人番号（法39条）に関する理解を問うものである。

ア. 誤　り　法人番号は、1法人に対し1番号のみ指定される（法39条1項を参照）。

イ. 正しい　法人等以外の法人又は人格のない社団等であって政令で定めるものは、政令で定めるところにより、その者の商号又は名称及び本店又は主たる事務所の所在地その他財務省令で定める事項を国税庁長官に届け出て法人番号の指定を受けることができる（法39条2項）。

ウ. 誤　り　外国法人（外国に本店がある法人）は、設立登記のない法人に該当するため、国内事務所を支店登記したのみでは法人番号は指定されない。

エ. 誤　り　破産手続きが開始すると通常法人は解散するが、設立登記法人の法人番号は活動実績の有無を問わず解散をしていても抹消されない。

問2 第66回 問題49

法人番号に関する以下のアからエまでの記述のうち、正しいものを1つ選びなさい。

ア. 法人番号は、法務大臣が指定し、これを当該法人等に通知する。
イ. 法人名に変更があった場合、法人番号は変更される。
ウ. 人格のない社団等は、法人番号の指定対象となるが、法人番号を公表するには、あらかじめその代表者又は管理人の同意を得なければならない。
エ. 外国に本店がある法人が、国内事務所を支店登記すると法人番号が指定される。

法人番号
公式テキスト 4-12 P.264-265

正答 ウ

本問は、法人番号（法39条）に関する理解を問うものである。

ア. **誤 り** 法人番号は、国税庁長官が指定し、及び通知する（法39条1項）。指定するのは法務大臣ではない。
イ. **誤 り** 法人名に変更があっても一度指定された法人番号が変更されることはない。
ウ. **正しい** 国税庁長官は、政令で定めるところにより、法人番号の指定を受けた者の商号又は名称、本店又は主たる事務所の所在地及び法人番号を公表するものとする。ただし、人格のない社団等については、あらかじめ、その代表者又は管理人の同意を得なければならない（法39条4項）。
エ. **誤 り** 外国に本店がある法人（外国法人）は、設立登記のない法人に該当するため、国内事務所を支店登記したのみでは法人番号は指定されない。

問3　第65回 問題49

法人番号に関する以下のアからエまでの記述のうち、誤っているものを１つ選びなさい。

ア．法人番号とは、番号法の規定により、特定の法人その他の団体を識別するための番号として指定されるものをいう。

イ．法人等の本店等の所在地を管轄する市町村長は、法人等に対して、法人番号を指定し、これを当該法人等に通知する。

ウ．国税庁長官は、原則として、法人番号保有者の商号又は名称、本店又は主たる事務所の所在地及び法人番号を公表する。

エ．行政機関の長等は、他の行政機関の長等に対し、特定法人情報（法人番号保有者に関する情報であって法人番号により検索することができるものをいう。）の提供を求めるときは、当該法人番号を当該他の行政機関の長等に通知してするものとされている。

法人番号
公式テキスト 4-12 P.264-265

正答
イ

本問は、法人番号（法２条15項、39条以下）に関する理解を問うものである。

ア．**正しい**　法人番号とは、法39条１項又は２項の規定により、特定の法人その他の団体を識別するための番号として指定されるものをいう（法２条15項）。

イ．**誤　り**　**国税庁長官**は、法人等に対して、法人番号を指定し、これを当該法人等に通知する（法39条１項）。社会保障と税の一体改革のための番号制度の対象となる法人を最もよく把握していると考えられるのは国税庁だからである。

ウ．**正しい**　国税庁長官は、原則として、法人番号保有者の商号又は名称、本店又は主たる事務所の所在地及び法人番号を公表する（法39条４項）。

エ．**正しい**　行政機関の長等は、他の行政機関の長等に対し、特定法人情報（法人番号保有者に関する情報であって法人番号により検索することができるものをいう。）の提供を求めるときは、当該法人番号を当該他の行政機関の長等に通知してするものとされている（法40条１項）。正確かつ効率的な特定法人情報の授受を実現し、行政の効率的な運営を可能にするためである。

6. 罰則

問1　第66回 問題50

マイナンバー法における罰則に関する以下のアからエまでの記述のうち、誤っているものを1つ選びなさい。

ア．偽りその他不正の手段により個人番号カードの交付を受けた者は、6月以下の懲役又は50万円以下の罰金に処されるが、この処罰の対象者は限定されていない。

イ．個人番号を保有する者の管理を害する行為により、個人番号を取得した者は、3年以下の懲役又は150万円以下の罰金に処されるが、この処罰の対象者は限定されていない。

ウ．個人情報保護委員会によるマイナンバー法に基づく命令に違反した者には罰則が科されるが、報告の求めに対して答弁をしなかった者に対して罰則は科されない。

エ．情報提供等事務又は情報提供ネットワークシステムの運営に関する事務に従事する者は、その業務に関する秘密を漏らし、又は盗用した場合は罰則が科されるが、この処罰は両罰規定の対象となっていない。

罰則

公式テキスト 4-13 P.266-269

正答
ウ

本問は、罰則に関するに関する理解を問うものである。

ア. 正しい 偽りその他不正の手段により個人番号カードの交付を受けた者は、6月以下の懲役又は50万円以下の罰金に処する。(法55条)。また、本処罰の対象者は限定されていない。

イ. 正しい 人を欺き、人に暴行を加え、若しくは人を脅迫する行為により、又は財物の窃取、施設への侵入、不正アクセス行為(不正アクセス行為の禁止等に関する法律2条4項に規定する不正アクセス行為をいう。)その他の個人番号を保有する者の管理を害する行為により、個人番号を取得した者は、3年以下の懲役又は150万円以下の罰金に処する(法51条1項)。また、本処罰の対象者は限定されていない。

ウ. 誤 り 個人情報保護委員会によるマイナンバー法に基づく命令に違反した者には、2年以下の懲役又は50万円以下の罰金に処する(法53条)。また、個人情報保護委員会による法35条1項(報告及び立入検査)に基づく報告の求め、資料提出の求めに対し、報告・資料提出を行わなかった者には、1年以下の懲役又は50万円以下の罰金に処する(法54条)。

エ. 正しい 情報提供等事務又は情報提供ネットワークシステムの運営に関する事務に従事する者は、その業務に関する秘密を漏らし、又は盗用した場合は、3年以下の懲役若しくは150万円以下の罰金に処し、又はこれを併科する(法50条)。また本処罰は、両罰規定の対象となっていない。

問2　第65回 問題50

番号法における罰則に関する以下のアからエまでの記述のうち、誤っているものを1つ選びなさい。

ア．番号法においては、一般的に個人情報保護法に規定されている類似の刑の上限が引き上げられている。

イ．番号法においては、個人情報保護法に規定されていない独自の罰則が設けられている。

ウ．国内犯の処罰のみでは限界があるため、すべての罰則について、国外犯処罰規定が設けられている。

エ．法人等自身の行為といえる等、法人等も処罰する必要がある場合があるので、一定の罰則については、両罰規定が設けられている。

罰則

公式テキスト 4-13 P.266-269

正答　ウ

本問は、罰則（法48条以下）に関する理解を問うものである。

ア．**正しい**　本記述のとおりである。

イ．**正しい**　本記述のとおりである。

ウ．**誤　り**　国外犯処罰規定が設けられているのは、一部の罰則であり、法53条、54条、55条については日本国外においてこれらの条の罪を犯した者には適用されない（法56条）。

エ．**正しい**　本記述のとおりである。

第4章

課題Ⅱ「個人情報保護の対策と情報セキュリティ」の過去問題と解説

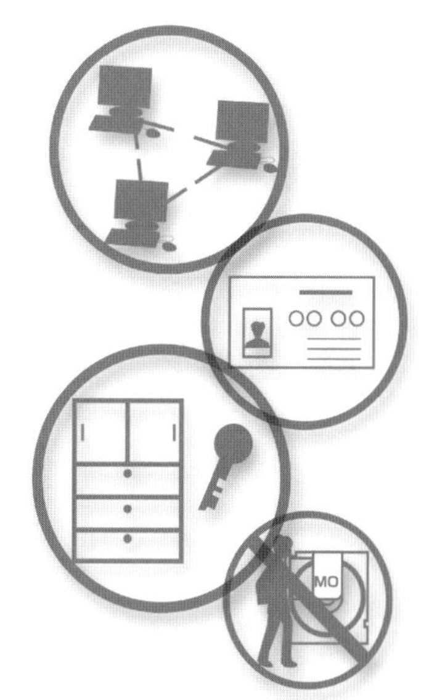

1. 脅威と対策……282
2. 組織的・人的セキュリティ……334
3. オフィスセキュリティ……384
4. 情報システムセキュリティ……419

1. 脅威と対策

問1　第65回 問題51

以下のアからエまでのうち、企業における情報セキュリティに関する次の文章中の（　　）に入る最も適切な語句の組合せを１つ選びなさい。

通信技術を利用したコミュニケーションや産業、サービスなどの技術であるICTが発達した現代社会においては、情報漏えいや改ざんなどのリスクを常に認識する必要がある。また、企業は、個人情報や個人データだけではなく、秘密管理性・有用性・（　a　）の要件を充たす営業秘密や技術情報などの多くの情報を管理している。これらの情報の漏えいや消失、損壊、改ざんなどの事故が発生すると、企業や顧客に損害を与えたり、（　b　）が発生することにより、企業のブランドイメージが傷つくこともある。
従って、企業としては、個人情報の保護だけではなく、リスクマネジメントの一環として、企業の情報資産すべてについて、安全管理の措置を講じる必要がある。さらに、適切な情報セキュリティ対策を講じることは、企業の（　c　）の一環として重要となる。

ア．ａ．新規性　　ｂ．システミックリスク　　ｃ．CSR
イ．ａ．新規性　　ｂ．レピュテーションリスク　　ｃ．SFA
ウ．ａ．非公知性　　ｂ．システミックリスク　　ｃ．SFA
エ．ａ．非公知性　　ｂ．レピュテーションリスク　　ｃ．CSR

個人情報の保護と情報セキュリティについての理解

公式テキスト （2-20 P.169）

正答 エ

本問は、情報セキュリティについての理解を問うものである。
企業における情報セキュリティに関する記述は、次のとおりである。

> 通信技術を利用したコミュニケーションや産業、サービスなどの技術であるICTが発達した現代社会においては、情報漏えいや改ざんなどのリスクを常に認識する必要がある。また、企業は、個人情報や個人データだけではなく、秘密管理性・有用性・**非公知性**の要件を充たす営業秘密や技術情報などの多くの情報を管理している。これらの情報の漏えいや消失、損壊、改ざんなどの事故が発生すると、企業や顧客に損害を与えたり、**レピュテーションリスク**が発生することにより、企業のブランドイメージが傷つくこともある。
> 従って、企業としては、個人情報の保護だけではなく、リスクマネジメントの一環として、企業の情報資産すべてについて、安全管理の措置を講じる必要がある。さらに、適切な情報セキュリティ対策を講じることは、企業の**CSR**の一環として重要となる。

第4章

問2　第66回 問題51

個人情報の保護と情報セキュリティに関する以下のアからエまでの記述のうち、不適切なものを１つ選びなさい。

ア.「個人情報保護法」は、個人情報の適切・安全な管理という形で、多くの民間企業に情報セキュリティ対策の実施を義務付けたものといえるが、情報セキュリティに関する具体的な対策は明記されていないのが実状である。

イ. 情報セキュリティを実現するためには、組織に損害を与える「リスク」に対して、組織として効果的なマネジメントを行う必要がある。そのためのマネジメントシステムとして、ISMSの理解と実践が必要となる。

ウ. 個人情報の漏えいリスクを軽減するためには、個人情報を取り扱う各主体が自ら進んで情報セキュリティに関する意識・リテラシーを高め、主体的にその対策に取り組むことが重要である。

エ. 構築したPMSが成功するか否かは、個人情報を取り扱う現場の従業者の自主性が大きく左右するため、PMS運用については、経営者の関与は最小限とする。

個人情報の保護と情報セキュリティについての理解

公式テキスト 5-1 P.278-279,285

正答　エ

本問は、個人情報の保護と情報セキュリティについての理解を問うものである。

ア. 適　切　本記述のとおりである。

イ. 適　切　本記述のとおりである。

ウ. 適　切　本記述のとおりである。

エ. 不適切　構築したPMS（個人情報保護マネジメントシステム）が成功するか否かは、**すべての組織階層及び部門の関与、特に経営者の関与の度合いにかかってくる**。

問3　第67回 問題51

以下のアからエまでのうち、JIS Q 27000:2019における情報セキュリティの定義に関する次の文章中の（　　）に入る最も適切なものの組合せを１つ選びなさい。

情報セキュリティの定義は、「情報の（　a　）、完全性及び（　b　）を維持すること」である。
「（a）」とは、アクセスを許可された者以外の者には、情報にアクセスさせないことであり、「（b）」とは、情報が必要になったときに、利用できる状態であることである。また、「完全性」が損なわれた場合の具体例として、（　c　）ことが挙げられる。

ア．a．信頼性　　b．利便性
　　c．ハッキングにより、Webページが改ざんされる
イ．a．信頼性　　b．可用性
　　c．スニッフィングによって、データが盗聴される
ウ．a．機密性　　b．利便性
　　c．スニッフィングによって、データが盗聴される
エ．a．機密性　　b．可用性
　　c．ハッキングにより、Webページが改ざんされる

情報セキュリティの要素

公式テキスト 5-1 P.285・6-3 P.330

正答　エ

本問は、「情報セキュリティの要素」に関する理解を問うものである。
JIS Q 27000:2019における情報セキュリティの定義に関する記述は、次のとおりである。

情報セキュリティの定義は、「情報の**機密性**、完全性及び**可用性**を維持すること」である。
「**機密性**」とは、アクセスを許可された者以外の者には、情報にアクセスさせないことであり、「**可用性**」とは、情報が必要になったときに、利用できる状態であることである。また、「完全性」が損なわれた場合の具体例として、**ハッキングにより、Webページが改ざんされる**ことが挙げられる。

問4　第66回 問題52

以下のアからエまでの記述のうち、「情報セキュリティの要素」の一つである「可用性」が損なわれた場合の具体例に該当するものを1つ選びなさい。

ア．アクセス権限の設定の不備により、本来は権限のないユーザが機密情報にアクセス可能となっていた。

イ．担当者のミスにより、誤ったデータをWeb上にアップロードしてしまった。

ウ．不正アクセスにより、顧客データが流出してしまった。

エ．落雷が原因で停電が発生したことにより、社内システムが一時的に停止してしまった。

情報セキュリティの要素

公式テキスト 5-1 P.285

正答　エ

本問は、「情報セキュリティの要素」についての理解を問うものである。

ア．**該当しない**　「機密性」が損なわれた場合の具体例である。

イ．**該当しない**　「完全性」が損なわれた場合の具体例である。

ウ．**該当しない**　「機密性」が損なわれた場合の具体例である。

エ．**該当する**

問5 第65回 問題52

以下のアからエまでの記述のうち、「情報セキュリティの要素」の一つである「機密性」を高めるための具体例に該当するものを1つ選びなさい。

ア. ファイルサーバのバックアップルールを定め、バックアップデータは定期的に取得する。
イ. バックアップデータを保存している外付けハードディスクは、ディスク全体を暗号化し、施錠管理できるキャビネットに保管する。
ウ. ファイルサーバへのアクセス履歴や、データの更新履歴を残すようにする。
エ. テレワークの導入に伴い、クラウドサービスを利用して社外から情報にアクセスできるようにする。

情報セキュリティの要素
公式テキスト 5-1 P.285

正答 イ

本問は、「情報セキュリティの要素」についての理解を問うものである。
ア. 該当しない 「完全性」を高めるための具体例である。
イ. 該当する
ウ. 該当しない 「完全性」を高めるための具体例である。
エ. 該当しない 「可用性」を高めるための具体例である

問6　第67回 問題52

以下のアからエまでの記述のうち、「情報セキュリティの要素」の一つである「真正性」の説明に該当するものを１つ選びなさい。

ア．組織や個人が行った情報の閲覧や編集などの動作、または取り扱った情報などを追跡できるようにすることである。
イ．情報が正確で完全な状態で保存されていることである。
ウ．情報資産にアクセスする人が、許可された人であるか、本人であるかを確認して不正ログインなどを防ぐことである。
エ．システムの設計者や利用者が意図したとおりの動作が確実に行われていたり、意図したとおりの結果を得られていることである。

情報セキュリティの要素
公式テキスト（5-1 P.285）

正答　ウ

本問は、「情報セキュリティの要素」に関する理解を問うものである。
ア．該当しない　「**責任追跡性**」の説明である。
イ．該当しない　「**完全性**」の説明である。
ウ．該当する
エ．該当しない　「**信頼性**」の説明である。

問7　第66回 問題53

以下のアからエまでの記述のうち、情報セキュリティの要素の一つである「信頼性」を保持するための対策の具体例に該当するものを1つ選びなさい。

ア. バックアップシステムを構築し、定期的にバックアップを取得する。

イ. 外部のWebサイトからデータをダウンロードする際は、利用規約を確認し、著作権を侵害していないことを確認してから利用する。

ウ. オペレーターが操作ミスをしてしまった場合であっても、データの欠損や消失などが発生しないような仕組みを構築する。

エ. 重要な情報を保存するサーバは、高度なアクセス制御がなされているデータセンターに設置する。

情報セキュリティの要素

公式テキスト (5-1 P.285)

正答　ウ

本問は、情報セキュリティの要素についての理解を問うものである。

ア. 該当しない　「**可用性**」を高めるための具体例である。

イ. 該当しない　コンプライアンスの観点であり、情報セキュリティの要素には該当しない。

ウ. 該当する

エ. 該当しない　「**機密性**」を高めるための具体例である。

問8　第65回 問題53

以下のアからエまでの記述のうち、「情報セキュリティの要素」の一つである「信頼性」が損なわれた場合の具体例に該当するものを1つ選びなさい。

ア．アクセス権限の設定が不適切だったため、本来は権限のないユーザが機密情報にアクセス可能となっていた。
イ．不正アクセスにより、Webサイトの一部が書き換えられていた。
ウ．システムの設計ミスにより、稼働中のシステムが停止したり、操作結果に矛盾が生じることが多発した。
エ．特定のWebサイトへのアクセスが集中し、ネットワークが一時的に利用できなくなっていた。

情報セキュリティの要素

公式テキスト 5-1 P.285

正答　ウ

本問は、情報セキュリティの要素についての理解を問うものである。

ア．該当しない　「**機密性**」が損なわれた場合の具体例である。
イ．該当しない　「**完全性**」が損なわれた場合の具体例である。
ウ．該当する
エ．該当しない　「**可用性**」が損なわれた場合の具体例である。

問9　第67回 問題53

以下のアからエまでの記述のうち、JIS Q 27000:2019における情報セキュリティの要素の一つである「否認防止」の定義に該当するものを1つ選びなさい。

ア．主張された事象又は処置の発生、及びそれらを引き起こしたエンティティを証明する能力。
イ．意図する行動と結果とが一貫しているという特性。
ウ．意図した結果を達成するために、知識及び技能を適用する能力。
エ．エンティティの主張する特性が正しいという保証の提供。

「情報セキュリティの要素」の定義
公式テキスト 9-1 P.417

正答
ア

本問は、「情報セキュリティの要素」の定義に関する理解を問うものである。

ア．該当する
イ．該当しない　「**信頼性**」の定義である。
ウ．該当しない　「**力量**」の定義であり、「情報セキュリティ」の要素には含まれない。
エ．該当しない　「**認証**」の定義であり、「情報セキュリティ」の要素には含まれない。

問10　第66回 問題54

以下のアからエまでの記述のうち、「ゼロトラストセキュリティ」の説明に該当するものを１つ選びなさい。

ア．OSやソフトウェア、アプリケーションにおいて、プログラムの不具合や設計上のミスが原因となって発生した、情報セキュリティ上の欠陥のことである。
イ．望ましくない問題や事件・事故などのことであり、マルウェア感染や不正アクセス、機密情報の漏えいなどの、情報セキュリティ上の脅威となる事象を指すものである。
ウ．情報システムのセキュリティ上の弱点を減らして、堅牢な状態にすることであり、不要なプログラムの削除や、アクセス権限を最小限に抑えるなどにより、システムの設定上の問題を修正することなどが該当する。
エ．社内外のネットワークや、パソコン、スマートフォンなどのデバイス、周辺機器などのすべてに脅威が存在することを前提にした情報セキュリティの考え方である。

情報セキュリティの概念についての理解

正答　エ

本問は、情報セキュリティの概念についての理解を問うものである。

ア．該当しない　「セキュリティホール」の説明である。
イ．該当しない　「情報セキュリティインシデント」の説明である。
ウ．該当しない　「ハードニング」の説明である。
エ．該当する　「ゼロトラストセキュリティ」は、安全な領域は存在せず、情報資産にアクセスしてくるものはすべて信頼せず、常に正当なアクセスであるか、正当な利用者であるかを検証したうえで、アクセスを許可することを基本としている。

問11　第65回 問題54

次の文章は、情報セキュリティの概念に関する記述である。以下のアからエまでのうち、この記述に該当するものを１つ選びなさい。

> 社内外のネットワークや、パソコン、スマートフォンなどのデバイス、周辺機器などのすべてに脅威が存在することを前提にした情報セキュリティの考え方である。安全な領域は存在せず、情報資産にアクセスしてくるものはすべて信頼せず、常に正当なアクセスであるか、正当な利用者であるかを検証したうえで、アクセスを許可することを基本としている。このような考え方が注目された背景として、企業におけるクラウドの活用や、テレワークという働き方が急速に普及したことなどが挙げられる。

ア．ゼロトラストセキュリティ
イ．セキュリティインテリジェンス
ウ．ハウジングセキュリティ
エ．セキュリティクリアランス

情報セキュリティの概念についての理解

正答　ア

本問は、情報セキュリティの概念についての理解を問うものである。次の文章に該当するのは、**ゼロトラストセキュリティ**である。

> 社内外のネットワークや、パソコン、スマートフォンなどのデバイス、周辺機器などのすべてに脅威が存在することを前提にした情報セキュリティの考え方である。安全な領域は存在せず、情報資産にアクセスしてくるものはすべて信頼せず、常に正当なアクセスであるか、正当な利用者であるかを検証したうえで、アクセスを許可することを基本としている。このような考え方が注目された背景として、企業におけるクラウドの活用や、テレワークという働き方が急速に普及したことなどが挙げられる。

問12　第67回 問題54

以下のアからエまでのうち、個人情報の保護の認証のしくみに関する次の文章中の（　　）に入る最も適切な語句の組合せを１つ選びなさい。

（　a　）は、インターネットに限定した個人情報の保護の認証のしくみであり、アメリカをはじめとする世界各国で導入されている。（a）は、事業者が（　b　）個人情報の取扱いを実践している旨を公表したプライバシーステートメントの内容を認証機関が審査し、適合した事業者が（a）の認証マークをWebサイトに掲載することができる。また、（a）導入事業者に対して、プライバシーステートメントの記載内容が実際と異なる場合など、利用者が認証機関へ苦情を申し出ることもできる。日本においては、「一般社団法人日本プライバシー認証機構」がその役割を担っている。

ア．a．TRUSTe
　　b．OECDプライバシーガイドラインに基づいた

イ．a．TRUSTe
　　b．JIS Q 15001に適合して

ウ．a．PbD
　　b．OECDプライバシーガイドラインに基づいた

エ．a．PbD
　　b．JIS Q 15001に適合して

認証制度に関する理解

正答 ア

本問は、認証制度に関する理解を問うものである。
個人情報の保護の認証のしくみに関する記述は、次のとおりである。

> **TRUSTe**は、インターネットに限定した個人情報の保護の認証のしくみであり、アメリカをはじめとする世界各国で導入されている。**TRUSTe**は、事業者が**OECDプライバシーガイドラインに基づいた**個人情報の取扱いを実践している旨を公表したプライバシーステートメントの内容を認証機関が審査し、適合した事業者が**TRUSTe**の認証マークをWebサイトに掲載することができる。また、**TRUSTe**導入事業者に対して、プライバシーステートメントの記載内容が実際と異なる場合など、利用者が認証機関へ苦情を申し出ることもできる。日本においては、「一般社団法人日本プライバシー認証機構」がその役割を担っている。

問13　第67回 問題55

以下のアからエまでの記述のうち、「著作権法」における「著作者人格権」に該当するものを１つ選びなさい。

ア．小説や詩などの言語の著作物を朗読などの方法で多くの人に伝える権利
イ．自分の著作物を公表するときに、著作者名を表示するかしないか、するとすれば、実名か変名かを決めることができる権利
ウ．自分の実演を録音・録画する権利
エ．音楽の演奏会や演劇の上演のように、多くの人に著作物を直接聴かせたり、見せたりする権利

「著作権法」における著作者の権利に関する理解

正答　イ

本問は、「著作権法」における著作者の権利に関する理解を問うものである。

ア．**該当しない**　「**著作財産権**」における「**口述権**」である。
イ．**該当する**　「著作者人格権」における「氏名公表権」である。
ウ．**該当しない**　「**著作財産権**」における「**著作隣接権（録音権・録画権）**」である。
エ．**該当しない**　「**著作財産権**」における「**上演権・演奏権**」である。

問14 第65回 問題55

「著作権法」に関する以下のアからエまでの記述のうち、誤っているものを1つ選びなさい。

ア.「著作物」とは、思想または感情を創作的に表現したものであって、文芸、学術、美術または音楽の範囲に属するものであるため、単なるデータや他人の作品の単なる模倣などは「著作物」には該当しない。

イ.「二次的著作物」とは、著作物を翻訳し、編曲し、もしくは変形し、または脚色し、映画化し、その他翻案することにより創作した著作物であり、二次的著作物を利用する場合は、二次的著作物の著作者と原著作物の著作者の許諾が必要となる。

ウ. 著作者の権利の一つである「著作者人格権」は、他人に譲渡できない権利であり、公表権や氏名表示権、同一性保持権、貸与権が該当する。

エ. 著作者の権利の一つである「著作財産権」は、狭義の著作権であり、譲渡や使用許諾ができ、複製権や公衆送信権、譲渡権などが該当する。

「著作権法」についての理解

正答 ウ

本問は、「著作権法」についての理解を問うものである。

ア. 正しい 本記述のとおりである(法2条1項1号)。

イ. 正しい 本記述のとおりである(法2条1項11号、28条)。

ウ. 誤 り 著作者の権利の一つである「著作者人格権」は、他人に譲渡できない権利であり(法59条)、公表権(法18条)や氏名表示権(法19条)、同一性保持権(法20条)の3つが該当する。なお、**貸与権(法26条の3)は、「著作財産権」の一つ**である。

エ. 正しい 本記述のとおりである(法21条以下)。

問15　第67回 問題56

以下のアからエまでのうち、「不正アクセス行為の禁止等に関する法律」（不正アクセス禁止法）における「不正アクセス行為を助長する行為」に該当するものを１つ選びなさい。

ア．情報セキュリティ事業者が、インターネット上に流出している識別符号のリストを契約している企業に提供する行為
イ．いわゆる「フィッシングサイト」を公開する行為
ウ．正規利用者に無断で、ユーザID・パスワードを第三者に口頭で伝えたり、ユーザID・パスワードをインターネット掲示板に書き込むなどの行為
エ．不正に入手したユーザID・パスワードを用いて、本人になりすましてシステムにログインする行為

「不正アクセス禁止法」における「不正アクセス行為を助長する行為」に関する理解

正答　ウ

本問は、「不正アクセス禁止法」における「不正アクセス行為を助長する行為」に関する理解を問うものである。

ア．該当しない　識別符号を提供したとしても、この事例の場合は「不正アクセス行為を助長する行為」とはならない。
イ．該当しない　「不正アクセス禁止法」における「**不正アクセス行為**」の具体例である。
ウ．該当する
エ．該当しない　「不正アクセス禁止法」における「**不正アクセス行為**」の具体例である。

問16　第66回 問題55

以下のアからエまでのうち、「不正アクセス行為の禁止等に関する法律」（不正アクセス禁止法）において処罰の対象とならない行為を１つ選びなさい。

ア．ネットワーク経由でターゲットのサーバのプログラムの不備を攻撃し、そのサーバに侵入する行為
イ．不正に入手した他人のユーザID・パスワードを利用してSNSにログインし、本人になりすまして投稿する行為
ウ．スタンドアロンのパソコンに他人のユーザID・パスワードを入力し、そのパソコンに保存されている機密情報を盗み出す行為
エ．偽りのWebサイトにアクセスさせ、そのサイトでユーザID・パスワードの入力を不正に要求する行為

「不正アクセス行為の禁止等に関する法律」（不正アクセス禁止法）に関する理解　**正答　ウ**

本問は、「不正アクセス行為の禁止等に関する法律」（不正アクセス禁止法）についての理解を問うものである。

ア．対象となる
イ．対象となる
ウ．対象とならない　当該法律における不正アクセス行為の要件は、次のとおりである。

コンピュータネットワークを通じて、	他人の識別符号を悪用することにより	本来アクセスする権限のないコンピュータを利用する行為
	コンピュータプログラムの不備をつくことにより	

従って、ネットワークに接続されていないスタンドアロンのパソコンに他人のユーザID・パスワードを入力し、そのパソコンに保存されている機密情報を盗み出す行為は、本法律において**処罰の対象とならない**。

エ．対象となる

問17　第66回 問題56

以下のアからエまでのうち、「不正競争防止法」における「営業秘密」の要件に該当しないものを１つ選びなさい。

ア．秘密管理性：秘密として管理されていること
イ．見読性：データを明瞭な状態で閲覧できるようにすること
ウ．有用性：事業活動に有用な技術上または営業上の情報であること
エ．非公知性：公然と知られていないこと

「不正競争防止法」についての理解

公式テキスト 2-20 P.169

正答　イ

本問は、「不正競争防止法」についての理解を問うものである。
当該法律における「営業秘密」は、次の３つの要件を充たす必要がある。

- 秘密管理性：秘密として管理されていること
- 有用性：事業活動に有用な技術上または営業上の情報であること
- 非公知性：公然と知られていないこと

問18 第65回 問題56

「不正競争防止法」に関する以下のアからエまでの記述のうち、誤っているものを1つ選びなさい。

ア.「不正競争防止法」は、他人の技術開発、商品開発等の成果を冒用する行為等を不正競争として禁止している。具体的には、ブランド表示の盗用、形態模倣等とともに、営業秘密の不正取得・使用・開示等が不正競争行為に該当する。

イ.「不正競争防止法」において、不正競争行為に対する措置として、差止請求や損害賠償請求、信用回復措置請求などの民事的措置を規定しているが、行為者に対する刑事責任を定めた規定はない。

ウ.「営業秘密」の秘密管理性の要件を満たすためには、具体的状況に応じた経済的合理的な秘密管理措置によって、秘密として管理されていることが従業員等に対して明確に示され、従業員等が秘密管理意思を容易に認識できる必要がある。

エ.「営業秘密」の有用性が認められるためには、その情報が客観的にみて、事業活動にとって有用であることが必要であり、企業の反社会的な行為などの公序良俗に反する内容の情報は、有用性が認められない。

「不正競争防止法」についての理解

公式テキスト 2-20 P.169

正答 イ

本問は、「不正競争防止法」についての理解を問うものである。

ア. **正しい** 本記述のとおりである。

イ. **誤り** 「不正競争防止法」において、不正競争行為に対する措置として、差止請求(同法3条)や損害賠償請求(同法4条以下)、信用回復措置請求(同法14条)などの民事的措置を規定している。また、**刑事責任を定めた規定もあり**、営業秘密を侵害する行為の処罰規定として、営業秘密侵奪罪が定められている(同法21条1項)。

ウ. **正しい** 本記述のとおりである。

エ. **正しい** 本記述のとおりである。

問19　第66回 問題57

「特定電子メールの送信の適正化等に関する法律」（特定電子メール法・Eメール法）に関する以下のアからエまでの記述のうち、誤っているものを1つ選びなさい。

ア．当該法律は、原則として、あらかじめ同意した者に対してのみ広告宣伝メールの送信が認められる「オプトイン方式」が導入されている。
イ．非営利団体や営業を営まない個人が送信する電子メールや、海外から送信され、日本に着信する広告宣伝メールは、当該法律における義務付けの対象とはならない。
ウ．広告宣伝メールの送信にあたり、送信者などの氏名または名称、受信拒否の通知ができる旨、受信拒否の通知を受けるための電子メールアドレスまたはURL、送信者などの住所、苦情・問合せなどを受け付けることができる電話番号、電子メールアドレス又はURLなどの表示が、当該法律において義務付けられている。
エ．広告宣伝メールの送信にあたり、送信者を偽った送信や受信拒否者への送信、同意のない者への送信、架空電子メールアドレス宛の送信、表示義務違反などを行った場合は、当該法律において罰則の対象となる。

「特定電子メールの送信の適正化等に関する法律」についての理解
公式テキスト（2-20 P.169）

正答　イ

本問は、「特定電子メールの送信の適正化等に関する法律」（特定電子メール法・Eメール法）についての理解を問うものである。
ア．正しい　本記述のとおりである。
イ．誤　り　非営利団体や営業を営まない個人が送信する電子メールは、当該法律の義務付けの対象外であるが、海外から送信され、日本に着信する広告宣伝メールは、当該法律における**義務付けの対象となる**。
ウ．正しい　本記述のとおりである。
エ．正しい　本記述のとおりである。

問20　第67回 問題57

以下のアからエまでのうち、「刑法」における「電子計算機損壊等業務妨害罪」に該当する行為を１つ選びなさい。

ア. 他人のクレジットカードを無断で使用して、電子マネーを不正に購入する行為
イ. ショッピングサイトの特定のサーバに対して、大容量のデータを送りつけ、そのサーバの機能を停止させ、サイトのサービスを利用できないようにする行為
ウ. 金融機関のオンライン端末を不正に操作し、他人の口座から無断で自分の口座に預金を移し替える行為
エ. 正当な理由がないのに、その使用者の意図とは無関係に勝手に実行されるようにする目的で、マルウェアやマルウェアのソースコードを保管する行為

サイバー犯罪に関する理解

正答
イ

本問は、サイバー犯罪に関する理解を問うものである。

ア. **該当しない** 「刑法」における「電子計算機使用詐欺罪」に該当する行為である。
イ. **該当する**
ウ. **該当しない** 「刑法」における「電子計算機使用詐欺罪」に該当する行為である。
エ. **該当しない** 「刑法」における「不正指令電磁的記録保管罪」に該当する行為である。

問21　第65回 問題57

以下のアからエまでのうち、PMSの運用に関する次の文章中の（　　）に入る最も適切な語句の組合せを１つ選びなさい。

JIS Q 15001:2017の基本的な枠組みは、PDCAサイクルの運用であり、企業が個人情報を取り扱う際の基本的な方針や、それに基づいた具体的な計画の策定、その実施と運用、一定期間ごとの運用の評価や見直しまでを含め、トータルな個人情報保護管理体系の構築を要求している。
例えば、PDCAサイクルのPlanフェーズでは、個人情報の特定や規範の特定、（　a　）、緊急事態への準備などを行う。Doフェーズでは、運用手順の明確化を行い、（　b　）や文書管理、記録の管理、（　c　）などを行う。Checkフェーズでは、（　d　）や監査を行い、その結果を踏まえて、Actフェーズでは、是正処置や予防処置を行い、代表者による見直しを行う。

ア．a．苦情及び相談への対応　　b．権限の明確化
　　c．リスクアセスメント　　d．運用の確認
イ．a．苦情及び相談への対応　　b．教育
　　c．リスクアセスメント　　d．適正管理
ウ．a．リスクアセスメント　　b．権限の明確化
　　c．苦情及び相談への対応　　d．適正管理
エ．a．リスクアセスメント　　b．教育
　　c．苦情及び相談への対応　　d．運用の確認

個人情報保護についての理解

公式テキスト 5-1 P.279-285

正答
エ

本問は、個人情報保護についての理解を問うものである。
PMSの運用に関する記述は、次のとおりである。

> JIS Q 15001:2017の基本的な枠組みは、PDCAサイクルの運用であり、企業が個人情報を取り扱う際の基本的な方針や、それに基づいた具体的な計画の策定、その実施と運用、一定期間ごとの運用の評価や見直しまでを含め、トータルな個人情報保護管理体系の構築を要求している。
> 例えば、PDCAサイクルのPlanフェーズでは、個人情報の特定や規範の特定、**リスクアセスメント**、緊急事態への準備などを行う。Doフェーズでは、運用手順の明確化を行い、**教育**や文書管理、記録の管理、**苦情及び相談への対応**などを行う。Checkフェーズでは、**運用の確認**や監査を行い、その結果を踏まえて、Actフェーズでは、是正処置や予防処置を行い、代表者による見直しを行う。

第4章

問22　第67回 問題58

以下のアからエまでのうち、PMS（個人情報保護マネジメントシステム）の規格に関する次の文章中の（　　）に入る最も適切な語句の組合せを1つ選びなさい。

JIS Q 15001:2017は、個人情報の保護に関するマネジメントシステムの日本産業規格である。この規格は、PMSを確立し、実施し、維持し、継続的に改善するための要求事項を提供するために作成された。PMSは、リスクマネジメントプロセスを適用することによって個人情報の保護を維持し、かつ、リスクを適切に管理しているという信頼を（　a　）に与える。ここでの「(a)」とは、ある決定事項若しくは活動に影響を与え得るか、その影響を受け得るか、又はその影響を受けると認識している、個人又は組織と定義されている。
また、この規格では、マネジメントシステムを、方針、目的及びその目的を達成するためのプロセスを確立するための、相互に関連する又は相互に作用する、組織の一連の要素と定義し、マネジメントシステムの要素には、組織の構造、役割及び責任、計画、運用などが含まれると示している。ここでの「計画」には、（　b　）や計画策定が該当し、「運用」には、利用目的の特定や適正な取得、（　c　）、従業者・委託先の監督などが該当する。

ア．a．取引先　　　　b．個人データの正確性の確保
　　c．個人情報の特定
イ．a．取引先　　　　b．個人情報の特定
　　c．個人データの正確性の確保
ウ．a．利害関係者　　b．個人データの正確性の確保
　　c．個人情報の特定
エ．a．利害関係者　　b．個人情報の特定
　　c．個人データの正確性の確保

PMSに関する理解

公式テキスト 5-1 P.280-285

正答
エ

本問は、PMSに関する理解を問うものである。
PMSの規格に関する記述は、次のとおりである。

> JIS Q 15001:2017は、個人情報の保護に関するマネジメントシステムの日本産業規格である。この規格は、PMSを確立し、実施し、維持し、継続的に改善するための要求事項を提供するために作成された。PMSは、リスクマネジメントプロセスを適用することによって個人情報の保護を維持し、かつ、リスクを適切に管理しているという信頼を**利害関係者**に与える。ここでの「**利害関係者**」とは、ある決定事項若しくは活動に影響を与え得るか、その影響を受け得るか、又はその影響を受けると認識している、個人又は組織と定義されている。
> また、この規格では、マネジメントシステムを、方針、目的及びその目的を達成するためのプロセスを確立するための、相互に関連する又は相互に作用する、組織の一連の要素と定義し、マネジメントシステムの要素には、組織の構造、役割及び責任、計画、運用などが含まれると示している。ここでの「計画」には**個人情報の特定**や計画策定が該当し、「運用」には、利用目的の特定や適正な取得、**個人データの正確性の確保**、従業者・委託先の監督などが該当する。

問23　第66回 問題58

次の図は、JIS Q 15001:2017に基づいたPMSのモデルを表したものである。以下のアからエまでのうち、図中の（　　）に入る最も適切な語句の組合せを１つ選びなさい。

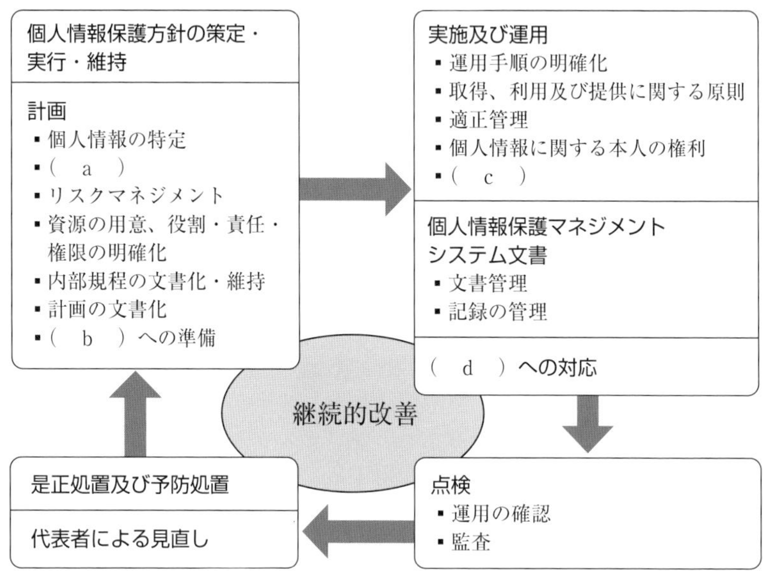

ア．ａ．従業者の教育　　　　ｂ．苦情及び相談
　　ｃ．規範の特定・参照　　ｄ．緊急事態
イ．ａ．従業者の教育　　　　ｂ．緊急事態
　　ｃ．規範の特定・参照　　ｄ．苦情及び相談
ウ．ａ．規範の特定・参照　　ｂ．苦情及び相談
　　ｃ．従業者の教育　　　　ｄ．緊急事態
エ．ａ．規範の特定・参照　　ｂ．緊急事態
　　ｃ．従業者の教育　　　　ｄ．苦情及び相談

PMSに関する理解

公式テキスト 5-1 P.280-285

正答
エ

本問は、PMSについての理解を問うものである。

JIS Q 15001:2017に基づいたPMSのモデルを表した図は、次のとおりである。

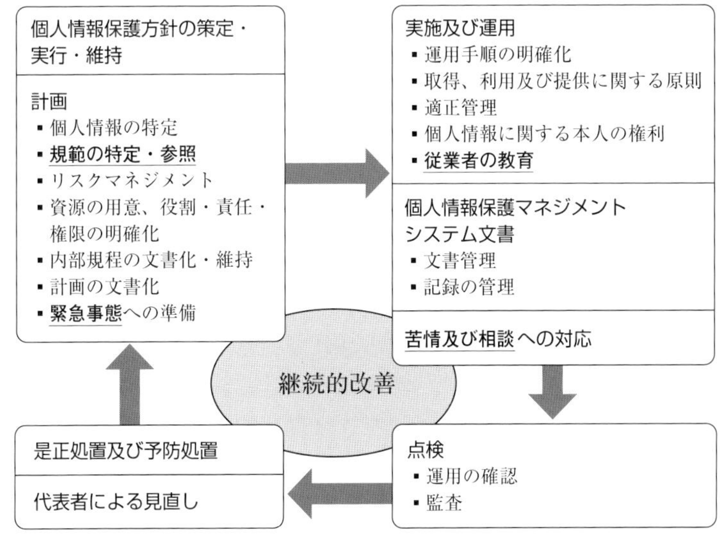

問24　第65回 問題58

以下のアからエまでのうち、企業活動に関する用語とその概要を示した次の表の（　　）に入る最も適切な語句の組合せを１つ選びなさい。

用語	概要
（　a　）	株主・従業員・顧客・取引先・金融機関などによって企業を統制し、監視する仕組みのことをいう。情報開示のあり方や、監査役や社外取締役を含む取締役会など会社の機関のあり方などを指すこともある。
（　b　）	業務の有効性及び効率性・財務報告の信頼性・事業活動に関わる法令等の遵守並びに資産の保全の４つの目的が達成されているとの合理的な保証を得るために、業務に組み込まれ、組織内のすべての者によって遂行されるプロセスである。
（　c　）	社会的責任にも配慮した（a）と、それを支えるメカニズムである（b）の仕組みを、情報セキュリティの観点から企業内に構築・運用することである。また、様々なリスクの内、情報資産に係るリスクの管理を狙いとして、情報セキュリティに関わる意識、取組み及びそれらに基づく業務活動を組織内に徹底させるための仕組みを構築・運用することである。

ア．a．内部統制　b．コーポレートガバナンス
　　c．全社的リスクマネジメント
イ．a．内部統制　b．コーポレートガバナンス
　　c．情報セキュリティガバナンス
ウ．a．コーポレートガバナンス　b．内部統制
　　c．情報セキュリティガバナンス
エ．a．コーポレートガバナンス　b．内部統制
　　c．全社的リスクマネジメント

情報セキュリティに関連する制度などにおける企業活動についての理解

正答
ウ

本問は、情報セキュリティに関連する制度などにおける企業活動についての理解を問うものである。

企業活動に関する用語とその概要を示した表は、次のとおりである。

用語	概要
コーポレートガバナンス	株主・従業員・顧客・取引先・金融機関などによって企業を統制し、監視する仕組みのことをいう。情報開示のあり方や、監査役や社外取締役を含む取締役会など会社の機関のあり方などを指すこともある。
内部統制	業務の有効性及び効率性・財務報告の信頼性・事業活動に関わる法令等の遵守並びに資産の保全の4つの目的が達成されているとの合理的な保証を得るために、業務に組み込まれ、組織内のすべての者によって遂行されるプロセスである。
情報セキュリティガバナンス	社会的責任にも配慮した**コーポレートガバナンス**と、それを支えるメカニズムである**内部統制**の仕組みを、情報セキュリティの観点から企業内に構築・運用することである。また、様々なリスクの内、情報資産に係るリスクの管理を狙いとして、情報セキュリティに関わる意識、取組み及びそれらに基づく業務活動を組織内に徹底させるための仕組みを構築・運用することである。

第4章

問25　第67回 問題59

以下のアからエまでのうち、内部統制の基本的要素に関する次の文章中の（　　）に入る最も適切な語句の組合せを１つ選びなさい。

内部統制は、「統制環境」「リスクの評価と対応」「（　a　）」「情報と伝達」「（　b　）」「ITへの対応」の６つの基本的要素によって構成されている。
これらのうち、「（a）」とは、経営者の命令及び指示が適切に実行されることを確保するために定められる方針及び手続をいう。「（a）」には、権限及び職責の付与、職務の分掌等の広範な方針及び手続が含まれる。このような方針及び手続は、業務のプロセスに組み込まれるべきものであり、（　c　）において遂行されることにより機能するものである。
また、「（b）」とは、内部統制が有効に機能していることを継続的に評価するプロセスであり、監視活動とも呼ばれる。「（b）」には、業務に組み込まれて行われる「日常的（b）」及び業務から独立した視点から実施される「独立的評価」がある。

ア．a．統制活動　　b．モニタリング
　　c．組織内のすべての者
イ．a．統制活動　　b．トレーシング
　　c．経営者及び取締役会
ウ．a．業務の有効性及び効率性　　b．モニタリング
　　c．経営者及び取締役会
エ．a．業務の有効性及び効率性　　b．トレーシング
　　c．組織内のすべての者

法令や制度などとの関係に関する理解

正答
ア

本問は、法令や制度などとの関係に関する理解を問うものである。
内部統制に関する記述は、次のとおりである。

> 内部統制は、「統制環境」「リスクの評価と対応」「**統制活動**」「情報と伝達」「**モニタリング**」「ITへの対応」の6つの基本的要素によって構成されている。
> これらのうち、「**統制活動**」とは、経営者の命令及び指示が適切に実行されることを確保するために定められる方針及び手続をいう。「**統制活動**」には、権限及び職責の付与、職務の分掌等の広範な方針及び手続が含まれる。このような方針及び手続は、業務のプロセスに組み込まれるべきものであり、**組織内のすべての者**において遂行されることにより機能するものである。
> また、「**モニタリング**」とは、内部統制が有効に機能していることを継続的に評価するプロセスであり、監視活動とも呼ばれる。「**モニタリング**」には、業務に組み込まれて行われる「日常的**モニタリング**」及び業務から独立した視点から実施される「独立的評価」がある。

第4章

問26　第66回 問題59

以下のアからエまでのうち、内部統制に関する次の文章中の（　　）に入る最も適切な語句の組合せを１つ選びなさい。

会社の取締役は、内部統制構築の義務を負う。内部統制は、組織の事業活動を支援する４つの目的を達成するために組織内に構築される。この４つの目的とは、「業務の有効性及び効率性」、「（　a　）」、「事業活動に関わる法令等の遵守」及び「（　b　）」であり、それぞれ固有の目的ではあるが、お互いに独立して存在するものではなく、相互に密接に関連している。また、内部統制は業務に組み込まれ、（　c　）によって遂行されるプロセスであって、いずれか１つの目的を達成するために構築された内部統制であっても、他の目的のために構築された内部統制と共通の体制となったり、互いに補完し合う場合もある。

ア．ａ．財務報告の信頼性　　　　ｂ．資産の保全
　　ｃ．組織内のすべての者
イ．ａ．財務報告の信頼性　　　　ｂ．情報と伝達
　　ｃ．取締役会及び監査役
ウ．ａ．リスクの評価と対応　　　ｂ．資産の保全
　　ｃ．取締役会及び監査役
エ．ａ．リスクの評価と対応　　　ｂ．情報と伝達
　　ｃ．組織内のすべての者

法令や制度などとの関係に関する理解

正答
ア

本問は、法令や制度などとの関係についての理解を問うものである。
内部統制に関する記述は、次のとおりである。

> 会社の取締役は、内部統制構築の義務を負う。内部統制は、組織の事業活動を支援する4つの目的を達成するために組織内に構築される。この4つの目的とは、「業務の有効性及び効率性」、「**財務報告の信頼性**」、「事業活動に関わる法令等の遵守」及び「**資産の保全**」であり、それぞれ固有の目的ではあるが、お互いに独立して存在するものではなく、相互に密接に関連している。
> また、内部統制は業務に組み込まれ、**組織内のすべての者**によって遂行されるプロセスであって、いずれか1つの目的を達成するために構築された内部統制であっても、他の目的のために構築された内部統制と共通の体制となったり、互いに補完し合う場合もある。

問27　第65回 問題59

以下のアからエまでの記述のうち、「刑法」における「不正指令電磁的記録作成」に該当する行為を１つ選びなさい。

ア．コンピュータの使用者の意図とは無関係に勝手に実行されるようにする目的で、マルウェアのソースコードを作成する行為
イ．ゲームの制作者が意図しない方法で、ゲームのプログラムを改変し、それをインターネット上で公開する行為
ウ．銀行のホストコンピュータに侵入し、特定の口座の預金残高を不正に書き換える行為
エ．特定のWebサーバにログインするためのユーザID・パスワードを一覧できるファイルを作成し、アクセス権限のある本人に無断で第三者に提供する行為

関連法規についての理解

正答　ア

本問は、関連法規についての理解を問うものである。

ア．該当する（刑法161条の２第１項）。
イ．該当しない　「著作権法」における違法行為となる。
ウ．該当しない　「刑法」における「電子計算機使用詐欺」に該当する（刑法246条の２）。
エ．該当しない　「不正アクセス禁止法」における「不正アクセス行為を助長する行為」に該当する。

問28　第67回 問題60

以下のアからエまでのうち、リスクマネジメント一般における「投機的リスク」に該当しないものを１つ選びなさい。

ア. 規制緩和や法改正などの、法的規制変更に関わるリスク
イ. 盗難などの人的災害や、地震・台風などの自然災害による、財産損失リスク
ウ. 景気の悪化や円高・円安などの為替レートによる、経済的情勢変動リスク
エ. 技術革新や新技術の開発等による、技術的情勢変化に関わるリスク

リスクマネジメントにおけるリスクの種類に関する理解

公式テキスト 5-2 P.288

正答　イ

「投機的リスク」は、影響が好ましいか好ましくないかを問わないリスクであり、利益と損失の両方が発生する可能性のあるリスクである。一方、「純粋リスク」は、好ましくないもの、つまり組織に損害のみを与えるリスクである。

本問は、このリスクマネジメントにおけるリスクの種類に関する理解を問うものである。

ア. **該当する**
イ. **該当しない**　財産損失リスクは、「**純粋リスク**」に分類される。
ウ. **該当する**
エ. **該当する**

問29　第65回 問題60

以下のアからエまでのうち、リスクに関する次の文章中の（　　）に入る最も適切な語句の組合せを１つ選びなさい。

リスクは、「資産」がさらされる「（　a　）」と、その資産の管理上の問題点の「（　b　）」の組合せで成り立っている。
また、リスクは、次のように大別することができる。

●（　c　）におけるリスク
影響が好ましいか好ましくないかは問わないリスクであり、損失だけではなく利益を生む可能性がある事象を指し、「投機的リスク」とも呼ばれる。

●（　d　）におけるリスク
好ましくないもの、つまり損害を与えるものを対象としているリスクであり、「純粋リスク」とも呼ばれる。

ア．a．ぜい弱性　　b．脅威
　　c．情報セキュリティマネジメント
　　d．リスクマネジメント一般

イ．a．ぜい弱性　　b．脅威
　　c．リスクマネジメント一般
　　d．情報セキュリティマネジメント

ウ．a．脅威　　b．ぜい弱性
　　c．情報セキュリティマネジメント
　　d．リスクマネジメント一般

エ．a．脅威　　b．ぜい弱性
　　c．リスクマネジメント一般
　　d．情報セキュリティマネジメント

リスクマネジメントについての理解

公式テキスト 5-2 P.288,290

正答 エ

本問は、リスクマネジメントについての理解を問うものである。
リスクに関する記述は、次のとおりである。

> リスクは、「資産」がさらされる「**脅威**」と、その資産の管理上の問題点の「**ぜい弱性**」の組合せで成り立っている。
> また、リスクは、次のように大別することができる。
> ●**リスクマネジメント一般**におけるリスク
> 影響が好ましいか好ましくないかは問わないリスクであり、損失だけではなく利益を生む可能性がある事象を指し、「投機的リスク」とも呼ばれる。
> ●**情報セキュリティマネジメント**におけるリスク
> 好ましくないもの、つまり損害を与えるものを対象としているリスクであり、「純粋リスク」とも呼ばれる。

第4章

問30　第67回 問題61

以下のアからエまでのうち、代表的なマネジメントシステムの略称と概要を示した次の表の（　　）に入る最も適切な語句の組合せを1つ選びなさい。

マネジメントシステムの略称	概要
QMS	製造物や提供されるサービスの品質に関して組織を指揮し、管理監督するマネジメントシステムである。 国際規格は（　a　）シリーズである。
（　b　）	環境方針、目的・目標を設定し、その達成に向けた取組みを実施して、見直し・維持するためのマネジメントシステムである。 国際規格はISO 14000シリーズである。
ITSMS	ITサービス提供者が、顧客のニーズに合致した適切なITサービスを提供するためのマネジメントシステムである。 国際規格は（　c　）等である。

ア．a．ISO/IEC 17025　b．EMS　c．ISO 45001
イ．a．ISO/IEC 17025　b．WMS　c．ISO/IEC 20000
ウ．a．ISO 9000　b．EMS　c．ISO/IEC 20000
エ．a．ISO 9000　b．WMS　c．ISO 45001

マネジメントシステムに関する理解

正答
ウ

本問は、マネジメントシステムに関する理解を問うものである。

代表的なマネジメントシステムの略称とその概要を示した表は、次のとおりである。

マネジメントシステムの略称	概要
QMS	製造物や提供されるサービスの品質に関して組織を指揮し、管理監督するマネジメントシステムである。 国際規格はISO 9000シリーズである。
EMS	環境方針、目的・目標を設定し、その達成に向けた取組みを実施して、見直し・維持するためのマネジメントシステムである。 国際規格はISO 14000シリーズである。
ITSMS	ITサービス提供者が、顧客のニーズに合致した適切なITサービスを提供するためのマネジメントシステムである。 国際規格はISO/IEC 20000等である。

問31　第66回 問題61

以下のアからエまでのうち、RMSと各分野のマネジメントシステムに関する次の文章中の（　　）に入る最も適切な語句の組合せを1つ選びなさい。

RMSは、情報セキュリティの分野だけではなく、品質やITサービスなどの各分野でそれぞれマネジメントシステムが提唱されている。代表的なマネジメントシステムには、次のようなものが挙げられる。

- （　a　）
  製造物や提供されるサービスの品質を管理監督するマネジメントシステムであり、国際規格はISO 9000シリーズである。
- （　b　）
  環境方針、目的・目標を設定し、その達成に向けた取組みを実施するためのマネジメントシステムであり、国際規格はISO 14000シリーズである。
- ITSMS
  ITサービス提供者が、顧客のニーズに合致した適切なITサービスを提供するためのマネジメントシステムであり、国際規格は（　c　）等である。

ア．a．QMS　　b．TMS　　c．ISO/IEC 17025
イ．a．QMS　　b．EMS　　c．ISO/IEC 20000
ウ．a．CMS　　b．TMS　　c．ISO/IEC 20000
エ．a．CMS　　b．EMS　　c．ISO/IEC 17025

マネジメントシステムに関する理解

正答
イ

本問は、マネジメントシステムについての理解を問うものである。

RMSと各分野のマネジメントシステムに関する記述は、次のとおりである。

> RMSは、情報セキュリティの分野だけではなく、品質やITサービスなどの各分野でそれぞれマネジメントシステムが提唱されている。代表的なマネジメントシステムには、次のようなものが挙げられる。
>
> - QMS
>   製造物や提供されるサービスの品質を管理監督するマネジメントシステムであり、国際規格はISO 9000シリーズである。
> - EMS
>   環境方針、目的・目標を設定し、その達成に向けた取組みを実施するためのマネジメントシステムであり、国際規格はISO 14000シリーズである。
> - ITSMS
>   ITサービス提供者が、顧客のニーズに合致した適切なITサービスを提供するためのマネジメントシステムであり、国際規格はISO/IEC 20000等である。

第4章

問32　第66回 問題62

以下のアからエまでのうち、リスクアセスメントの手法に関する次の文章中の（　　）に入る最も適切な語句の組合せを１つ選びなさい。

（　a　）リスク分析は、リスクレベルを高・中・低や相対的な数字で表したり、５段階評価などにより評価する手法である。この手法は、基準値を設定しやすいため、実務で用いられることが多い。（a）リスク分析の代表的な手法の一つとして、（　b　）が挙げられる。
（b）では、資産、脅威、ぜい弱性それぞれのリスク因子について、何段階で評価するかなどを決めて分析を行う。例えば、リスクレベルの算定例として、各リスク因子を加算する方法や乗算する方法などがある。また、（b）は、資産に応じたリスクレベルの把握ができ、リスク対策の選択もしやすくなるが、（　c　）というデメリットがあり、緊急に対応が必要なリスクへの処置が遅れてしまう場合もある。

ア．a．定量的　　b．ベースラインアプローチ
　　c．手間とコストがかかる
イ．a．定量的　　b．詳細リスク分析
　　c．分析の一貫性が保てない
ウ．a．定性的　　b．ベースラインアプローチ
　　c．分析の一貫性が保てない
エ．a．定性的　　b．詳細リスク分析
　　c．手間とコストがかかる

リスクマネジメントについての理解

公式テキスト 5-2 P.289-290

正答 エ

本問は、リスクマネジメントについての理解を問うものである。リスクアセスメントの手法に関する記述は、次のとおりである。

> **定性的**リスク分析は、リスクレベルを高・中・低や相対的な数字で表したり、５段階評価などにより評価する手法である。この手法は、基準値を設定しやすいため、実務で用いられることが多い。**定性的**リスク分析の代表的な手法の一つとして、**詳細リスク分析**が挙げられる。
> **詳細リスク分析**では、資産、脅威、ぜい弱性それぞれのリスク因子について、何段階で評価するかなどを決めて分析を行う。例えば、リスクレベルの算定例として、各リスク因子を加算する方法や乗算する方法などがある。また、**詳細リスク分析**は、資産に応じたリスクレベルの把握ができ、リスク対策の選択もしやすくなるが、**手間とコストがかかる**というデメリットがあり、緊急に対応が必要なリスクへの処置が遅れてしまう場合もある。

第4章

問33　第65回 問題62

以下のアからエまでのうち、リスク対応に関する次の文章中の（　　）に入る最も適切な語句の組合せを１つ選びなさい。

リスク対応は、リスクを修正するプロセスであり、リスク評価によって明確になったリスクに対し、どのような対応をするかを選択して実施することである。基本的には、ぜい弱性への対策を講じて脅威が発生する可能性を下げる「リスクの最適化」を行う。
なお、リスクが顕在化したときの影響度とリスク発生可能性が高い場合は「（　a　）」を選択し、影響度と発生可能性が低い場合は「（　b　）」を選択する。また、影響度は高いが発生の可能性が低い場合は「（　c　）」を選択する。

ア．ａ．リスクの回避　ｂ．リスクの低減　ｃ．リスクの移転
イ．ａ．リスクの回避　ｂ．リスクの保有　ｃ．リスクの移転
ウ．ａ．リスクの移転　ｂ．リスクの低減　ｃ．リスクの回避
エ．ａ．リスクの移転　ｂ．リスクの保有　ｃ．リスクの回避

リスクマネジメントについての理解

公式テキスト 5-2 P.294

正答　イ

本問は、リスクマネジメントについての理解を問うものである。
リスク対応に関する記述は、次のとおりである。

リスク対応は、リスクを修正するプロセスであり、リスク評価によって明確になったリスクに対し、どのような対応をするかを選択して実施することである。基本的には、ぜい弱性への対策を講じて脅威が発生する可能性を下げる「リスクの最適化」を行う。
なお、リスクが顕在化したときの影響度とリスク発生可能性が高い場合は「**リスクの回避**」を選択し、影響度と発生可能性が低い場合は「**リスクの保有**」を選択する。また、影響度は高いが発生の可能性が低い場合は「**リスクの移転**」を選択する。

問34　第66回 問題60

ISMSとRMS（リスクマネジメントシステム）に関する以下のアからエまでの記述のうち、不適切なものを１つ選びなさい。

ア．ISMSは、情報の機密性、完全性及び可用性をバランスよく維持・改善し、情報資産に対するリスクを適切に管理する組織的な取組みである。

イ．ISMSの導入により、その組織が情報資産に対して適切にリスクマネジメントを行っているという信頼を、利害関係者に与えることができるという副次的な効果も期待できる。

ウ．ISMSは、PDCAサイクルという枠組みのもとで、リスクアセスメントとリスク対応というプロセスを実施し、それを点検し改善することを繰り返していくことで実現する。

エ．リスクアセスメントは、リスク特定・リスク評価・リスク分析の順で行われるプロセスであり、リスク対応は、リスク対応の管理策を決定し、リスク対応計画を策定して実施するプロセスである。

リスクマネジメントシステムについての理解

公式テキスト 5-1 P.285・5-2 P.288

正答　エ

本問は、ISMSとRMS（リスクマネジメントシステム）についての理解を問うものである。

ア．適　切　本記述のとおりである。

イ．適　切　本記述のとおりである。

ウ．適　切　本記述のとおりである。

エ．不適切　リスクアセスメントは、リスク特定・**リスク分析**・**リスク評価**の順で行われるプロセスであり、リスク対応は、リスク対応の管理策を決定し、リスク対応計画を策定して実施するプロセスである。

問35　第65回 問題61

以下のアからエまでのうち、リスクアセスメントの手法に関する次の文章中の（　　）に入る最も適切な語句の組合せを１つ選びなさい。

MICTS（GMITS）が示している組合せアプローチは、複数のアプローチを併用して、それぞれの長所・短所を相互に補完する手法である。
この手法では、最初に（　a　）を行い、どの情報システムにどのアプローチが適切かなどを判断する。一般的には、組織全体については、（　b　）を採用しつつ、重要な情報資産や情報システムを扱う組織や部門などに限定して（　c　）を行うことが多い。つまり、リスクの高い部分に限定して（c）を実施することによって、分析にかかる費用や労力を削減でき、より精度の高いリスク分析を行うことが可能となる。

ア．a．スニーク分析　b．ベイズ解析
　　c．詳細リスク分析
イ．a．スニーク分析　b．ベースラインアプローチ
　　c．デシジョンツリー分析
ウ．a．上位レベルリスク分析　b．ベイズ解析
　　c．デシジョンツリー分析
エ．a．上位レベルリスク分析　b．ベースラインアプローチ
　　c．詳細リスク分析

リスクアセスメントに関する理解

公式テキスト 5-2 P.289-290

正答
エ

本問は、リスクアセスメントについての理解を問うものである。
リスクアセスメントの手法に関する記述は、次のとおりである。

> MICTS（GMITS）が示している組合せアプローチは、複数のアプローチを併用して、それぞれの長所・短所を相互に補完する手法である。
> この手法では、最初に**上位レベルリスク分析**を行い、どの情報システムにどのアプローチが適切かなどを判断する。一般的には、組織全体については、**ベースラインアプローチ**を採用しつつ、重要な情報資産や情報システムを扱う組織や部門などに限定して**詳細リスク分析**を行うことが多い。つまり、リスクの高い部分に限定して**詳細リスク分析**を実施することによって、分析にかかる費用や労力を削減でき、より精度の高いリスク分析を行うことが可能となる。

問36　第67回 問題62

リスクアセスメントに関する以下のアからエまでの記述のうち、不適切なものを１つ選びなさい。

ア．リスクアセスメントの実施にあたっては、「リスク基準」を確立する必要がある。「リスク基準」とは、リスクの重大性を評価するための目安とする条件のことである。

イ．「リスク基準」は、企業において決定するものであるが、法規制の要求事項、ステークホルダの見解、関連するコストなどに配慮しつつ、リスクレベルをどのように決定するか、リスクが受容可能になるレベルをどのように定めるかなどを考慮して決めることになる。

ウ．リスクアセスメントにおける「リスク評価」は、リスクの特質を理解し、リスクレベルを決定するプロセスであり、リスクの重大さを算定するための体系的なプロセスともいえる。

エ．リスクレベルは定性的にも定量的にも評価できるため、「リスク分析」においてどちらの手法を用いるかを検討する必要がある。例えば、定量的リスク分析の手法としてALEがあり、年間の予想損失額を求める際にこの手法を用いる場合がある。

リスクアセスメントに関する理解

公式テキスト 5-2 P.290-293

正答　ウ

本問は、リスクアセスメントに関する理解を問うものである。

ア．適　切　本記述のとおりである。

イ．適　切　本記述のとおりである。

ウ．不適切　リスクアセスメントにおいて、リスクの特質を理解し、リスクレベルを決定するプロセスであり、リスクの重大さを算定するための体系的なプロセスともいえるのは、「**リスク分析**」である。なお、「リスク評価」は、リスク分析の結果をリスク基準と比較するプロセスである。

エ．適　切　本記述のとおりである。

問37　第67回 問題63

以下のアからエまでの記述のうち、リスク対応における「リスクの最適化」に該当しないものを１つ選びなさい。

ア. パソコンの紛失や盗難に備え、保存する情報を暗号化しておく。
イ. 外部からの不正侵入に備え、入退管理システムを導入して認証により入室を制限する。
ウ. 操作ミスを低減するため、研修や操作訓練などを行う。
エ. 自社では安全性が担保できないため、社内システムの運用を専門業者に委託する。

リスク対応に関する理解
公式テキスト 5-2 P.294-295

正答
エ

「リスクの最適化」は、「リスクの低減」ともいう。
本問は、このリスク対応に関する理解を問うものである。

ア. **該当する**
イ. **該当する**
ウ. **該当する**
エ. **該当しない**　「**リスクの移転**」の具体例である。

問38　第66回 問題63

以下のアからエまでの記述のうち、リスク対応における「リスクトランスファー」に該当するものを１つ選びなさい。

ア．リスクの発生頻度が低く、リスク発生時の影響度も低い場合や、セキュリティ対策のコストに見合うだけの効果が得られない場合などに採用する。例えば、リスク発生に備えて、予算を計上することなどが該当する。

イ．リスクの発生頻度が低く、リスク発生時の影響度が高い場合に採用する。例えば、セキュリティ保険などを利用して、リスクが発生したときの損害の一部を補償することなどが該当する。

ウ．リスクの発生頻度が高く、リスク発生時の影響度がやや高い場合に採用する。例えば、災害や事故に備えて、データのバックアップ体制を整えることなどが該当する。

エ．リスクの発生頻度が高く、リスク発生時の影響度が高い場合に採用する。例えば、ネットワーク経由での不正侵入という脅威に対して、抜線してネットワーク接続を断つことなどが該当する。

リスク対応についての理解

公式テキスト 5-2 P.294-295

正答　イ

本問は、リスク対応についての理解を問うものである。

ア．該当しない　「**リスクの保有**」の説明である。

イ．該当する　リスクトランスファーは、「リスクの移転」ともいう。

ウ．該当しない　「**リスクの低減**」の説明である。

エ．該当しない　「**リスクの回避**」の説明である。

問39　第65回 問題63

残留リスクに関する以下のアからエまでの記述のうち、不適切なものを１つ選びなさい。

ア．JIS Q 15001:2017において、「残留リスク」は、リスク対応後に残っているリスクと定義されている。また、残留リスクには、特定されていないリスクが含まれ得ると示されている。

イ．残留リスクは、リスクコミュニケーションの一環として、対象となる情報資産、脅威、ぜい弱性とともに、従業者などに周知する必要がある。

ウ．残留リスクは、リスク評価の過程で設定したリスクの許容水準と同等またはそれを上回るように保たなければならない。

エ．リスクの許容水準の設定や残留リスクの承認は、経営者の判断において行うべきで、現場担当者の判断によるべきではない。

残留リスクについての理解

公式テキスト 5-2 P.295

正答　ウ

本問は、残留リスクについての理解を問うものである。

ア．**適　切**　本記述のとおりである。

イ．**適　切**　本記述のとおりである。

ウ．**不適切**　残留リスクは、リスク評価の過程で設定したリスクの**許容水準以下に抑える**必要がある。

エ．**適　切**　本記述のとおりである。

2. 組織的・人的セキュリティ

問1　第67回 問題64

個人情報の特定（洗い出し）や台帳管理などに関する以下のアからエまでの記述のうち、不適切なものを1つ選びなさい。

ア. 個人情報の取得・入力、移送・送信、利用・加工、保存・バックアップ、消去・廃棄までの段階ごとに、想定されるすべてのリスクの特定・分析、対応の検討は、一般的に、個人情報の特定を終えた後に行う。

イ. 個人情報管理台帳に含めるべき項目には、個人情報の項目や個人情報の利用目的、アクセス権限を有する者、利用期限、件数が挙げられ、この他にも入手経路や組織内での取扱部署、保管形態、廃棄方法などを含めることも考えられる。

ウ. 業務の中で二次的に作成する管理資料のデータベースやバックアップデータ、PMSの運用において発生する記録類については、個人情報が含まれるケースは少ないため、個人情報の洗い出しの対象に含める必要はない。

エ. 個人情報管理台帳は、その内容を少なくとも年1回の定期的な確認、または必要な場合はその都度確認するなどして、正確かつ最新の状態を維持すべきである。

個人情報の特定（洗い出し）や台帳管理などに関する理解
公式テキスト 6-3 P.328-333

正答
ウ

本問は、個人情報の特定（洗い出し）や台帳管理などに関する理解を問うものである。

ア. 適　切　本記述のとおりである。

イ. 適　切　本記述のとおりである。

ウ. 不適切　PMS運用において発生する記録類として、同意書や誓約書、教育実施後のテストなどの個人情報が含まれるものがあり、業務の中で二次的に作成する管理資料のデータベースやバックアップデータにも個人情報に該当する情報が含まれる場合があるため、これらについても**個人情報の洗い出しの対象に含めるようにする**。

エ. 適　切　本記述のとおりである。

問2　第67回 問題65

個人情報保護方針（基本方針、プライバシーポリシー、プライバシーステートメント等）に関する以下のアからエまでの記述のうち、不適切なものを1つ選びなさい。

ア. PMSを確立し、運用するためには、まず、個人情報保護を推進するうえでの考え方や方針を策定し、個人情報保護方針として文書化することが重要である。

イ.「個人情報保護法」には個人情報保護方針に関する規定はなく、個人情報保護方針の策定は法律上の義務ではない。

ウ. 個人情報保護方針を内部向けと外部向けに分けて策定した場合、JIS Q 15001:2017においては、外部向け個人情報保護方針を文書化した情報について、一般の人が知り得るようにするための一般の人が入手可能な措置を講じなければならないと示している。

エ. JIS Q 15001:2017においては、内部向け個人情報保護方針を文書化した情報を、組織内に伝達し、部外者に対しては秘匿するべきと示している。

個人情報の特定（洗い出し）や台帳管理などに関する理解

公式テキスト 6-3 P.328-333

正答　エ

本問は、個人情報の特定（洗い出し）や台帳管理などに関する理解を問うものである。

ア. 適　切　本記述のとおりである。

イ. 適　切　本記述のとおりである。

ウ. 適　切　本記述のとおりである。

エ. 不適切　JIS Q 15001:2017においては、トップマネジメントは、内部向け個人情報保護方針を文書化した情報を、組織内に伝達し、**必要に応じて、利害関係者が入手可能にするための措置を講じなければならない**と示している。ここでの「利害関係者」には、従業者のほか、委託先や協業相手などの取引先が該当する。

問3　第66回 問題64

個人情報の特定に関する以下のアからエまでの記述のうち、不適切なものを１つ選びなさい。

ア．個人情報の保護を図るためには、事業者が事業で実際に活用している個人情報を特定すること、すなわち、取り扱う個人情報を洗い出して、リスクの認識・分析・対策の対象を明確にしておくことが重要である。

イ．個人情報を特定する方法として、事業者が保有している帳票や保存データから個人情報を特定する方法や、業務フロー図を活用して業務の流れに沿って個人情報を洗い出す方法などが挙げられる。

ウ．個人情報の特定漏れをチェックする方法として、「事業者が商品やサービスを提供する業務において取り扱う個人情報」、「従業者の採用や雇用管理で取り扱う個人情報」、「PMSを運用することによって取り扱う個人情報」の３つの項目を手掛かりに、チェックすることが有効である。

エ．直接取得する顧客情報や従業者情報は、個人情報の洗い出しの対象に含まれるが、業務の中で二次的に作成する管理資料や、PMS運用において発生する記録類、バックアップデータについては、個人情報の洗い出しの対象に含まれない。

個人情報の特定と管理についての理解

公式テキスト 6-3 P.328-333

正答　エ

本問は、個人情報の特定と管理についての理解を問うものである。

ア．**適　切**　本記述のとおりである。

イ．**適　切**　本記述のとおりである。

ウ．**適　切**　本記述のとおりである。

エ．**不適切**　PMS運用において発生する記録類として、同意書や誓約書、教育実施後のテストなどの個人情報が含まれるものがあり、業務の中で二次的に作成する管理資料のデータベースやバックアップデータにも個人情報に該当する情報が含まれる場合があるため、これらについても**個人情報の洗い出しの対象に含めるようにする**。

問4 第65回 問題64

個人情報の特定と管理に関する以下のアからエまでの記述のうち、不適切なものを１つ選びなさい。

ア．個人情報の保護を図るためには、事業者が保有している個人情報を漏れなく洗い出して、リスクアセスメントを行ったうえで、対策の対象を明確にしておく必要がある。

イ．個人情報を台帳管理するにあたり、管理対象とする個人情報の重要性や漏えい事故等による影響の大きさを考慮して、機密性に重点をおき、関係者外秘・社外秘・公開といった管理レベルを設定して、台帳で取扱状況を管理する項目や内容を定義する。

ウ．管理対象とする個人情報については、従業者が取り扱いやすいように、管理レベルは部署ごとやグループごとに独自に設定した表記方法でラベリングすることが望ましい。

エ．個人情報の特定を行った後に、個人情報の取得・入力から移送・送信、利用・加工、保管・バックアップ、消去・廃棄までの取扱いの段階ごとに、想定されるリスクを特定・分析し、対策を検討する。

個人情報の特定と管理についての理解

公式テキスト 6-3 P.328-333

正答 ウ

本問は、個人情報の特定と管理についての理解を問うものである。

ア．適　切　本記述のとおりである。

イ．適　切　本記述のとおりである。

ウ．不適切　管理対象とする個人情報については、取扱いを間違えないように、**管理レベルを組織全体で統一した表記方法でラベリングする**。

エ．適　切　本記述のとおりである。

問5　第66回 問題65

以下のアからエまでのうち、個人情報の取扱い状況の把握とリスクの認識などに関する次の文章中の（　　）に入る最も適切な語句の組合せを１つ選びなさい。

個人情報の取扱い状況を把握できる手段としては、「個人情報管理台帳」などの作成と、最新状態の維持が考えられる。台帳などにより、管理対象とする個人情報については、従業者が取扱いを間違えないように、管理レベルを（　a　）した表記方法でラベリングする。
また、個人情報を特定した後に、個人データの（　b　）に沿って、取得・入力から移送・送信、利用・加工、保存・バックアップ、消去・廃棄までの取扱いの段階ごとに、想定されるリスクに対してのアセスメントを実施し、リスクの対応を検討する。
リスクアセスメントの実施にあたっては、「リスク早見表」や「リスク分析表」などを作成し、リスク所有者の特定や対策の記録化などをすることが望ましい。その際、現状で実施し得る対策を講じたうえで、未対応部分を（　c　）として把握し、管理しなければならない。

ア．a．担当部署ごとに決定　　b．ライフサイクル
　　c．テールリスク
イ．a．担当部署ごとに決定　　b．OODAサイクル
　　c．残留リスク
ウ．a．組織全体で統一　　b．ライフサイクル
　　c．残留リスク
エ．a．組織全体で統一　　b．OODAサイクル
　　c．テールリスク

個人情報の取扱いについての理解

公式テキスト 5-2 P.295・6-3 P.328-333

正答
ウ

本問は、個人情報の取扱いについての理解を問うものである。
個人情報の取扱い状況の把握とリスクの認識などに関する記述は、次のとおりである。

> 個人情報の取扱い状況を把握できる手段としては、「個人情報管理台帳」などの作成と、最新状態の維持が考えられる。台帳などにより、管理対象とする個人情報については、従業者が取扱いを間違えないように、管理レベルを**組織全体で統一**した表記方法でラベリングする。
> また、個人情報を特定した後に、個人データの**ライフサイクル**に沿って、取得・入力から移送・送信、利用・加工、保存・バックアップ、消去・廃棄までの取扱いの段階ごとに、想定されるリスクに対してのアセスメントを実施し、リスクの対応を検討する。
> リスクアセスメントの実施にあたっては、「リスク早見表」や「リスク分析表」などを作成し、リスク所有者の特定や対策の記録化などをすることが望ましい。その際、現状で実施し得る対策を講じたうえで、未対応部分を**残留リスク**として把握し、管理しなければならない。

第4章

問6　第66回 問題66

JIS Q 15001:2017における「内部向け個人情報保護方針」及び「外部向け個人情報保護方針」に関する以下のアからエまでの記述のうち、誤っているものを１つ選びなさい。

ア．内部向け個人情報保護方針は、文書化した情報として利用可能であること、組織内に伝達すること、部外者や利害関係者には非公開とすることの、３つの事項を満たさなければならない。

イ．トップマネジメントは、内部向け個人情報保護方針に対して矛盾しないように、外部向け個人情報保護方針を文書化し、一般の人が知り得るようにしなければならない。

ウ．内部向け個人情報保護方針を文書化した情報には、個人情報の取扱いに関する法令、国が定める指針その他の規範を遵守すること、個人情報の漏えい、滅失又はき損の防止及び是正に関すること、苦情及び相談への対応に関することなどの事項を含めなければならない。

エ．外部向け個人情報保護方針を文書化した情報には、内部向け個人情報保護方針の事項に加えて、外部向け個人情報保護方針の制定年月日及び最終改正年月日、外部向け個人情報保護方針の内容についての問合せ先も明記しなければならない。

個人情報保護方針についての理解

公式テキスト 6-2 P.323-325

正答　ア

本問は、個人情報保護方針についての理解を問うものである。

ア．**誤　り**　内部向け個人情報保護方針は，次に示す事項を満たさなければならない。

- 文書化した情報として利用可能である。
- 組織内に伝達する。
- **必要に応じて、利害関係者が入手可能である**。

イ．**正しい**　本記述のとおりである。

ウ．**正しい**　本記述のとおりである。

エ．**正しい**　本記述のとおりである。

問7　第67回 問題66

情報セキュリティ基本方針（基本方針、情報セキュリティポリシー等）の構成要素の項目例とその概要に関する以下のアからエまでの記述のうち、不適切なものを1つ選びなさい。

ア.「基本方針及び目的」
会社が情報セキュリティに取り組む姿勢・理念を表明するものであり、この理念を達成するためにはどのようなことを行っていくのかなどを記載する。

イ.「適用対象範囲」
ポリシーが適用される対象と範囲を示すものであり、守るべき対象は何であり、関係する者は誰であるかを規定するものである。

ウ.「評価」
情報セキュリティの取組みを、継続的・持続的なものとするために、定期的または必要に応じて自己点検や監査などを行うことを宣言するものである。

エ.「附則」
ポリシーの策定・施行日の日付を明記するものである。なお、改訂が行われた日付については、その都度記載する必要はない。

情報セキュリティ基本方針の構成要素に関する理解

公式テキスト 5-1 P.286-287

正答　エ

本問は、情報セキュリティ基本方針（基本方針、情報セキュリティポリシー等）の構成要素に関する理解を問うものである。

ア. 適　切　本記述のとおりである。
イ. 適　切　本記述のとおりである。
ウ. 適　切　本記述のとおりである。
エ. 不適切　「附則」には、ポリシーの策定・施行日だけではなく、改訂の日付も明記する必要がある。例えば、従業者がセキュリティ事件・事故に巻き込まれたときなど、ポリシーの施行前後か、改訂前後かによってその対応が異なるため、施行日及び改訂日の日付が重要となる。

問8　第65回 問題65

個人情報保護方針や情報セキュリティ方針に関する以下のアからエまでの記述のうち、不適切なものを１つ選びなさい。

ア. 個人情報保護方針の策定は、「個人情報保護法」において義務付けられており、法令遵守の観点からも、個人情報保護方針をWebサイトなどで対外的に公表することによって、事業活動に対する社会の信頼を確保することにつながる。

イ. 個人情報保護方針を策定して、社内報や社内ネットワークなどによって組織内に周知し、個人情報保護の方針を組織で共有することは、PMSを効果的に導入するための最初のステップとして重要である。

ウ. JIS Q 15001:2017では、個人情報保護方針の目的は、組織の個人情報保護の理念を明確にし、公表することであり、この場合の“個人情報保護の理念”とは、当該組織が個人情報保護に取り組む姿勢及び基本的な考え方を指すが、本人の権利利益を尊重する意識を表したものとすることが望ましいと示されている。

エ. 情報セキュリティ方針は、組織が保有する個人情報を含むすべての情報資産を安全に管理するための組織の方針を文書化した規程である。一方、個人情報保護方針には、利用目的や適正な取得、利用の制限などの個人情報保護特有の項目が含まれるため、この２つの方針は、個別に作成するのが一般的である。

個人情報保護方針や情報セキュリティ方針についての理解

公式テキスト 5-1 P.286-287

正答 ア

本問は、個人情報保護方針や情報セキュリティ方針についての理解を問うものである。

ア. **不適切** 「個人情報保護法」には、**個人情報保護方針に関する規定はなく**、個人情報保護方針の策定は**法律上の義務ではない**が、個人情報保護方針をWebサイトなどで対外的に公表することにより、消費者との信頼関係を構築し、事業活動に対する社会の信頼を確保することにつながる。

イ. **適　切** 本記述のとおりである。

ウ. **適　切** 本記述のとおりである。

エ. **適　切** 本記述のとおりである。

問9　第65回 問題66

以下のアからエまでのうち、規程文書・様式とその概要を示した次の表の（　　）に入る最も適切な語句の組合せを１つ選びなさい。

規程文書・様式	概要
基本方針 （ポリシー）	経営者が、情報セキュリティ等に取り組む姿勢を示し、社内外に宣言するものであり、プライバシーポリシーや情報セキュリティ方針がこれに該当する。
対策基準 （スタンダード）	基本方針に基づき、何を実施しなければならないかという組織のルールを具体的に記述するものであり、情報管理規程や文書管理規程、個人情報保護規程、テレワークにおける情報セキュリティ管理基準、（　a　）などが該当する。
実施手順 （　b　）	対策基準に定めた内容を個々の業務等においてどのように実施するかという実務上の手順や書式を具体的に定めたものであり、チェックリスト、（　c　）、個人情報管理台帳、誓約書や秘密保持契約書などの様式、監査手順書や苦情対応手順書などが該当する。

ア．a．就業規則　　　　b．ステートメント
　　c．各種マニュアル
イ．a．就業規則　　　　b．プロシージャー
　　c．各種マニュアル
ウ．a．各種マニュアル　b．ステートメント
　　c．就業規則
エ．a．各種マニュアル　b．プロシージャー
　　c．就業規則

規程文書の整備についての理解

公式テキスト 6-2 P.322-323

正答 イ

本問は、規程文書の整備についての理解を問うものである。
規程文書・様式とその概要を示した表は、次のとおりである。

規程文書・様式	概要
基本方針（ポリシー）	経営者が、情報セキュリティ等に取り組む姿勢を示し、社内外に宣言するものであり、プライバシーポリシーや情報セキュリティ方針がこれに該当する。
対策基準（スタンダード）	基本方針に基づき、何を実施しなければならないかという組織のルールを具体的に記述するものであり、情報管理規程や文書管理規程、個人情報保護規程、テレワークにおける情報セキュリティ管理基準、**就業規則**などが該当する。
実施手順（**プロシージャー**）	対策基準に定めた内容を個々の業務等においてどのように実施するかという実務上の手順や書式を具体的に定めたものであり、チェックリスト、**各種マニュアル**、個人情報管理台帳、誓約書や秘密保持契約書などの様式、監査手順書や苦情対応手順書などが該当する。

問10　第66回 問題67

次の図は、経済産業省の「情報セキュリティポリシーに関するガイドライン」にて示されているポリシーの策定手続きの流れを表したものである。以下のアからエまでのうち、図中の（　　）に入る最も適切な語句の組合せを1つ選びなさい。

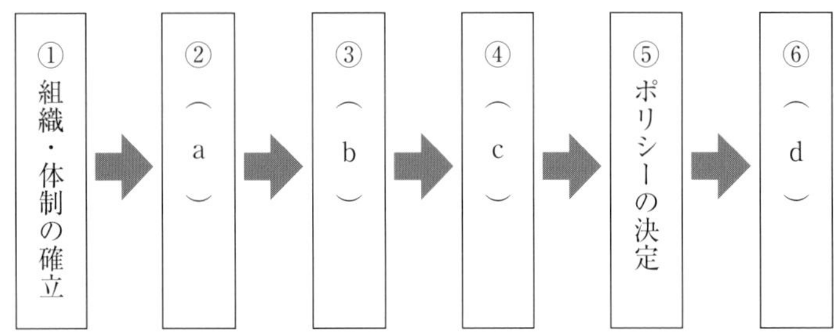

ア．a．基本方針の策定　　b．実施手順の策定
　　c．リスク分析　　　　d．対策基準の策定
イ．a．基本方針の策定　　b．リスク分析
　　c．対策基準の策定　　d．実施手順の策定
ウ．a．リスク分析　　　　b．対策基準の策定
　　c．基本方針の策定　　d．実施手順の策定
エ．a．リスク分析　　　　b．実施手順の策定
　　c．対策基準の策定　　d．基本方針の策定

情報セキュリティに関連する規程類についての理解

公式テキスト 5-1 P.286

正答　イ

本問は、情報セキュリティに関連する規程類についての理解を問うものである。

経済産業省の「情報セキュリティポリシーに関するガイドライン」にて示されているポリシーの策定手続きの流れは、次のとおりである。

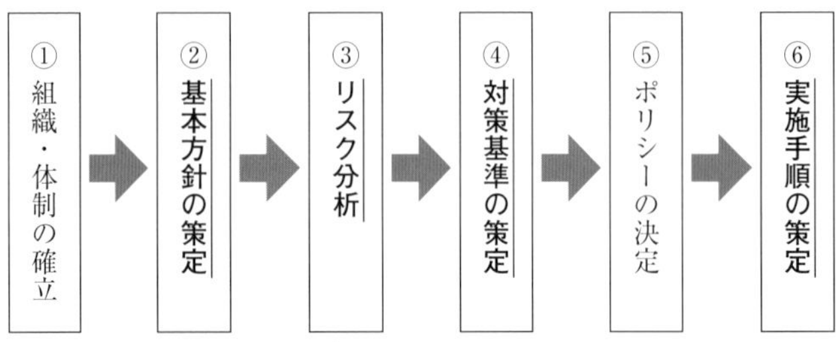

問11　第67回 問題67

PMS運用における組織体制に関する以下のアからエまでの記述のうち、不適切なものを1つ選びなさい。

ア. 事業者における個人情報の取扱いを総括する部署は、専門部署を設置しなければならないという訳ではなく、個人情報の取扱い状況を取りまとめる体制がとれていればよい。

イ.「管理委員会」(個人情報保護管理委員会) は、事業者内の個人データの取扱いに責任をもつ機関であり、CPOが責任者を務めるものとされている。また、保護方針などの規程類の実質的な決定機関であるとともに、PMSを推進し、点検・評価の結果に基づいた改善の検討などを行う機関でもある。

ウ. CPOは、PMSを理解し、実施・運用できる能力をもった者でなければならないとされ、社内外に責任をもつことができる役員クラスを指名することが望ましい。ただし、CPOは「会社法」上の監査役、及び事業者内に設置する苦情・相談窓口と兼任することはできない。

エ. 監査員は、監査責任者によって選任され、監査責任者の下で監査の実施を担当する者である。事業者内から選任してもよいが、力量があり公正に行える者を外部から選任してもよい。なお、内部監査の場合は、監査員は自己の所属する部署の監査を担当してはならない。

PMS運用における組織体制に関する理解

公式テキスト 6-1 P.318-321

正答　ウ

本問は、PMS運用における組織体制に関する理解を問うものである。

ア. **適　切**　本記述のとおりである。

イ. **適　切**　本記述のとおりである。

ウ. **不適切**　CPOは、PMSを理解し、実施・運用できる能力をもった者でなければならないとされ、社内外に責任をもつことができる役員クラスを指名することが望ましい。ただし、CPOは、個人情報**保護監査責任者**や「会社法」上の監査役と兼任することはできないが、事業者内に設置する**苦情・相談窓口とは兼任が可能**である。

エ. **適　切**　本記述のとおりである。

問12　第66回 問題68

次の文章は、PMS運用体制における役職を説明したものである。以下のアからエまでのうち、この役職に該当するものを１つ選びなさい。

PMSを理解し、実施・運用できる能力をもった者でなければならず、社外にも責任をもてる者であることが望ましい。また、個人データの安全管理の実施及び運用に関して、次のような責任と権限を有している。

- 個人データの取扱いを統括する。
- 従業者から事故や法令違反の可能性の報告を受ける。
- 危機発生時の初期対応、事実調査、原因の究明等の対応の責任を負う。
- 安全管理措置の見直し、改善を行う。
- 委託先の選定、委託契約の確認、委託先の監査等により委託先の監督を行う。

ア．PMSの実効性をチェックする独立した機関の責任者である、「個人情報保護監査責任者」である。
イ．PMS運用における組織内の調整機関となる事務局の、「事務取扱担当者」である。
ウ．支店長や部門長などが兼任する、「CFO」である。
エ．事業者の代表者が事業者の内部の者から指名する、「CPO」である。

PMS運用体制についての理解

公式テキスト 6-1 P.319-321

正答
エ

本問は、PMS運用体制についての理解を問うものである。

次の文章に該当するPMS運用体制における役職は、**事業者の代表者が事業者の内部の者から指名する、「CPO」**である。

> PMSを理解し、実施・運用できる能力をもった者でなければならず、社外にも責任をもてる者であることが望ましい。また、個人データの安全管理の実施及び運用に関して、次のような責任と権限を有している。
>
> - 個人データの取扱いを統括する。
> - 従業者から事故や法令違反の可能性の報告を受ける。
> - 危機発生時の初期対応、事実調査、原因の究明等の対応の責任を負う。
> - 安全管理措置の見直し、改善を行う。
> - 委託先の選定、委託契約の確認、委託先の監査等により委託先の監督を行う。

問13　第65回 問題67

以下のアからエまでの記述のうち、PMSの運用に関する個人情報保護管理者（CPO）の権限と役割に該当しないものを１つ選びなさい。

ア．個人情報保護管理員会の長となり、安全管理措置の見直し・改善を行う。

イ．危機発生時に、初期対応や事実調査、原因の究明等の危機対応の任を負う。

ウ．個人情報保護に関連する役割に対し、責任及び権限を割り当て、個人情報保護監査責任者を指名する。

エ．重要な情報を取り扱う従業者の引継ぎ、取扱状況の記録の管理、廃棄の確認などの、個人データの取扱いを統括する。

PMSの運用に関する個人情報保護管理者（CPO）の権限と役割についての理解

公式テキスト 6-2 P.319-321

正答　ウ

本問は、PMSの運用に関する個人情報保護管理者（CPO）の権限と役割についての理解を問うものである。

ア．**該当する**

イ．**該当する**

ウ．**該当しない**　個人情報保護に関連する役割に対し、責任及び権限を割り当て、個人情報保護監査責任者を指名するのは、代表者（トップマネジメント）である。

エ．**該当する**

問14　第66回 問題69

監査証跡に関する以下のアからエまでの記述のうち、不適切なものを１つ選びなさい。

ア．システム監査における監査証跡とは、情報システムへのアクセス状況や操作内容、データ処理内容などを追跡できるように時系列に記録したものであり、「いつ・誰が・どこから・何をした」などの情報の記録が必要となる。

イ．PMSなどの内部監査における監査証跡の具体例として、情報システム利用申請書等の各種申請書や教育実施記録帳、入退室記録、システムの操作記録、アクセス制御に関する記録や不正アクセスの記録などが挙げられる。

ウ．一般的に、監査の有効性は監査証跡の有無に左右されるため、監査証跡が保持できるように、あらかじめ業務フローに盛り込んだり、情報システムの機能に組み込んで自動化したりする。

エ．システムのログは膨大であることから、情報の重要度や機密性を考慮した適切な証跡の保持と管理が求められるが、完全性の観点からは、アクセスした情報そのものも監査証跡に含める必要がある。

監査証跡についての理解

公式テキスト 6-4 P.337

正答
エ

本問は、監査証跡についての理解を問うものである。

ア．**適　切**　本記述のとおりである。

イ．**適　切**　本記述のとおりである。

ウ．**適　切**　本記述のとおりである。

エ．**不適切**　システムのログは膨大であることから、情報の重要度や機密性を考慮した適切な証跡の保持と管理が求められる。なお、**機密性の観点からは、アクセスした情報そのものを監査証跡に含めてはならない**。

問15　第67回 問題68

経済産業省の「情報セキュリティ監査基準」における、「一般基準」「実施基準」「報告基準」に関する以下のアからエまでの記述のうち、誤っているものを１つ選びなさい。

ア．情報セキュリティ監査人は、情報セキュリティ監査の実施に当たり、偏向を排し、常に公正かつ客観的に監査判断を行わなければならず、職業倫理に従い、誠実に業務を実施しなければならない。

イ．情報セキュリティ監査人は、専門職としての相当な注意をもって業務を実施しなければならず、監査の業務上知り得た秘密を正当な理由なく他に開示し、自らの利益のために利用してはならない。

ウ．情報セキュリティ監査人は、情報セキュリティ監査の目的が有効かつ効率的に達成されるように、適切な監査体制を整え、監査計画の立案から監査報告書の提出及び改善指導までの監査業務の全体を管理しなければならない。

エ．情報セキュリティ監査人は、実施した監査の目的に応じた適切な形式の監査報告書を作成し、遅滞なく監査の依頼者に提出しなければならない。監査報告書の外部への開示が必要とされる場合には、情報セキュリティ監査人は、自らの責任において開示方法等を決定しなければならない。

情報セキュリティ監査に関する理解
公式テキスト 6-4 P.334-337

正答 エ

本問は、情報セキュリティ監査に関する理解を問うものである。

経済産業省の「情報セキュリティ監査基準 実施基準ガイドライン」において、「一般基準」「実施基準」「報告基準」に関する事項を次のように示している。

ア. 正しい　本記述のとおりである。

イ. 正しい　本記述のとおりである。

ウ. 正しい　本記述のとおりである。

エ. 誤　り　情報セキュリティ監査人は、実施した監査の目的に応じた適切な形式の監査報告書を作成し、遅滞なく監査の依頼者に提出しなければならない。監査報告書の外部への開示が必要とされる場合には、情報セキュリティ監査人は、**監査の依頼者と慎重に協議の上で開示方法等を考慮しなければならない**。

問16　第66回 問題70

経済産業省の「情報セキュリティ監査基準 実施基準ガイドライン」における「監査調書の作成と保存」に関する以下のアからエまでの記述のうち、誤っているものを1つ選びなさい。

ア. 情報セキュリティ監査人が実施した監査手続の結果と、監査手続に関連して入手した資料等は、監査の結論に至った経過がわかるように監査調書として作成し、情報漏えいや紛失等を考慮し、適切に保管しなければならない。

イ. 監査調書とは、情報セキュリティ監査人が行った監査業務の実施記録であって、監査意見表明の根拠となるべき監査証拠、その他関連資料等を綴り込んだものをいう。情報セキュリティ監査人自身が直接に入手した資料やテスト結果を採用しなければならず、被監査側から提出された資料等や組織体外部の第三者から入手した資料等は、監査調書として採用してはならない。

ウ. 監査調書は、主として監査意見の根拠とするために作成されるが、それ以外にも次回以降の情報セキュリティ監査を合理的に実施するための資料として役立ち、また監査の品質管理の手段としても役立つ。さらには、情報セキュリティ監査人が正当な注意を払って監査業務を遂行したことの証左となることがある。

エ. 監査調書は、情報セキュリティ監査終了後も相当の期間、整理保存しておく必要がある。監査調書には被監査側の機密事項が含まれていることから、保管場所や保管責任者の特定等、監査調書の保管には慎重な注意が求められる。

情報セキュリティ監査についての理解
公式テキスト 6-4 P.334-337

正答
イ

本問は、情報セキュリティ監査についての理解を問うものである。

経済産業省の「情報セキュリティ監査基準 実施基準ガイドライン」において、「監査調書の作成と保存」に関する事項を次のように示している。

ア. **正しい** 本記述のとおりである。

イ. **誤　り** 監査調書とは、情報セキュリティ監査人が行った監査業務の実施記録であって、監査意見表明の根拠となるべき監査証拠、その他関連資料等を綴り込んだものをいう。情報セキュリティ監査人自身が**直接に入手した資料やテスト結果だけでなく、被監査側から提出された資料等を含み、場合によっては組織体外部の第三者から入手した資料等を含むことがある**。

ウ. **正しい** 本記述のとおりである。

エ. **正しい** 本記述のとおりである。

問17　第65回 問題68

以下のアからエまでの記述のうち、情報セキュリティ監査において、監査基本計画と監査実施計画の立案後の監査実施のフローとして、最も適切なものを１つ選びなさい。

ア．監査証拠の入手と評価 → 監査報告書の作成 → 監査報告に基づくフォローアップ → 監査調書の作成と保存

イ．監査調書の作成と保存 → 監査証拠の入手と評価 → 監査報告書の作成 → 監査報告に基づくフォローアップ

ウ．監査調書の作成と保存 → 監査証拠の入手と評価 → 監査報告に基づくフォローアップ → 監査報告書の作成

エ．監査証拠の入手と評価 → 監査調書の作成と保存 → 監査報告書の作成 → 監査報告に基づくフォローアップ

情報セキュリティ監査についての理解

公式テキスト 6-4 P.334-337

正答　エ

本問は、監査についての理解を問うものである。

情報セキュリティ監査において、一般的な監査の実施フローは、次のとおりである。

①監査基本計画と監査実施計画の立案 → ②**監査証拠の入手と評価** → ③**監査調書の作成と保存** → ④**監査報告書の作成** → ⑤**監査報告に基づくフォローアップ**

以上により、正解は肢エとなる。

問18　第65回 問題69

代表者による見直し・改善に関する以下のアからエまでの記述のうち、不適切なものを１つ選びなさい。

ア. 個人データに関する社会通念の変化及び情報技術の進歩などに影響されることなく、監査責任者から受ける内部監査の報告や従業者からの要望に応じて、安全管理措置の見直し及び改善を実施しなければならない。

イ. リスクアセスメントの実施、事故の発生、苦情、運用状況の確認または監査を通して、法令やJIS Q 15001:2017などの要求事項に適合していない状況やその可能性を把握することがあり、その場合は是正処置や予防処置を講ずる。

ウ. 是正処置を確実に実施するための責任及び権限を定める手順を確立し、実施した際はその内容を記録し、実施後は是正処置の有効性のレビューを行う。

エ. 是正処置を確実に実施させるために期限を区切ることは有効であるが、不適合の内容に相応した期限を設定することが望ましい。また、不適合の内容によっては、是正処置を長期にわたって実施してもよい。

代表者による見直し・改善についての理解

公式テキスト 5-1 P.282・6-1 P.319・6-4 P.336

正答　ア

本問は、代表者による見直し・改善についての理解を問うものである。

ア. **不適切**　**監査責任者から受ける監査報告のほか**、個人データに関する**社会通念の変化及び情報技術の進歩に応じて**、**定期的な**安全管理措置の見直し及び改善を実施すべきである。

イ. **適　切**　本記述のとおりである。

ウ. **適　切**　本記述のとおりである。

エ. **適　切**　本記述のとおりである。

問19　第67回 問題69

以下のアからエまでのうち、PMSの運用における見直し・改善に関する次の文章中の（　　）に入る最も適切な語句の組合せを１つ選びなさい。

事業者の（　a　）は、個人データに関する社会通念の変化及び（　b　）、監査責任者から受ける監査報告を受けて、定期的な安全管理措置の見直し及び改善を実施するべきである。また、是正処置を確実に実施するための責任及び権限を定める手順を確立し、実施した際はその内容を記録し、実施後は（a）による是正処置の有効性のレビューを行う。
なお、是正処置を確実に実施させるために期限を区切ることは有効であるが、不適合の内容に（　c　）期限を設定することが望ましい。

ア．a．代表者　b．情報技術の進歩に応じ
　　c．相応した
イ．a．代表者　b．外的要因に応じることなく
　　c．関わらず最短の
ウ．a．個人情報保護管理者　b．情報技術の進歩に応じ
　　c．関わらず最短の
エ．a．個人情報保護管理者　b．外的要因に応じることなく
　　c．相応した

PMSの運用に関する理解

公式テキスト 6-4 P.336・7-5 P.361

正答
ア

本問は、PMSの運用に関する理解を問うものである。
PMSの運用における見直し・改善に関する記述は、次のとおりである。

> 事業者の**代表者**は、個人データに関する社会通念の変化及び**情報技術の進歩に応じ**、監査責任者から受ける監査報告を受けて、定期的な安全管理措置の見直し及び改善を実施するべきである。また、是正処置を確実に実施するための責任及び権限を定める手順を確立し、実施した際はその内容を記録し、実施後は**代表者**による是正処置の有効性のレビューを行う。
> なお、是正処置を確実に実施させるために期限を区切ることは有効であるが、不適合の内容に**相応した**期限を設定することが望ましい。

問20 第67回 問題70

次の文章は、業務委託契約の事例であり、個人情報を含む機密情報の取扱いをX社からY社に委託する際に取り交わす機密保持契約書の一部を抜粋したものである。文中の(2)~(5)までの機密保持条項の内容について、以下のアからエまでのうち正しいものを1つ選びなさい。なお、ここでの「甲」は委託元であるX社、「乙」は委託先であるY社となる。

第○条（機密保持）

1．乙は、本契約の履行にあたり、甲が機密である旨指定して開示する情報及び本契約の履行により生じる情報（以下「機密情報」という）を機密として取り扱い、甲の事前の書面による承諾なく第三者に開示してはならない。

……… 中略 ………

3．乙は、甲より開示された機密情報の管理につき、乙が保有する他の情報、物品等と明確に区別して管理するとともに、以下の事項を遵守する。

……… 中略 ………

（1）機密情報の管理責任者及び保管場所を定め、善良なる管理責任者の注意をもって保管し管理する。

（2）機密情報を取り扱う従業者を必要最小限にとどめ、上記保管場所以外へ持ち出さない。

（3）機密情報の管理責任者名、機密情報を取り扱う従業者名及び機密情報の保管場所を、○年○月○日までに甲に報告する。また、報告内容に変更が生じた場合には、変更が生じた月に提出する以下の（6）の具体的管理状況の報告において、当該変更内容を甲に報告する。

（4）（3）にて報告した機密情報を取り扱う従業者に対して本契約の内容を周知徹底させ、機密情報の漏えい、紛失、破壊、改ざん等を未然に防止するための措置を取る。

（5）乙の代表者が許可した場合を除き、機密情報を複写、複製せず、また、機密情報を開示、漏えいしない。但し、政府機関又は裁判所の命令により要求された場合、その範囲で開示することが出来る。なお、その場合には、甲に対するその旨の通知は不要である。

……… 以下省略 ………

ア．（2）の機密保持条項が不適切である。
イ．（3）の機密保持条項が不適切である。
ウ．（4）の機密保持条項が不適切である。
エ．（5）の機密保持条項が不適切である。

委託契約に関する理解

公式テキスト 7-4 P.356-358

正答 エ

本問は、委託契約に関する理解を問うものである。

業務委託契約の事例（個人情報を含む秘密情報の取扱いをX社からY社に委託する際に取り交わす秘密保持契約書の一部を抜粋したもの）に関する記述は、次のとおりである。なお、ここでの「甲」は委託元であるX社、「乙」は委託先であるY社となる。

第○条（機密保持）

1. 乙は、本契約の履行にあたり、甲が機密である旨指定して開示する情報及び本契約の履行により生じる情報（以下「機密情報」という）を機密として取り扱い、甲の事前の書面による承諾なく第三者に開示してはならない。

……… 中略 ………

3. 乙は、甲より開示された機密情報の管理につき、乙が保有する他の情報、物品等と明確に区別して管理するとともに、以下の事項を遵守する。

……… 中略 ………

（1）機密情報の管理責任者及び保管場所を定め、善良なる管理責任者の注意をもって保管し管理する。

（2）機密情報を取り扱う従業者を必要最小限にとどめ、上記保管場所以外へ持ち出さない。

（3）機密情報の管理責任者名、機密情報を取り扱う従業者名及び機密情報の保管場所を、○年○月○日までに甲に報告する。また、報告内容に変更が生じた場合には、変更が生じた月に提出する以下の（6）の具体的管理状況の報告において、当該変更内容を甲に報告する。

（4）（3）にて報告した機密情報を取り扱う従業者に対して本契約の内容を周知徹底させ、機密情報の漏えい、紛失、破壊、改ざん等を未然に防止するための措置を取る。

（5）**甲の書面による承諾を得た場合**を除き、機密情報を複写、複製せず、また、機密情報を開示、漏えいしない。但し、政府機関又は裁判所の命令により要求された場合、その範囲で開示することが出来る。なお、その場合には、**甲にその旨を速やかに通知すること**。

……… 以下省略 ………

以上により、秘密保持条項として不適切な内容は、（5）である。

問21　第67回 問題71

以下のアからエまでのうち、派遣社員の受け入れに関する次の文章中の（　　）に入る最も適切な語句の組合せを１つ選びなさい。

派遣社員と派遣先との間には、（　a　）はあるが、（　b　）はない。また、派遣先は、派遣社員について従業者監督の義務を負うが、派遣先の就業規則を派遣社員に適用することはできない。そのため、派遣先としては、派遣元と（　c　）を締結することで、派遣社員からの情報漏えいの対策を講ずることが望ましい。また、派遣先と派遣元が締結する派遣契約や（c）の中に、派遣元が派遣社員と（c）を締結しなければならないという条項を入れておくのが望ましい。なお、（c）とは、個人情報や営業秘密などの機密性の高い情報を、許可なく第三者に開示しない旨を遵守させる契約であり、非開示契約や秘密保持契約、守秘義務契約などと同義で用いられることが多い。

ア．a．雇用関係　b．指揮・命令の関係　c．NDA
イ．a．雇用関係　b．指揮・命令の関係　c．SLA
ウ．a．指揮・命令の関係　b．雇用関係　c．SLA
エ．a．指揮・命令の関係　b．雇用関係　c．NDA

従業者の管理に関する理解

公式テキスト 7-3 P.352-353

正答 エ

本問は、従業者の管理に関する理解を問うものである。
派遣社員の受け入れに関する記述は、次のとおりである。

> 派遣社員と派遣先との間には、**指揮・命令の関係**はあるが、**雇用関係**はない。また、派遣先は、派遣社員について従業者監督の義務を負うが、派遣先の就業規則を派遣社員に適用することはできない。そのため、派遣先としては、派遣元とNDAを締結することで、派遣社員からの情報漏えいの対策を講ずることが望ましい。また、派遣先と派遣元が締結する派遣契約やNDAの中に、派遣元が派遣社員とNDAを締結しなければならないという条項を入れておくのが望ましい。なお、NDAとは、個人情報や営業秘密などの機密性の高い情報を、許可なく第三者に開示しない旨を遵守させる契約であり、非開示契約や秘密保持契約、守秘義務契約などと同義で用いられることが多い。

問22　第66回 問題73

以下のアからエまでのうち、個人情報保護や情報セキュリティに対する従業者への教育に関する次の文章中の（　　）に入る最も適切な語句の組合せを１つ選びなさい。

> 教育の実施は、（　a　）、教育内容は、職位（管理職、非管理職等）及び契約形態（社員、派遣社員等）の権限や職務などに応じて、適切なレベルや内容を実施することが望ましい。また、教育実施後は、アンケートや小テストを実施するなどにより、従業者の理解度を把握する。その結果をふまえ、必要に応じて教育内容の見直しを図ることや、教育を受けたことを自覚させる仕組みを取り入れることが望ましい。なお、教育の実施形態については、講義形式やセミナー形式などの（　b　）。

ア. a. すべての従業者を対象として
　　b. 集合教育や、ｅラーニングなどから組織の実状や教育内容に合った方法を選択する

イ. a. すべての従業者を対象として
　　b. 集合教育を採用し、ｅラーニングや独学などの学習状況が把握しにくい形態は望ましくない

ウ. a. 社員を対象として、社員以外は希望者を募り
　　b. 集合教育を採用し、ｅラーニングや独学などの学習状況が把握しにくい形態は望ましくない

エ. a. 社員を対象として、社員以外は希望者を募り
　　b. 集合教育や、ｅラーニングなどから組織の実状や教育内容に合った方法を選択する

従業者の管理についての理解

公式テキスト 7-2 P.348-351

正答 ア

本問は、従業者の管理についての理解を問うものである。

個人情報保護や情報セキュリティに対する従業者への教育に関する記述は、次のとおりである。

> 教育の実施は、**すべての従業者を対象として**、教育内容は、職位（管理職、非管理職等）及び契約形態（社員、派遣社員等）の権限や職務などに応じて、適切なレベルや内容を実施することが望ましい。また、教育実施後は、アンケートや小テストを実施するなどにより、従業者の理解度を把握する。その結果をふまえ、必要に応じて教育内容の見直しを図ることや、教育を受けたことを自覚させる仕組みを取り入れることが望ましい。なお、教育の実施形態については、講義形式やセミナー形式などの**集合教育や、eラーニングなどから組織の実状や教育内容に合った方法を選択する**。

問23　第65回 問題71

従業者への個人情報保護や情報セキュリティに関する教育についての以下のアからエまでの記述のうち、不適切なものを１つ選びなさい。

ア．教育の内容は、一般的な脅威やぜい弱性などの知識だけではなく、実効性のある内容とすることが望ましい。例えば、業務上のリスクに関連することや、自社の特徴を反映した内容を盛り込むようにする。

イ．教育の内容は、法律の施行・改定などの社会情勢の変化や、業務フローの変更などに応じて、随時見直すようにする。

ウ．社員・派遣社員などの雇用形態に応じて、教育の対象者を絞り込むようにする。また、社員に対しては、職位に応じた適切なレベルを設定し、社員以外の者に対しては教育を受けることを強制すべきではない。

エ．教育実施後は、アンケートまたは小テストを実施することなどによって、教育を受けたことを自覚させる仕組みを取り入れることが望ましい。

従業者への個人情報保護や情報セキュリティに関する教育についての理解
公式テキスト 7-2 P.348-350

正答　ウ

本問は、従業者への個人情報保護や情報セキュリティに関する教育についての理解を問うものである。

ア．**適　切**　本記述のとおりである。

イ．**適　切**　本記述のとおりである。

ウ．**不適切**　教育の実施は、**すべての従業者を対象**とする。また、教育内容は、職位（管理職、非管理職等）及び契約形態（社員、派遣社員等）の権限や職務などに応じて、適切なレベルや内容を実施することが望ましい。

エ．**適　切**　本記述のとおりである。

問24 第66回 問題72

以下のアからエまでの記述のうち、従業者や契約相手との雇用契約書に記載すべき事項として不適切なものを1つ選びなさい。

ア．著作権法やデータ保護に関連して制定された法律などの、法的な責任及び権利に関する事項
イ．他社や外部関係者などから受領した情報の扱いの責任に関する事項
ウ．組織のセキュリティ要求事項に従わなかった結果により、組織に損害を与えた場合の損害賠償の額を予定する事項
エ．雇用の終了後も、定められた期間は、その雇用条件に含まれている責任を継続させる事項

従業者や契約相手との雇用契約書に関する理解
公式テキスト 7-1 P.344-347

正答 ウ

本問は、従業者や契約相手との雇用契約書に関する理解を問うものである。

ア．適　切　本記述のとおりである。
イ．適　切　本記述のとおりである。
ウ．不適切　損害賠償の額を予定する条項まで定めると、「労働基準法」第16条の違反となるため注意が必要である。
エ．適　切　本記述のとおりである。

問25　第65回 問題72

モニタリングを実施するうえでの留意点に関する以下のアからエまでの記述のうち、最も適切なものを１つ選びなさい。

ア．モニタリングの目的をあらかじめ特定して社内規程に定め、実施方法の詳細については、対象者には非公開とする。

イ．モニタリングの実施に関する責任者とその権限を定め、責任者本人以外にはその内容を秘匿して部外秘扱いとする。

ウ．モニタリングによって取得した情報は、従業者の個人情報には該当しないため、雇用に関する個人情報とは、管理レベルを分ける必要がある。

エ．モニタリングの実施状況については、適正に行われているか監査または確認を行う。

モニタリングを実施するうえでの留意点に関する理解

公式テキスト 7-2 P.350-351

正答　エ

本問は、モニタリングを実施するうえでの留意点に関する理解を問うものである。

ア．**不適切**　モニタリングの目的をあらかじめ特定して、社内規程に定めるとともに、**従業者に明示**する。

イ．**不適切**　モニタリングの実施に関する責任者とその権限を定め、それを**従業者に周知**する。

ウ．**不適切**　モニタリングによって取得した情報は、**従業者の個人情報を含む可能性がある**ため、雇用に関する個人情報と同様に、取扱いには十分注意しなければならない。

エ．**適　切**　本記述のとおりである。

問26　第67回 問題72

以下のアからエまでの記述のうち、ソーシャルエンジニアリングの具体例に該当しないものを１つ選びなさい。

ア．FAXの受信トレイに放置されている用紙を持ち去り、その用紙に記載されている送信先の担当者の氏名や所属部署、FAX番号・電話番号などの情報を不正に入手する。
イ．社内プロジェクト会議が終わった会議室で、ホワイトボードの消し忘れた内容から、プロジェクトの概要や部外秘情報などを盗み見る。
ウ．ネットワークに接続して通信している２台のコンピュータの間に１台の仲介コンピュータを配置し、その仲介コンピュータでいずれか１台または両方のコンピュータになりすまして、通信を盗聴する。
エ．何らかの方法でネットワーク利用者の氏名や連絡先の情報を入手し、ネットワーク管理者になりすましてその利用者に電話をかけ、緊急に確認する必要があるなどの理由でパスワードを聞き出し、アカウント情報を不正に入手する。

人的脅威（ソーシャルエンジニアリング）に関する理解

公式テキスト 5-5 P.308-310

正答　ウ

ソーシャルエンジニアリングとは、ネットワークに侵入するために必要となるパスワードや個人情報、企業秘密などの重要な情報を盗み出す手法であり、人間の心理的な隙や行動のミスなどにつけ込むことによって行われる、人的脅威である。

本問は、この人的脅威に関する理解を問うものである。

ア．該当する
イ．該当する
ウ．該当しない　技術的脅威の具体例である。
エ．該当する

問27　第66回 問題71

以下のアからエまでの記述のうち、ソーシャルエンジニアリングの具体例に該当するものを１つ選びなさい。

ア．契約書の内容に誤記や脱字などがないようにするため、作成時には複数人で交互にチェックを行い、契約を締結する前には責任者の確認をとるようにする。

イ．システムでの誤操作や誤入力の発生を防ぐようにするため、操作マニュアルなどを整備し、操作者に対する訓練を実施する。

ウ．何らかの方法でネットワークの利用者名を入手し、ネットワーク管理者になりすまして利用者に電話をかけ、緊急に確認する必要があるなどの理由でパスワードを聞き出し、アカウント情報を不正に入手する。

エ．最終退出時の社内点検（施錠、防火確認等）を正しく行わず、管理者に虚偽の報告をする。

人的脅威（ソーシャルエンジニアリング）に関する理解
公式テキスト 5-5 P.311

正答　ウ

本問は、人的脅威についての理解を問うものである。

ソーシャルエンジニアリングとは、ネットワークに侵入するために必要となるパスワードなどの重要な情報を盗み出す手法であり、人間の心理的な隙をつくことによって行われる。ソーシャルエンジニアリングの手法の具体例として、**何らかの方法でネットワークの利用者名を入手し、ネットワーク管理者になりすまして利用者に電話をかけ、緊急に確認する必要があるなどの理由でパスワードを聞き出し、アカウント情報を不正に入手する**（なりすまし）などが挙げられる。

以上により、ソーシャルエンジニアリングの具体例に該当するのは肢ウである。

問28 第65回 問題70

経済産業省の「情報セキュリティ管理基準」における「人的資源のセキュリティ」に関する以下のアからエまでの記述のうち、誤っているものを1つ選びなさい。

ア. 従業員又は契約相手の契約には、秘密情報へのアクセスが与えられる全ての従業員及び契約相手による、情報処理施設へのアクセスが与えられる前の、秘密保持契約書又は守秘義務契約書への署名を行う。

イ. 組織は、従業員及び契約相手が情報セキュリティに関する雇用条件に同意することを確実にする仕組みを整備する。また、雇用条件は、情報システム及びサービスと関連する組織の資産に対する、従業員及び契約相手によるアクセスの特性及び範囲に応じて、適切なものとする。

ウ. 正式な懲戒手続は、違反の内容及び重大さ並びにその業務上の影響、最初の違反か又は繰り返されたものか、違反者は、適切に教育・訓練されていたかどうか、関連する法令、取引契約、その他の必要な要素を考慮した段階別の対応を定める。

エ. 雇用の終了に関する責任の伝達には、実施中の情報セキュリティ要求事項及び法的責任、並びに適切であれば、従業員又は契約相手の、雇用の終了まで有効とする、秘密保持契約及び雇用条件に規定された責任を含める。

人的セキュリティについての理解

公式テキスト 7-1 P.344-347

正答 エ

本問は、人的セキュリティについての理解を問うものである。

経済産業省の「情報セキュリティ管理基準」において、「人的資源のセキュリティ」に関する事項を次のように示している。

ア. 正しい 本記述のとおりである。

イ. 正しい 本記述のとおりである。

ウ. 正しい 本記述のとおりである。

エ. 誤　り 雇用の終了に関する責任の伝達には、実施中の情報セキュリティ要求事項及び法的責任、並びに適切であれば、従業員又は契約相手の、**雇用の終了以降の一定期間継続する**、秘密保持契約及び雇用条件に規定された責任を含める。

問29　第67回 問題73

個人情報保護や情報セキュリティに対する教育に関する以下のアからエまでの記述のうち、不適切なものを１つ選びなさい。

ア．教育は、計画書に基づき、少なくとも年に１回実施する。また、必要に応じて、ポリシーの運用開始時や、業務が変わった場合などに実施する異動研修、新人教育、ポリシーが守られていないことが発覚した場合の再教育なども実施する。

イ．教育のテーマの一つに情報セキュリティポリシーや基本方針の周知があり、従業者一人ひとりが自分の役割は何か、具体的にどのように情報セキュリティポリシーや基本方針を守るのかを理解させ、守らなかった結果として発生する被害や、違反した場合の罰則なども教育に盛り込む。

ウ．教育の対象は、役員・社長を除く従業者であり、派遣社員、アルバイト、出向社員もその対象となる。ただし、教育を受けることを入社や昇進・昇格の条件にすべきではなく、強制をせずに従業者の自主性を尊重することが望ましい。

エ．教育の実施形式として、座学による講義形式だけではなく、eラーニング形式や、疑似体験する訓練形式などの様々な形式があるため、事業の規模や特性、取り扱う個人データの性質などによって実施形式を選択する。

個人情報保護や情報セキュリティに対する教育に関する理解　**正答　ウ**

公式テキスト 7-2 P.348-351

本問は、個人情報保護や情報セキュリティに対する教育に関する理解を問うものである。

ア．適　切　本記述のとおりである。

イ．適　切　本記述のとおりである。

ウ．不適切　教育の対象は、**役員・社長を含めたすべての従業者**であり、派遣社員、アルバイト、出向社員もその対象となる。また、**教育を受けることを入社や昇進・昇格の条件にしたり、教育実施後は、従業者の理解度を把握して、教育を受けたことを自覚させる仕組みを取り入れる**ことが望ましい。

エ．適　切　本記述のとおりである。

問30　第66回 問題74

委託先の管理に関する以下のアからエまでの記述のうち、不適切なものを１つ選びなさい。

ア. 委託契約の締結にあたり、優越的地位にある者が委託元の場合、委託元は、委託先との責任分担を無視して、委託先からの報告や監査において過度な負担を強いるなど、委託先に不当な負担を課すことがあってはならない。

イ. 委託先に提供する個人情報の項目は、情報の完全性を保つため、作業に関連しない項目であっても、すべて引き渡すようにする。

ウ. 委託元が委託先について「必要かつ適切な監督」を行っていない場合で、委託先が再委託をした際に、再委託先が不適切な取り扱いを行ったときは、元の委託元による法違反と判断され得るので、再委託をする際は注意を要する。

エ. 再委託を行う場合は、委託元は、再委託する業務内容及び再委託先の個人データの取扱い方法などについて、委託先から事前報告を受けたうえで承認を行う。さらに、委託先を通じてまたは必要に応じて自らが、定期的に監査を実施する。

委託先の管理に関する理解

公式テキスト 7-4 P.356-359

正答　イ

本問は、委託先の管理についての理解を問うものである。

ア. **適　切**　本記述のとおりである。

イ. **不適切**　委託先に提供する個人情報の項目は、**必要最低限にとどめる**。また、提供した個人情報が委託業務終了後も委託先に残らないよう、**使用を終了した個人情報の速やかな返却または廃棄を徹底する旨を予め契約書に盛り込まなければならない。その際、委託先で廃棄を行った場合は、確実に廃棄されたかどうかの確認を行う**。

ウ. **適　切**　本記述のとおりである。

エ. **適　切**　本記述のとおりである。

問31 第67回 問題74

以下のアからエまでのうち、委託先の監督に関する次の文章中の（　）に入る最も適切な語句の組合せを１つ選びなさい。

> 個人情報の取扱いに関する委託を行う場合においては、委託者は、個人情報の本人の権利利益保護の観点から、事業内容の特性、規模及び実態に応じ、委託の有無、委託する事務の内容を（　a　）ことが望ましい。
> また、委託先が個人データの取扱いを再委託する場合、委託元との契約に、再委託を行うに当たっての委託元への文書による事前報告又は承認について盛り込むことが望ましい。なお、委託元が委託先について“必要かつ適切な監督”を行っていない場合で、委託先が再委託をした際に、再委託先が適切といえない取扱いを行ったことによって、何らかの問題が生じたときは、（　b　）。

ア．ａ．明らかにするなど、委託処理の透明化を進める
　　ｂ．責任の所在は委託先にあり、元の委託元がその責めを負うことはない
イ．ａ．明らかにするなど、委託処理の透明化を進める
　　ｂ．元の委託元がその責めを負うことがあり得る
ウ．ａ．公表せず、委託処理を行っていることは秘匿する
　　ｂ．元の委託元がその責めを負うことがあり得る
エ．ａ．公表せず、委託処理を行っていることは秘匿する
　　ｂ．責任の所在は委託先にあり、元の委託元がその責めを負うことはない

委託先の監督に関する理解

公式テキスト 7-4 P.358-359

正答
イ

本問は、委託先の監督に関する理解を問うものである。
委託先の監督に関する記述は、次のとおりである。

> 個人情報の取扱いに関する委託を行う場合においては、委託者は、個人情報の本人の権利利益保護の観点から、事業内容の特性、規模及び実態に応じ、委託の有無、委託する事務の内容を**明らかにするなど、委託処理の透明化を進める**ことが望ましい。
> また、委託先が個人データの取扱いを再委託する場合、委託元との契約に、再委託を行うに当たっての委託元への文書による事前報告又は承認について盛り込むことが望ましい。なお、委託元が委託先について"必要かつ適切な監督"を行っていない場合で、委託先が再委託をした際に、再委託先が適切といえない取扱いを行ったことによって、何らかの問題が生じたときは、**元の委託元がその責めを負うことがあり得る**。

問32　第65回 問題73

以下のアからエまでのうち、委託契約の締結に関する次の文章中の（　　）に入る最も適切な語句の組合せを１つ選びなさい。

JIS Q 15001:2017において、組織は、次に示す事項を契約によって規定し、十分な個人データの保護水準を担保しなければならないと示されている。その「事項」として、「（　a　）の責任の明確化」や「再委託に関する事項」などが挙げられている。前者の具体例として、受託者（委託先）において、個人データを取り扱う者の氏名や役職等を明確化することなどがある。また、後者の具体例として、再委託を行うにあたっての委託者（委託元）への（　b　）などがある。さらに、組織は、当該契約書などの書面を（　c　）保存しなければならないと示されている。

ア．a．委託者及び受託者
　　b．口頭での連絡または事後の状況報告
　　c．委託した作業が行われている期間内は
イ．a．委託者及び受託者
　　b．文書による事前報告または承認
　　c．少なくとも個人データの保有期間にわたって
ウ．a．受託者
　　b．口頭での連絡または事後の状況報告
　　c．少なくとも個人データの保有期間にわたって
エ．a．受託者
　　b．文書による事前報告または承認
　　c．委託した作業が行われている期間内は

委託先の管理についての理解

公式テキスト 7-4 P.356-358

正答 イ

本問は、委託先の管理についての理解を問うものである。
委託契約の締結に関する記述は、次のとおりである。

> JIS Q 15001:2017において、組織は、次に示す事項を契約によって規定し、十分な個人データの保護水準を担保しなければならないと示されている。その「事項」として、「**委託者及び受託者**の責任の明確化」や「再委託に関する事項」などが挙げられている。前者の具体例として、受託者（委託先）において、個人データを取り扱う者の氏名や役職等を明確化することなどがある。また、後者の具体例として、再委託を行うにあたっての委託者（委託元）への**文書による事前報告または承認**などがある。さらに、組織は、当該契約書などの書面を**少なくとも個人データの保有期間にわたって**保存しなければならないと示されている。

問33　第67回 問題75

JIS Q 10002:2019（品質マネジメント － 顧客満足 － 組織における苦情対応のための指針）の「基本原則」に関する以下のアからエまでの記述のうち、誤っているものを1つ選びなさい。

ア．苦情対応のために、十分な経営資源を準備し、配置するとともに、効果的かつ効率的にマネジメントすることが望ましい。

イ．苦情申出者個人を特定できる情報は、組織内での顧客サービス向上を目的として二次的に活用し、すべての従業者に利用可能とすることが望ましい。

ウ．組織は、苦情対応に関する顧客重視のアプローチを適用し、フィードバックを積極的に受け入れることが望ましい。

エ．組織は、苦情対応に関する組織の決定及び対応についての説明責任及び報告体制を確立し、維持することが望ましい。

苦情対応に関する理解

公式テキスト 7-5 P.360-363

正答　イ

JIS Q 10002:2019（品質マネジメント － 顧客満足 － 組織における苦情対応のための指針）の「基本原則」において、苦情対応プロセスにおける、客観性に関する原則は、「次の内容」を含むと示されている。

本問は、この苦情対応に関する理解を問うものである。

ア．**正しい**　本記述のとおりである。

イ．**誤　り**　苦情申出者個人を特定できる情報は、組織内での**苦情対応の目的に限り、必要なところで利用可能とすることが望ましい**。また、顧客又は苦情申出者が、その公開について明確に同意している場合、又は法令によって開示が義務付けられている場合を除き、**この情報を公開しないように、積極的に保護することが望ましい**。

ウ．**正しい**　本記述のとおりである。

エ．**正しい**　本記述のとおりである。

問34 第65回 問題75

JIS Q 10002:2019（品質マネジメント － 顧客満足 － 組織における苦情対応のための指針）の「苦情対応プロセスの運用」に関する以下のアからエまでの記述のうち、誤っているものを１つ選びなさい。

ア. 安易な気持ちによる苦情の申出を排除するため、苦情プロセスに関する情報の公表は最小限にとどめなければならない。

イ. 最初に苦情を受理した時点から、苦情申出者が満足するか又は最終決定がなされる時点までのプロセス全体にわたって、苦情を追跡できるようにすることが望ましい。

ウ. 苦情申出者には、丁寧な対応をし、苦情対応プロセスにおける苦情対応の進捗状況を、適時知らせることが望ましい。

エ. 苦情をめぐる全ての状況及び情報の調査のために、最善の合理的な努力をすることが望ましい。また、調査のレベルは、苦情の深刻さ、発生する頻度及び重大性に比例することが望ましい。

苦情対応についての理解

公式テキスト 7-5 P.360-363

正答 ア

本問は、苦情対応についての理解を問うものである。

JIS Q 10002:2019（品質マネジメント － 顧客満足 － 組織における苦情対応のための指針）において、「苦情対応プロセスの運用」に関する事項を次のように示している。

ア. **誤り** 業務案内、パンフレット、電子媒体情報などの苦情対応プロセスに関する情報は、顧客、苦情申出者及びその他の密接に関連する利害関係者が**容易に入手できるようにする**ことが望ましい。**いかなる苦情申出者も不利益を被ることがないように**、このような情報は、分かりやすい言葉で表現し、**合理的に誰でも容易に入手できる様式で提供されることが望ましい**。

イ. **正しい** 本記述のとおりである。

ウ. **正しい** 本記述のとおりである。

エ. **正しい** 本記述のとおりである。

問35　第66回 問題75

個人情報保護委員会が公表している「個人データの漏えい等の事案が発生した場合等の対応について」では、「個人情報保護委員会等への報告」として、報告の方法や報告を要しない場合などの事項を示している。以下のアからエまでの記述のうち、報告を要しない場合の「実質的に個人データ又は加工方法等情報が外部に漏えいしていないと判断される場合」の具体例として誤っているものを１つ選びなさい。

ア．漏えい等事案に係る個人データ又は加工方法等情報を第三者に閲覧されないうちに全てを回収した場合
イ．漏えい等事案に係る個人データ又は加工方法等情報について、データ名（ファイル名）から内容が推察されない等の遮蔽化がされている場合
ウ．漏えい等事案に係る個人データ又は加工方法等情報によって特定の個人を識別することが漏えい等事案を生じた事業者以外ではできない場合（ただし、漏えい等事案に係る個人データ又は加工方法等情報のみで、本人に被害が生じるおそれのある情報が漏えい等した場合を除く）
エ．個人データ又は加工方法等情報の滅失又は毀損にとどまり、第三者が漏えい等事案に係る個人データ又は加工方法等情報を閲覧することが合理的に予測できない場合

個人データの漏えい等の事案が発生した場合等の対応についての理解

公式テキスト 7-5 P.360-363

正答
イ

本問は、個人データの漏えい等の事案が発生した場合等の対応についての理解を問うものである。

個人情報保護委員会が公表している「個人データの漏えい等の事案が発生した場合等の対応について」では、「個人情報保護委員会等への報告」として、報告の方法や報告を要しない場合などの事項に関し、「実質的に個人データ又は加工方法等情報が外部に漏えいしていないと判断される場合」の具体例を示している。

ア. **正しい** 本記述のとおりである。

イ. **誤　り** 漏えい等事案に係る個人データ又は加工方法等情報について**高度な暗号化等の秘匿化がされている**場合

ウ. **正しい** 本記述のとおりである。

エ. **正しい** 本記述のとおりである。

問36　第65回 問題74

総務省の「テレワークセキュリティガイドライン」における「テレワークセキュリティ対策」に関する以下のアからエまでの記述のうち、誤っているものを１つ選びなさい。

ア．経営者が実施すべき対策として、テレワーク実施に当たって生じる環境変化を踏まえ、セキュリティポリシーの策定や見直し（システムセキュリティ管理者にその指示をする）を行い、見直し後は、テレワーク勤務者にその内容を周知し、方針の共有を行う。

イ．システムセキュリティ管理者が実施すべき対策として、オンライン会議にアクセスするためのURLを正規の参加者以外に公開せず、出席者の確認をするなどして、第三者が会議に参加することのないよう、テレワーク勤務者に周知する。

ウ．システムセキュリティ管理者が実施すべき対策として、テレワーク勤務者のセキュリティへの理解と意識の向上を図るために、希望者に対して研修を実施する。また、不審メール情報や緊急アップデートの適用等、重要なセキュリティ情報については、組織内のポータルサイトへ掲載しておく。

エ．テレワーク勤務者が実施すべき対策として、テレワークで取り扱う情報は、定められた取扱方法（利用者・保管場所・利用可能なシステム環境の要件等）に従って取り扱う。また、クラウドサービスの利用に際して、定められた利用ルールの範囲で利用する。

テレワークにおける組織的・人的対策についての理解

正答
ウ

本問は、テレワークにおける組織的・人的対策についての理解を問うものである。

経済産業省の「テレワークセキュリティガイドライン」において、「テレワークセキュリティ対策」に関する事項を次のように示している。

ア. 正しい　本記述のとおりである。

イ. 正しい　本記述のとおりである。

ウ. 誤　り　システムセキュリティ管理者が実施すべき対策として、テレワーク勤務者のセキュリティへの理解と意識の向上を図るために、**定期的に研修等を実施**する。不審メール情報や緊急アップデートの適用等、重要なセキュリティ情報については、組織内のポータルサイトへの掲載、テレワーク勤務者への**一斉メールによるアナウンス**等、テレワーク勤務者の**目にとまりやすい方法で注意喚起を実施**する。

エ. 正しい　本記述のとおりである。

3. オフィスセキュリティ

問1　第67回 問題76

情報漏えいを防ぐための物理的対策に関する以下のアからエまでの記述のうち、不適切なものを１つ選びなさい。

ア．秘密情報が記録された書類・ファイルや記録媒体については、保管する書棚や区域（倉庫、部屋など）を分離して管理する。例えば、重要度の高い情報等については、専用の部屋で施錠管理し、管理者が鍵を管理して、入退室の際の鍵の貸出しは許可制にする。

イ．秘密情報が記録された書類・ファイルなどの紙媒体を廃棄する際は、少量の場合はシュレッダーのクロスカットやスパイラルカットなどの方式により細断し、復元が不可能な状態にする。大量の場合は、信頼できる専門業者に依頼して溶解処分を行い、その証明書の発行を義務付ける。

ウ．重要な秘密情報が記録された資料を会議で使用する際は、出席予定者の人数分をコピーして配付する。また、会議終了後にその資料の紛失や盗難が発生しないようにするため、各自の責任において管理するよう、口頭で指示をする。

エ．オフィス内の整理整頓や防犯カメラの設置、「写真撮影禁止」や「関係者以外立入り禁止」の表示などにより、情報管理に関心の高い職場であると認識させ、心理的に情報を漏えいしにくい状況を作るようにする。

物理的対策に関する理解 　**正答 ウ**

公式テキスト 8-1 P.375・8-2 P.378-379

本問は、物理的対策に関する理解を問うものである。

ア. 適　切　本記述のとおりである。

イ. 適　切　本記述のとおりである。

ウ. 不適切　会議などで重要な資料を配付する際、コピーした資料が余った場合、余った資料に対する責任の所在が不明になりがちであるため、コピーした部数と配付した部数の記録を残すようにする。さらに、会議などで**資料を配布した場合には、終了後、速やかに回収する**。従業者の手元に資料を残させないことにより、資料を持ち出すことができない状態にする。

エ. 適　切　本記述のとおりである。

問2　第66回 問題76

次の表は、ゾーニングにおける３つのエリアに分けた場合の区分とその設置例を示したものである。以下のアからエまでのうち、この設置例での物理的な対策として不適切なものを１つ選びなさい。なお、ここでの「区分」は、パブリックエリア・オフィスエリア・セキュリティエリアの３つにレベルを分けるものとする。

区分	設置例
オフィスエリア	• 一般の従業者が業務を行う執務室 • 社内用（従業者用）会議室 • 従業者のみが入室できる備品保管庫

ア．入口の扉は、常時施錠して必要があった際に解錠する。
イ．人感センサー付きの監視カメラを設置し、執務室内が無人になる時間帯に作動するように設定する。
ウ．火災報知機や無停電電源装置を設置する。
エ．退室時にはクリアデスクポリシーに則り、使用していた書類は机上に揃えて置いておく。

物理的対策に関する理解

公式テキスト 8-1 P.370-371

正答
エ

本問は、物理的対策についての理解を問うものである。

次の表のエリア区分とその設置例における物理的な対策は、以下のとおりである。なお、ここでの「区分」は、パブリックエリア・オフィスエリア・セキュリティエリアの3つにレベルを分けるものとする。

区分	設置例
オフィスエリア	• 一般の従業者が業務を行う執務室 • 社内用（従業者用）会議室 • 従業者のみが入室できる備品保管庫

ア. **適　切**　本記述のとおりである。

イ. **適　切**　本記述のとおりである。

ウ. **適　切**　本記述のとおりである。

エ. **不適切**　退室時にはクリアデスクポリシーに則り、使用していた書類は**重要度に応じて、鍵付きキャビネットや机の引出などに保管し、机の上には何も残らないようにする**。

問3　第65回 問題76

以下のアからエまでのうち、エリア区分に関する次の文章中の（　　）に入る最も適切な語句の組合せを１つ選びなさい。

情報セキュリティにおける（　a　）とは、守るべき情報の重要度に応じて、情報の置き場所を分けることである。（a）の区分には様々な方法があるが、「一般領域」「安全領域」「機密領域」の３段階で区分する場合がある。例えば、来客用の打合せコーナーは、（　b　）に区分され、バックアップ保管庫は（　c　）に区分される。

ア．a．カバレッジ　　b．安全領域　　c．一般領域
イ．a．カバレッジ　　b．一般領域　　c．安全領域
ウ．a．ゾーニング　　b．機密領域　　c．安全領域
エ．a．ゾーニング　　b．一般領域　　c．機密領域

物理的対策についての理解

公式テキスト 8-1 P.370-371

正答　エ

本問は、物理的対策についての理解を問うものである。
エリア区分に関する記述は、次のとおりである。

情報セキュリティにおける**ゾーニング**とは、守るべき情報の重要度に応じて、情報の置き場所を分けることである。**ゾーニング**の区分には様々な方法があるが、「一般領域」「安全領域」「機密領域」の３段階で区分する場合がある。例えば、来客用の打合せコーナーは、**一般領域**に区分され、バックアップ保管庫は**機密領域**に区分される。

問4　第65回 問題81

以下のアからエまでの記述のうち、トラッシングへの対策として直接的に有効となるものを１つ選びなさい。

ア．重要な情報を印刷する際は、隠し文字やデジタルコードを埋め込むようにする。
イ．ノートパソコンや外付けハードディスク、周辺機器などは、セキュリティワイヤーを装着し、机などに固定する。
ウ．パソコンやタブレット端末などディスプレイに、偏光フィルタを装着する。
エ．紙媒体を廃棄する際は、安易にごみ箱に捨てず、シュレッダーで細断する。

物理的対策に関する理解

公式テキスト 5-5 P.311

正答　エ

本問は、物理的対策についての理解を問うものである。

「トラッシング」とは、ごみ箱あさりのことであり、ごみ箱やごみ集積場に捨てられた紙などから情報を収集するソーシャルエンジニアリングの手法の一つである。

ア．直接的に有効とならない　不正コピーへの対策に該当する。
イ．直接的に有効とならない　機器等の盗難対策に該当する。
ウ．直接的に有効とならない　ディスプレイの覗き見対策に該当する。
エ．直接的に有効となる

問5　第67回 問題81

以下のアからエまでの記述のうち、「トラッシング」の説明に該当するものを１つ選びなさい。

ア．特殊な読取装置を用いて、クレジットカードやキャッシュカードなどの磁気ストライプに書き込まれている情報を読み取り、その情報を不正に入手してクローンカードを作成し、本人になりすまして不正利用する犯罪の手口である。
イ．ごみ箱に捨てられたメモや書類などから、個人情報、ネットワークの設定情報やユーザID・パスワードなどの情報を探し出し、不正に情報を収集する手口である。
ウ．CD・DVDやBlu-ray Discなどに記録されているデータを、コンピュータ上で読み込んで、別の記憶媒体にコピーすることである。これを悪用して、著作権のある映像などを配布・販売した場合は、「著作権法」において違法行為となる。
エ．ハードディスクの物理的障害やシステムの不具合などによってデータが失われた際に、バックアップされていたデータを用いて、データをもとの状態に戻すことである。

情報漏えい対策に関する理解
公式テキスト 5-5 P.311

正答
イ

本問は、情報漏えい対策に関する理解を問うものである。
ア．**該当しない**　「スキミング」の説明である。
イ．**該当する**
ウ．**該当しない**　「リッピング」の説明である。
エ．**該当しない**　「リストア」の説明である。

問6　第67回 問題77

以下のアからエまでの記述のうち、ショルダーハッキングへの対策として直接的に有効となるものを１つ選びなさい。

ア．帰宅時や外出時には、業務用のノートパソコンは施錠管理できるロッカーなどで保管する。
イ．重要な情報を印刷する際は、隠し文字やデジタルコードを埋め込むようにする。
ウ．ビル入口付近に警備員を配置して、社員証とその所持者（入館者）が一致するかどうかを確認する。
エ．ディスプレイに偏光フィルタを装着したり、衝立を設置するなどにより部外者からの視線を遮るようにする。

情報漏えい対策に関する理解
公式テキスト 5-5 P.311・8-1 P.375・8-2 P.376

正答　エ

本問は、情報漏えい対策に関する理解を問うものである。
「ショルダーハッキング」とは、パスワード等の重要な情報を入力しているところを後ろから近づいて、肩越しに覗き見る方法であるため、ショルダーハッキングへの対策として、**ディスプレイに偏光フィルタを装着したり、衝立を設置するなどにより部外者からの視線を遮るようにする**。
以上により、ショルダーハッキングへの対策として有効となるのは、肢エである。

問7　第66回 問題77

セキュリティゲートの一つである「フラッパーゲート」に関する以下のアからエまでの記述のうち、不適切なものを１つ選びなさい。

ア．一般的に、１分間に50人程度の認証スピードがあるため、出勤の時間帯や退勤の時間帯など、従業者の出入りが多い時間帯でもスムーズに通過することができる。

イ．一人ずつ認証して通過させる仕組みであるため、なりすましを防ぐことを目的として設置する。

ウ．こじ開けや潜り抜けなどの力づくによる通過に対しては万全ではないため、高度なセキュリティ対策を要求されるエリアへの設置には適していない。

エ．認証時には入館や退館の記録を取ることができるため、出退勤管理に用いることも可能である。

入退管理における「フラッパーゲート」の特徴についての理解

公式テキスト 8-1 P.374

正答　イ

本問は、入退管理における「フラッパーゲート」の特徴についての理解を問うものである。

入退管理システムのセキュリティゲートには、フラッパーゲートやアームゲートなどがある。フラッパーゲートとは、駅の自動改札のように、IDカードなどで認証された人だけを通過させ、入退室を記録する仕組みである。また、アームゲートとは、三叉のバーが通路に対して垂直方向にスライドしたり回転する構造である。

ア．適　切　本記述のとおりである。

イ．不適切　一人ずつ認証して通過させる仕組みであるが、認証にはICカードやQRコードが記載されたゲストカードなどを用いるため、カードの貸借りや盗用などがあった場合は、**厳密な本人認証を行うことはできない**。

ウ．適　切　本記述のとおりである。

エ．適　切　本記述のとおりである。

問8　第65回 問題77

以下のアからエまでの記述のうち、「ピギーバック」の説明に該当するものを１つ選びなさい。

ア. 複数の認証ゲートを通過する際、あらかじめ決められた順番で認証を行わないと、次のゲートの通過が許可されないという仕組みのことである。
イ. 入室の際は２人を同時に照合しないと認証・解錠されず、退室の際は１人を残してもう１人が退室しようとすると解錠されないという仕組みのことである。
ウ. 入室制限のある入口で、入室の権限をもっている人の後ろについて、１人の認証で複数人が同時に入室する行為である。
エ. 退室者が開けたドアから、入れ違いで部外者が認証を受けずに入室する行為である。

入退管理における「ピギーバック」についての理解

公式テキスト 5-5 P.309・8-1 P.374

正答　ウ

本問は、入退管理における「ピギーバック」についての理解を問うものである。

ア. **該当しない**　「**順路制御**」の説明である。
イ. **該当しない**　「**ツーパーソン制御**」の説明である。
ウ. **該当する**
エ. **該当しない**　「**すれ違い侵入**」の説明である。

問9　第65回 問題78

以下のアからエまでのうち、バックアップの方法と運用などに関する次の文章中の（　　）に入る最も適切な語句の組合せを１つ選びなさい。

バックアップの方法には、フルバックアップ、（　a　）バックアップ、（　b　）バックアップがある。フルバックアップは、すべてのデータをバックアップすることであり、（a）バックアップは、前回のフルバックアップから更新されたデータのみをバックアップする方法である。一方、（b）バックアップは、直前のバックアップ以降に追加・更新されたデータのみをバックアップする方法である。
また、バックアップの運用における（　c　）とは、バックアップされたデータを使って、コンピュータのシステムの修復や破損したデータを復元することなどを指す。事故や障害に直面した際に、バックアップと（c）が確実に行え得るよう、バックアップの実施手順や（c）の実施手順を作成したうえで、（　d　）を行うなどして備える必要がある。

ア．a．差分　　b．増分
　　c．リストア　　d．定期的に復旧のリハーサル
イ．a．差分　　b．増分
　　c．リビルド　　d．短い間隔でリプレース
ウ．a．増分　　b．差分
　　c．リストア　　d．短い間隔でリプレース
エ．a．増分　　b．差分
　　c．リビルド　　d．定期的に復旧のリハーサル

バックアップについての理解

公式テキスト (8-2 P.377)

正答
ア

本問は、バックアップについての理解を問うものである。
バックアップの方法と運用などに関する記述は、次のとおりである。

バックアップの方法には、フルバックアップ、**差分**バックアップ、**増分**バックアップがある。フルバックアップは、すべてのデータをバックアップすることであり、**差分**バックアップは、前回のフルバックアップから更新されたデータのみをバックアップする方法である。一方、**増分**バックアップは、直前のバックアップ以降に追加・更新されたデータのみをバックアップする方法である。
また、バックアップの運用における**リストア**とは、バックアップされたデータを使って、コンピュータのシステムの修復や破損したデータを復元することなどを指す。事故や障害に直面した際に、バックアップと**リストア**が確実に行え得るよう、バックアップの実施手順や**リストア**の実施手順を作成したうえで、**定期的に復旧のリハーサル**を行うなどして備える必要がある。

問10　第66回 問題78

データのバックアップに関する以下のアからエまでの記述のうち、不適切なものを１つ選びなさい。

ア. 個人情報などの重要な情報の保全性及び真正性を維持するため、手順や頻度などの実施方法を定め定期的にバックアップを実施する必要がある。また、バックアップデータは暗号化しておき、迅速に復元できるようにテストを行う。

イ. 個々の従業者が利用しているコンピュータについても、定期的にバックアップを行う。その際、ワープロソフトや表計算ソフトなどで作成したファイルだけではなく、業務上で頻繁に参照するWebサイトのURLや各種の設定なども、バックアップの対象とすることが望ましい。

ウ. 個々の従業者がバックアップに外部記憶媒体を使用する場合には、データの持出しによる情報漏えいのリスクが高くなるという点に注意が必要となる。そのため、情報セキュリティポリシーなどで、不要な持出しの禁止や、保管場所を限定するなどの管理上のルールを徹底することも重要となる。

エ. データベースサーバやファイルサーバに保存されている共有データは、担当者を決めて確実にバックアップしなければならない。サーバのバックアップは、OSやバックアップソフトの持つスケジューリング機能を利用して、従業者が操作を行わない時間帯の深夜や早朝などに実施する。

バックアップについての理解

公式テキスト 8-2 P.377

正答　ア

本問は、データのバックアップについての理解を問うものである。

ア. **不適切**　個人情報などの重要な情報の**完全性**及び**可用性**を維持するため、手順や頻度などの実施方法を定め定期的にバックアップを実施する必要がある。また、バックアップデータは暗号化しておき、迅速に復元できるようにテストを行う。

イ. **適　切**　本記述のとおりである。

ウ. **適　切**　本記述のとおりである。

エ. **適　切**　本記述のとおりである。

問11　第67回 問題78

バイオメトリクス認証に関する以下のアからエまでの記述のうち、「静脈認証」の説明に該当するものを１つ選びなさい。

ア．簡単な操作で認証が完了し、照合時間も秒単位であり、利便性が高い。ただし、湿度や汚れなどの外因によって認証精度が左右されるという短所もある。

イ．非接触で認証を行い、製品によっては同時に複数人の認証や離れた場所からの認証が可能となるものもある。本人確認や不審者の検出も行うことができ、空港での出入国管理にも導入されている。

ウ．近赤外線光を照射することにより、認証情報を読み取る仕組みである。認証情報は永続性を有していて、外見で判断できないことから、偽造や改ざんが困難である。

エ．低コストでの導入が可能であるが、乾燥肌や油脂性、傷があるなどの場合は、認証情報の登録が困難になることがある。接触式であるため、認証情報が装置に残留した場合は、その複製が容易となる。

バイオメトリクス認証に関する理解

公式テキスト 9-4 P.415-417

正答　ウ

本問は、バイオメトリクス認証に関する理解を問うものである。

ア．**該当しない**　**指紋認証**の説明である。
イ．**該当しない**　**顔認証**の説明である。
ウ．**該当する**
エ．**該当しない**　**指紋認証**の説明である。

問12　第66回 問題79

以下のアからエまでのうち、本人認証などに関する次の文章中の（　）に入る最も適切な語句の組合せを１つ選びなさい。

（　a　）とは、情報システムが利用者の本人確認のために用いる暗証番号のことであり、「個人識別番号」や「個人認証番号」などと訳されることもある。一般的に、４桁～８桁の数字であり、キャッシュカードやクレジットカードなどの本人認証の手段として利用されてきた。近年では、携帯端末のロック解除コードや、Windowsでのサインインなどに利用されていて、（　b　）に（a）を併用する製品もある。
スマートフォンなどにおいては、（a）の入力を一定回数以上間違えると、自動的に（a）が凍結され、その後は一切の操作が不可能となる。これは、スマートフォンなどの端末の不正利用を防ぐためであり、凍結を解除して操作が可能な状態にするためには、（　c　）が必要となる。

ア．a．PIN　b．USBキー　c．PUKコード
イ．a．PIN　b．PCカード　c．CDEコード
ウ．a．OUI　b．USBキー　c．CDEコード
エ．a．OUI　b．PCカード　c．PUKコード

認証技術についての理解

正答
ア

本問は、認証技術についての理解を問うものである。
本人認証などに関する記述は、次のとおりである。

PINとは、情報システムが利用者の本人確認のために用いる暗証番号のことであり、「個人識別番号」や「個人認証番号」などと訳されることもある。一般的に、4桁～8桁の数字であり、キャッシュカードやクレジットカードなどの本人認証の手段として利用されてきた。近年では、携帯端末のロック解除コードや、Windowsでのサインインなどに利用されていて、USBキーにPINを併用する製品もある。
スマートフォンなどにおいては、PINの入力を一定回数以上間違えると、自動的にPINが凍結され、その後は一切の操作が不可能となる。これは、スマートフォンなどの端末の不正利用を防ぐためであり、凍結を解除して操作が可能な状態にするためには、PUKコードが必要となる。

問13　第66回 問題81

入退管理に関する以下のアからエまでの記述のうち、不適切なものを１つ選びなさい。

ア．入退管理に用いるIDカードや入館証については、枚数管理を定期的に実施する。また、人事異動や退職時には、IDカードを回収して無効化する。

イ．従業者が入退管理に用いるIDカードを忘れた場合は、当日のみ使用できる代替のIDカードを発行し、退出時には確実に回収する。

ウ．来訪者には、入退室記録票への記入と、ゲストカードの着用を求めるようにする。なお、複数人で来社した場合は、１名が代表して入退室記録票に記入し、記入者が代表してゲストカードを着用する。

エ．来訪者を受け入れる場合は、必ず従業者が帯同し、あらかじめ定めたセキュリティレベルの低い区域内のみを案内する。なお、セキュリティレベルの高い区域に案内する必要がある場合は、守秘義務に関する誓約書を取得する。

入退室管理についての理解

公式テキスト 8-1 P.372-373

正答　ウ

本問は、入退室管理についての理解を問うものである。

ア．適　切　本記述のとおりである。

イ．適　切　本記述のとおりである。

ウ．不適切　来訪者には、入退室記録票への記入と、ゲストカードの着用を求めるようにする。なお、複数人で来社した場合は、**一人ひとりが入退室記録票への記入し、全員がゲストカードを着用する**ことが望ましい。１名が代表で入退室記録票へ記入した場合は、来訪者の人数を正確に記入し、退室時刻が異なる場合は、その旨を担当者に伝えるようにする。

エ．適　切　本記述のとおりである。

問14　第67回 問題79

「RASIS」とは、Reliability（信頼性）、Availability（可用性）、Serviceability（保守性）、Integrity（保全性・完全性）、Security（機密性）の５項目を頭文字で表したものであり、コンピュータシステムの信頼性を評価する指標である。以下のアからエまでの記述のうち、「Integrity」に該当するものを１つ選びなさい。

ア．故障・障害などの場合であってもデータの不整合や消失などを起こさずに、一貫性を確保する能力である。
イ．故障・障害の発生しにくさ、安定性の程度である。
ウ．故障・障害が発生した際の復旧の速さである。
エ．システムがどの程度正常に稼働しているかを割合で表したものである。

コンピュータシステムの信頼性を評価する指標である「RASIS」に関する理解

正答　ア

本問は、コンピュータシステムの信頼性を評価する指標である「RASIS」に関する理解を問うものである。

ア．該当する
イ．該当しない　「Reliability」（信頼性）の説明である。
ウ．該当しない　「Serviceability」（保守性）の説明である。
エ．該当しない　「Availability」（可用性）の説明である。

問15　第65回 問題79

「RASIS」とは、Reliability（信頼性）、Availability（可用性）、Serviceability（保守性）、Integrity（保全性・完全性）、Security（機密性）の５項目を頭文字で表したものであり、コンピュータシステムの信頼性を評価する指標である。以下のアからエまでの記述のうち、「Serviceability」に該当するものを１つ選びなさい。

ア．故障・障害の発生しにくさ、安定性の程度である。
イ．障害が発生した際の復旧の速さである。
ウ．故障・障害などの場合であってもデータの不整合や消失などを起こさずに、一貫性を確保する能力である。
エ．不正アクセスなどのセキュリティ事故を防止する能力である。

コンピュータシステムの信頼性を評価する指標である「RASIS」に関する理解

正答　イ

本問は、コンピュータシステムの信頼性を評価する指標である「RASIS」についての理解を問うものである。

なお、RASISとは、Reliability（信頼性）、Availability（可用性）、Serviceability（保守性）、Integrity（保全性・完全性）、Security（機密性）の５項目を頭文字で表したものである。

ア．該当しない　Reliabilityの説明である。
イ．該当する
ウ．該当しない　Integrityの説明である。
エ．該当しない　Securityの説明である。

問16　第65回 問題80

PINに関する以下のアからエまでの記述のうち、不適切なものを1つ選びなさい。

ア．スマートフォンなどの端末に設定したPINを一定回数以上間違えて入力すると、その端末はロック（PINロック）される。

イ．スマートフォンなどの端末が何らかの方法によってPINロックされてしまった場合は、PINロック解除コードが必要となる。

ウ．スマートフォンなどの端末に設定しているPINが何らかの方法によって漏えいしてしまった場合は、複数の端末でそのPINが不正使用される危険性がある。

エ．OSによっては、パスワードによるサインインの代わりに、PINによるサインインを推奨しているものもある。

PINについての理解

正答　ウ

本問は、PINについての理解を問うものである。

ア．適　切　本記述のとおりである。

イ．適　切　本記述のとおりである。

ウ．不適切　PINは、スマートフォンやパソコンなどの端末とセットになっており、端末に登録したPINを入力することで認証する。そのため、PINを盗み見た者が別の端末にそのPINを入力しても、**その端末でサインインすることはできない**。

エ．適　切　本記述のとおりである。

問17 第65回 問題82

以下のアからエまでのうち、記憶媒体の廃棄に関する次の文章中の（　　）に入る最も適切な語句の組合せを１つ選びなさい。

（　a　）とは、本来は不具合などによって正常にデータを読み込むことができなくなった記憶媒体から、データを取り出す作業や復旧する作業、あるいはそのようなサービスを指すものである。なお、このような技術を悪用し、廃棄されているハードディスクなどから、データを盗み出す手口を指す場合もある。
情報漏えい対策の一環として、記憶媒体を廃棄する際は、（a）ができないようにするための、確実な措置を講じてなければならない。例えば、DVDやCDなどは、（　b　）した後に廃棄する。また、外付けハードディスクは、（　c　）するなどの対策が必要となる。

ア．a．データマイニング　b．「削除」コマンドでデータを削除
　　c．意味のないデータを複数回上書き
イ．a．データマイニング　b．メディアシュレッダーで裁断
　　c．ディスク全体を初期化
ウ．a．データサルベージ　b．「削除」コマンドでデータを削除
　　c．ディスク全体を初期化
エ．a．データサルベージ　b．メディアシュレッダーで裁断
　　c．意味のないデータを複数回上書き

記憶媒体の管理についての理解

公式テキスト 9-10 P.438-441

正答 エ

本問は、記憶媒体の管理についての理解を問うものである。
記憶媒体の廃棄に関する記述は、次のとおりである。

データサルベージとは、本来は不具合などによって正常にデータを読み込むことができなくなった記憶媒体から、データを取り出す作業や復旧する作業、あるいはそのようなサービスを指すものである。なお、このような技術を悪用し、廃棄されているハードディスクなどから、データを盗み出す手口を指す場合もある。
情報漏えい対策の一環として、記憶媒体を廃棄する際は、**データサルベージ**ができないようにするための、確実な措置を講じてなければならない。例えば、DVDやCDなどは、**メディアシュレッダーで裁断**した後に廃棄する。また、外付けハードディスクは、**意味のないデータを複数回上書き**するなどの対策が必要となる。

第4章

問18　第67回 問題80

以下のアからエまでのうち、RAIDの方式とその概要を示した次の表の（　　）に入る最も適切な語句の組合せを１つ選びなさい。

方式	概要
RAID 0	複数台のハードディスクにデータを分散して書き込むことで高速化する方式であり、（　a　）とも呼ばれる。（a）により高速化はするが、１台のハードディスクの故障でデータが失われるため、信頼性は低下する。
RAID 1	複数台のハードディスクに同時に同じデータを書き込むことで、１台のハードディスクが故障しても他方がバックアップになる方式であり、（　b　）とも呼ばれる。（b）により信頼性は向上するが、高速化はせず、容量も増えない。
（　c　）	３台以上のハードディスクを必要とし、複数台のハードディスクにデータを分散して書き込むことに加え、パリティを生成して各ドライブに分散して書き込む。分散処理により、特定のドライブに対する負荷を軽減し、高速化を図る。

ア．a．スプーリング　　b．ペアリング　　c．RAID 5
イ．a．スプーリング　　b．ミラーリング　　c．RAID 10
ウ．a．ストライピング　　b．ペアリング　　c．RAID 10
エ．a．ストライピング　　b．ミラーリング　　c．RAID 5

RAIDに関する理解

正答
エ

本問は、RAIDに関する理解を問うものである。
RAIDの方式とその概要を示した表は、次のとおりである。

方式	概要
RAID 0	複数台のハードディスクにデータを分散して書き込むことで高速化する方式であり、**ストライピング**とも呼ばれる。**ストライピング**により高速化はするが、１台のハードディスクの故障でデータが失われるため、信頼性は低下する。
RAID 1	複数台のハードディスクに同時に同じデータを書き込むことで、１台のハードディスクが故障しても他方がバックアップになる方式であり、**ミラーリング**とも呼ばれる。**ミラーリング**により信頼性は向上するが、高速化はせず、容量も増えない。
RAID 5	３台以上のハードディスクを必要とし、複数台のハードディスクにデータを分散して書き込むことに加え、パリティを生成して各ドライブに分散して書き込む。分散処理により、特定のドライブに対する負荷を軽減し、高速化を図る。

問19　第66回 問題80

次の文章は、RAIDの方式を説明したものである。以下のアからエまでのうち、該当するものを１つ選びなさい。

> 複数台のハードディスクに、同時に同じデータを書き込む方式であり、ミラーリングとも呼ばれる。１台のハードディスクが故障しても、他方がバックアップとなってデータが処理され、動作はそのまま継続するため、ハードディスクの故障によるデータの損失やシステムの停止が発生しない。ミラーリングによる冗長性によって信頼性は向上するが、高速化はせず、容量も増えない。

ア．RAID 0　　イ．RAID 1　　ウ．RAID 5　　エ．RAID 6

RAIDに関する理解

正答
イ

本問は、RAIDについての理解を問うものである。
次の文章に該当する方式は、RAID 1である。

> 複数台のハードディスクに、同時に同じデータを書き込む方式であり、ミラーリングとも呼ばれる。１台のハードディスクが故障しても、他方がバックアップとなってデータが処理され、動作はそのまま継続するため、ハードディスクの故障によるデータの損失やシステムの停止が発生しない。ミラーリングによる冗長性によって信頼性は向上するが、高速化はせず、容量も増えない。

問20　第67回 問題82

以下のアからエまでの記述のうち、シャドーITが引き起こすセキュリティリスクに該当しないものを１つ選びなさい。

ア. 同一の回線を利用することから、通信経路で大量のトラフィックが発生しやすくなる。また、通信経路の過負荷が原因で、通信速度の低下やサービスへの接続がしにくくなり、業務が停滞する場合がある。

イ. 端末に業務用の情報を保存していた場合、端末の紛失や盗難によりその情報が漏えいする危険性が高い。また、プライベートのクラウドサービスを業務用に利用していた場合も、操作ミスなどが原因でその情報が漏えいする危険性がある。

ウ. 安全性の低い無線アクセススポットの利用により、ユーザID・パスワードが盗聴されやすくなる。また、業務用のユーザID・パスワードが盗聴された場合は、社内ネットワークに不正アクセスされる危険性がある。

エ. プライベート用のアカウントで不正なメールを安易に開いてしまった場合や不適切なWebサイトにアクセスしてしまった場合は、不正プログラムに感染しやすくなる。また、感染した端末で社内ネットワークに接続したことにより、不正プログラムが社内ネットワークに拡散される場合もある。

携帯端末などへの対策に関する理解「シャドーIT」

正答　ア

「シャドーIT」とは、企業側で把握していない携帯端末やクラウドサービスなどを利用し、従業者が業務を進める状態のことである。

本問は、この携帯端末などへの対策に関する理解を問うものである。

ア. 該当しない　通信経路の過負荷は、シャドーITが起因となる可能性は低い。

イ. 該当する

ウ. 該当する

エ. 該当する

問21　第66回 問題82

BYOD導入のメリット・デメリットに関する以下のアからエまでの記述のうち、不適切なものを1つ選びなさい。

ア．従業者のメリットとして、使い慣れた端末を利用することにより、操作面でのストレスも少なく、生産性が向上することが挙げられる。

イ．従業者のデメリットとして、時間や場所を選ばずに仕事ができることから、公私の区別がつきにくくなり、長時間労働につながる場合があることが挙げられる。

ウ．組織側のデメリットとして、従業者による業務用データの持出しや、紛失・盗難による情報漏えいなどが発生しやすくなることが挙げられる。

エ．組織側のデメリットとして、同一の回線を利用することから、通信経路の過負荷が発生しやすくなることが挙げられる。

BYOD導入のメリット・デメリットについての理解

公式テキスト 9-2 P.409

正答　エ

本問は、BYOD導入のメリット・デメリットについての理解を問うものである。

BYODとは、従業者個人が所有するパソコンやタブレット、スマートフォンなどの端末を社内に持ち込み、業務上で活用する形態のことである。

ア．**適　切**　本記述のとおりである。

イ．**適　切**　本記述のとおりである。

ウ．**適　切**　本記述のとおりである。

エ．**不適切**　本人が契約しているキャリアの回線を使用することになるため、**通信に係る経費を抑えることができるという、組織側のメリットがある**。

問22　第67回 問題83

次の文章は、システムの二重化に関する記述である。以下のアからエまでのうち、この記述に該当する方式を１つ選びなさい。

> 同じ処理を行う二系統を同時に稼働・運用し、どちらか一方のシステムに障害が発生したときには、もう一方のシステムで処理を継続する方式である。処理結果を相互のシステムで照合・比較することや、システムを完全に停止することなく処理を継続できることなどにより、高い信頼性を得られる。また、障害が発生したときには、一方のシステムで処理を継続しながら、障害が発生したシステムの原因の究明や復旧の対応などを行い、システムの回復を図ることも可能となる。

ア．タンデムシステム　　イ．デュアルシステム
ウ．シンプレックスシステム　　エ．デュプレックスシステム

システムの二重化に関する理解

公式テキスト （8-5 P.397）

正答
イ

本問は、システムの二重化に関する理解を問うものである。
次の文章に該当する方式は、デュアルシステムである。

> 同じ処理を行う二系統を同時に稼働・運用し、どちらか一方のシステムに障害が発生したときには、もう一方のシステムで処理を継続する方式である。処理結果を相互のシステムで照合・比較することや、システムを完全に停止することなく処理を継続できることなどにより、高い信頼性を得られる。また、障害が発生したときには、一方のシステムで処理を継続しながら、障害が発生したシステムの原因の究明や復旧の対応などを行い、システムの回復を図ることも可能となる。

問23　第66回 問題83

以下のアからエまでの記述のうち、デュアルシステムの説明に該当するものを１つ選びなさい。

ア. 同じ処理を行う２系統を同時に稼働・運用し、どちらかのシステムに障害が発生したときには、他方のシステムで処理を継続する方式である。

イ. 稼働している系統（現用系）と待機している系統（待機系）の２つのシステムを用意し、現用系で処理が行われ、待機系は現用系のトラブルに備えて待機する方式である。

ウ. 複数の系統によって一連の処理を行うように構成されたシステムであり、一連の処理が停止する可能性は低いが、障害時には一部のCPUが過負荷となり、処理が低下するという特徴がある。

エ. 一連の処理を別々のコンピュータが行うように構成されたシステムであり、処理を分散させることによって１つのCPUへの負荷が分散でき、システム効率のアップが期待できるというメリットがある。

システムの二重化に関する理解

公式テキスト（8-5 P.397）

正答　ア

本問は、システムの二重化についての理解を問うものである。

ア. 該当する

イ. 該当しない　デュプレックスシステムの説明である。

ウ. 該当しない　ロードシェアシステムの説明である。

エ. 該当しない　タンデムシステムの説明である。

問24　第65回 問題83

次の文章は、システムの二重化に関する記述である。以下のアからエまでのうち、この記述に該当する方式を１つ選びなさい。

「待機冗長化方式」とも呼ばれる方式であり、稼働している系統（現用系・本番系・稼働系・主系）と待機している系統（待機系・予備系・従系）の２つのシステムを用意し、現用系で処理が行われ、待機系は現用系のトラブルに備えて待機する。これによって、現用系に障害が発生した際は、待機系に切り替えて処理が行われるため、安定したシステムの運用が可能となる。
この方式では、待機や切替えの方法により、ホットスタンバイ・ウォームスタンバイ・コールドスタンバイの３つのスタンバイ形式がある。

ア．シンプレックスシステム　　イ．デュプレックスシステム
ウ．タンデムシステム　　エ．デュアルシステム

システムの二重化に関する理解

公式テキスト （8-5 P.397）

正答　イ

本問は、システムの二重化についての理解を問うものである。
次の文章に該当する方式は、**デュプレックスシステム**である。

「待機冗長化方式」とも呼ばれる方式であり、稼働している系統（現用系・本番系・稼働系・主系）と待機している系統（待機系・予備系・従系）の２つのシステムを用意し、現用系で処理が行われ、待機系は現用系のトラブルに備えて待機する。これによって、現用系に障害が発生した際は、待機系に切り替えて処理が行われるため、安定したシステムの運用が可能となる。
この方式では、待機や切替えの方法により、ホットスタンバイ・ウォームスタンバイ・コールドスタンバイの３つのスタンバイ形式がある。

問25　第67回 問題84

内閣府の「事業継続ガイドライン」における「方針の策定」及び「分析・検討」に関する以下のアからエまでの記述のうち、誤っているものを1つ選びなさい。

ア．BCMの実施に当たり、経営者はまず自社の事業及び自社を取り巻く環境を改めてよく理解し、自社が果たすべき責任や、自社にとって重要な事項を明確にすることが必要である。

イ．BCMにおいては、顧客及び自社、関連会社、派遣会社、協力会社などの役員・従業員の身体・生命の安全確保や、自社拠点における二次災害の発生の防止は、当然、最優先とすべきである。

ウ．経営者は、BCMの導入に当たり、分析・検討、BCP策定等を行うために必要となるBCMの責任者及びBCM事務局のメンバーを募り、部門単位での活動ができるよう権限をできるだけ分散し、従業者の自主性を重視した体制を構築するための支援を行う必要がある。

エ．BCP策定においては、事業影響度分析（BIA）を行うことにより、企業・組織として優先的に継続または早期復旧を必要とする重要業務を慎重に選び、当該業務をいつまでに復旧させるのか等、目標復旧時間等を検討するとともに、それを実現するために必要な経営資源を特定する必要がある。

事業継続に関する理解

公式テキスト 8-5 P.396

正答 **ウ**

本問は、事業継続に関する理解を問うものである。

内閣府の「事業継続ガイドライン」の「方針の策定」及び「分析・検討」において、BCM（事業継続管理）及びBCP（事業継続計画）に関し、次のような事項が示されている。

ア．**正しい**　本記述のとおりである。

イ．**正しい**　本記述のとおりである。

ウ．**誤　り**　経営者は、BCMの導入に当たり、分析・検討、BCP策定等を行うため、その実施体制、すなわち、BCMの責任者及びBCM事務局の**メンバーを指名**し、関係部門全ての担当者による**プロジェクトチーム等を立ち上げるなど、全社的な体制を構築する必要がある**。

エ．**正しい**　本記述のとおりである。

第4章

問26　第65回 問題84

内閣府の「事業継続ガイドライン」における「方針の策定」及び「分析・検討」、「事業継続戦略・対策の検討と決定」に関する以下のアからエまでの記述のうち、誤っているものを１つ選びなさい。

ア. 経営者は、BCMの導入に当たり、分析・検討、BCP策定等を行うため、その実施体制、すなわち、BCMの責任者及びBCM事務局のメンバーを指名し、関係部門全ての担当者によるプロジェクトチーム等を立ち上げるなど、全社的な体制を構築する必要がある。

イ. BCPにおいて、故障モード影響解析（FMEA）を行うことにより、企業・組織として優先的に継続または早期復旧を必要とする重要業務を慎重に選び、当該業務をいつまでに復旧させるかの目標復旧時間等を検討するとともに、それを実現するために必要な経営資源を特定する必要がある。

ウ. 企業・組織は、不測の事態に対応するべく、事業継続のための緊急的な体制を定め、関係者の役割・責任、指揮命令系統を明確に定め、また、その責任者は、経営者が担う必要がある。

エ. 緊急時の体制として、重要な役割を担う者が死傷したり連絡がつかなかったりする場合に備え、権限委譲や、代行者及び代行順位も定める。また、緊急時には非日常的な様々な業務が発生するため、全社の各部門を横断した、事業継続のための特別な体制を作ってもよい。

事業継続に関する理解　**正答　イ**

公式テキスト 8-5 P.396

本問は、事業継続についての理解を問うものである。

内閣府の「事業継続ガイドライン」において、「方針の策定」及び「分析・検討」、「事業継続戦略・対策の検討と決定」に関する事項を次のように示している。

ア．**正しい**　本記述のとおりである。

イ．**誤　り**　BCPにおいて、**事業影響度分析（ビジネスインパクト分析・BIA）**を行うことにより、企業・組織として優先的に継続または早期復旧を必要とする重要業務を慎重に選び、当該業務をいつまでに復旧させるかの目標復旧時間等を検討するとともに、それを実現するために必要な経営資源を特定する必要がある。

ウ．**正しい**　本記述のとおりである。

エ．**正しい**　本記述のとおりである。

問27　第66回 問題84

事業継続に関する以下のアからエまでの記述のうち、不適切なものを1つ選びなさい。

ア．BCPは、地震などの自然災害や大規模なシステム障害、テロ攻撃、感染症の蔓延などの緊急事態に企業が遭遇した場合において、損害を最小限に抑え、基幹となる事業の継続や早期復旧を図るために、平常時に行うべき活動や、緊急時における対応等を取り決めておく計画である。

イ．BCMは、BCPを策定して対策を実施するとともに、BCPを企業内に普及啓発し、BCPの点検と継続的な改善を行う平常時からのマネジメント活動である。

ウ．BCMは、従業者が主体となって推進していくものであり、経営者はそれを支援しなければならない。また、経営者は、事業内容や事業規模、資金力、人的余裕などを考慮して、自社にとって適切と思われるBCMを採用する。

エ．BCMにおけるBIAとは、事業の中断による、業務上や財務上の影響を確認するプロセスのことであり、事業影響度分析とも呼ばれる。重要な事業・業務・プロセス及びそれに関連する経営資源を特定し、事業継続に及ぼす経営などへの影響を時系列に分析を行う。

事業継続に関する理解

公式テキスト 8-5 P.396

正答　ウ

本問は、事業継続についての理解を問うものである。

ア．**適　切**　本記述のとおりである。

イ．**適　切**　本記述のとおりである。

ウ．**不適切**　BCMは、**経営レベルの戦略的活動として位置付けられる**。また、経営者は、事業内容や事業規模、資金力、人的余裕などを考慮して、自社にとって適切と思われるBCMを採用する。

エ．**適　切**　本記述のとおりである。

4. 情報システムセキュリティ

問1 第66回 問題85

共通鍵暗号方式に関する以下のアからエまでの記述のうち、不適切なものを1つ選びなさい。

ア. 共通鍵暗号方式を用いた代表的な暗号には、「RSA暗号」や「楕円曲線暗号」などがある。

イ. 共通鍵暗号方式を用いたデータの送受信では、データを送信する側と受信する側とで共通の鍵を所持しておき、送信者が共通鍵で平文を暗号化して受信者に送り、受信者は受け取った暗号化ファイルを共通鍵で復号する。

ウ. 共通鍵暗号方式は、暗号化や復号のための計算負荷が軽いため、公開鍵暗号方式と比較すると処理速度が速く、大量のデータの処理に適している。

エ. 共通鍵暗号方式は、双方で鍵を所持するので、「対象鍵暗号方式」ともいい、双方が共通鍵を厳重に管理しなければならないので、「秘密鍵暗号方式」ともいう。

第4章

共通鍵暗号方式についての理解

公式テキスト 9-3 P.410-412

正答 ア

本問は、共通鍵暗号方式についての理解を問うものである。

ア. **不適切** 共通鍵暗号方式を用いた代表的な暗号には、「**DES暗号**」や「**AES暗号**」などがある。 なお、「RSA暗号」と「楕円曲線暗号」は、公開鍵暗号方式の種類である。

イ. **適　切** 本記述のとおりである。

ウ. **適　切** 本記述のとおりである。

エ. **適　切** 本記述のとおりである。

問2　第67回 問題85

以下のアからエまでのうち、暗号化技術に関する次の文章中の（　）に入る最も適切な語句の組合せを１つ選びなさい。

暗号化や復号を行うための手順や考え方が「（　a　）」であり、暗号化に用いるパラメータが「鍵（キー）」である。暗号化における鍵の長さを「鍵長」といい、一般的にはビット数で表す。鍵長が大きいほど暗号強度は（　b　）が、その一方で暗号化・復号の（　c　）ようになる。なお、暗号（a）自体に問題がある場合や、暗号を利用したシステムにおける運用上の問題などにより、暗号（a）の安全性のレベルが低下した状況、または、その影響により暗号（a）が組み込まれているシステムなどの安全性が脅かされる状況を、暗号の（　d　）という。

ア．a．シーケンス　　b．低下する
　　c．処理が高速に行える　　d．危殆化

イ．a．シーケンス　　b．高まる
　　c．処理に時間がかかる　　d．縮退

ウ．a．アルゴリズム　　b．低下する
　　c．処理が高速に行える　　d．縮退

エ．a．アルゴリズム　　b．高まる
　　c．処理に時間がかかる　　d．危殆化

暗号化に関する理解

公式テキスト 9-3 P.410,412

正答 エ

本問は、暗号化に関する理解を問うものである。
暗号化技術に関する記述は、次のとおりである。

> 暗号化や復号を行うための手順や考え方が「**アルゴリズム**」であり、暗号化に用いるパラメータが「鍵（キー）」である。暗号化における鍵の長さを「鍵長」といい、一般的にはビット数で表す。鍵長が大きいほど暗号強度は**高まる**が、その一方で暗号化・復号の**処理に時間がかかる**ようになる。なお、暗号**アルゴリズム**自体に問題がある場合や、暗号を利用したシステムにおける運用上の問題などにより、暗号**アルゴリズム**の安全性のレベルが低下した状況、または、その影響により暗号**アルゴリズム**が組み込まれているシステムなどの安全性が脅かされる状況を、暗号の**危殆化**という。

問3　第67回 問題87

以下のアからエまでのうち、公開鍵暗号基盤に関する次の文章中の（　）に入る最も適切な語句の組合せを１つ選びなさい。

（　a　）は公開鍵暗号基盤とも呼ばれ、公開鍵暗号技術と電子署名の技術を使って、インターネット上の安全な通信を実現するための技術基盤である。
（a）において、重要な役割を担うのが（　b　）であり、（b）は「CA」とも略され、電子証明書の発行などを行う。公開鍵の作成者は、（b）に公開鍵を登録し、（b）は電子証明書を発行して公開鍵の所有者を保証する。この仕組みにより、通信相手の公開鍵が確かに本人のものであることが確認できる。
なお、（a）における失効した公開鍵証明書のシリアル番号と失効日時が登録されてリスト化され、（　c　）として公開されている。

ア．a．PKI　b．認証局　c．CRL
イ．a．PKI　b．検証局　c．DNSBL
ウ．a．KVM　b．認証局　c．DNSBL
エ．a．KVM　b．検証局　c．CRL

暗号化に関する理解

公式テキスト 9-3 P.411-412

正答　ア

本問は、暗号化に関する理解を問うものである。
公開鍵暗号基盤に関する記述は、次のとおりである。

PKIは公開鍵暗号基盤とも呼ばれ、公開鍵暗号技術と電子署名の技術を使って、インターネット上の安全な通信を実現するための技術基盤である。
PKIにおいて、重要な役割を担うのが認証局であり、認証局は「CA」とも略され、電子証明書の発行などを行う。公開鍵の作成者は、認証局に公開鍵を登録し、認証局は電子証明書を発行して公開鍵の所有者を保証する。この仕組みにより、通信相手の公開鍵が確かに本人のものであることが確認できる。
なお、PKIにおける失効した公開鍵証明書のシリアル番号と失効日時が登録されてリスト化され、CRLとして公開されている。

問4　第65回 問題85

暗号化に関する以下のアからエまでの記述のうち、不適切なものを1つ選びなさい。

ア. 暗号化する前の情報を「平文」といい、暗号化や復号を行うための手順や考え方を「アルゴリズム」、暗号化や復号を行う際に用いる秘密のデータを「鍵」(キー) という。

イ. 暗号化に用いる鍵の長さは、アルゴリズムによって異なる。鍵の長さを「鍵長」といい、通常はビット数で表し、鍵長が短いほど解読にかかる処理時間が長くなり、暗号強度が高まる。

ウ. 暗号化処理の方式の一つである「ストリーム暗号方式」とは、平文を分割せずに1ビットあるいは1バイト単位で逐次暗号化する方式であり、受信した暗号データを即座に復号することができる。

エ. 暗号化処理の方式の一つである「ブロック暗号方式」とは、平文を一定の長さに分割してそれぞれ暗号化する方式であり、平文を分割したものを「ブロック」といい、分割する長さを「ブロック長」という。

暗号化技術についての理解

公式テキスト 9-3 P.410

正答
イ

本問は、暗号化技術についての理解を問うものである。

ア. **適　切**　本記述のとおりである。

イ. **不適切**　暗号化に用いる鍵の長さは、アルゴリズムによって異なる。鍵の長さを「鍵長」といい、通常はビット数で表し、**鍵長が長いほど**解読にかかる処理時間が長くなり、暗号強度が高まる。

ウ. **適　切**　本記述のとおりである。

エ. **適　切**　本記述のとおりである。

問5　第67回 問題86

電子署名及びタイムスタンプに関する以下のアからエまでの記述のうち、不適切なものを１つ選びなさい。

ア．電子署名では、「本人証明」と「非改ざん証明」により、本人が確かにその電子文書に署名し、署名以降改ざんされていないことが確認できる。

イ．タイムスタンプでは、「存在証明」と「非改ざん証明」により、表記された時刻にその電子文書が存在し、その時刻以降改ざんされていないことが確認できる。

ウ．電子署名及びタイムスタンプの利用には、ハッシュ値が必要となる。例えば、電子文書のハッシュ値とタイムスタンプに格納されているハッシュ値とを照合し、２つのハッシュ値が一致すれば、その文書は改ざんされていないことが確認できる。

エ．タイムスタンプには有効期限があるが、電子署名には有効期限がない。これは、電子署名に利用されている暗号化技術が、将来の技術進歩に影響されず、解読可能になるリスクが低いからである。

電子署名及びタイムスタンプに関する理解

公式テキスト 9-4 P.417-418

正答　エ

本問は、電子署名及びタイムスタンプに関する理解を問うものである。

ア．**適　切**　本記述のとおりである。

イ．**適　切**　本記述のとおりである。

ウ．**適　切**　本記述のとおりである。

エ．**不適切**　**電子署名は通常１～３年、タイムスタンプは約10年の有効期限があり**、これは、電子署名に利用されている暗号化技術が、**将来の技術進歩により解読可能になることを想定**し、設定されている。

問6　第66回 問題86

電子署名に関する以下のアからエまでの記述のうち、不適切なものを１つ選びなさい。

ア.「電子署名及び認証業務に関する法律」（電子署名法）において、「電子署名」は、①電子文書の作成者を示すために行われたものであること、②作成された電子文書に対して改変が行われていないことを確認できるものであることの２つの要件の、いずれにも該当するものであることと規定している。

イ.「電子署名法」では、同法所定の要件を充たす電子署名が行われた電子文書等は、真正に成立したもの、つまり、本人の意思に基づき作成されたものと推定される。

ウ. 電子署名を支えるのは公開鍵暗号方式であり、電子署名に用いるアルゴリズムは、公開鍵暗号方式とハッシュ関数を組み合わせたものである。

エ. 電子署名生成（送信者側）のフローとして、署名した平文をハッシュ関数によって短いデータに圧縮し、メッセージダイジェストを生成する。次に、メッセージダイジェストを受信者の秘密鍵を使用して暗号化し、平文と生成した電子署名を受信者に送信する。

電子署名についての理解

公式テキスト 9-4 P.417-418

正答　エ

本問は、電子署名についての理解を問うものである。

ア. 適　切　本記述のとおりである。

イ. 適　切　本記述のとおりである。

ウ. 適　切　本記述のとおりである。

エ. 不適切　電子署名生成（送信者側）のフローとして、署名した平文をハッシュ関数によって短いデータに圧縮し、メッセージダイジェストを生成する。次に、メッセージダイジェストを**送信者の秘密鍵**を使用して暗号化し、平文と生成した電子署名を受信者に送信する。

問7　第67回 問題88

以下のアからエまでのうち、本人認証技術に関する次の文章中の（　　）に入る最も適切な語句の組合せを１つ選びなさい。

（　a　）は、一度限り有効なパスワードであり、固定パスワードの盗聴や盗用への対策として考案された、より強度の強い認証技術である。例えば、オンラインバンキングで利用されている（a）では、重要な取引の際に、ユーザは、（　b　）に表示される（a）を入力して本人認証を行う。
ただし、（a）だけでは、万全な対策にはならないことに注意する。最近では、（　c　）というマルウェアによる攻撃でWebブラウザが乗っ取られ、被害に遭う場合もある。（c）攻撃では、例えば、（c）の感染に気付かずにオンラインバンキングを利用した場合、（b）に表示された（a）を入力しても、Webブラウザとオンラインバンキングのサーバとの通信に「中間者」と呼ばれる攻撃者に割り込まれ、その情報を窃取されることがある。
このような手口から、（c）攻撃は「中間者攻撃」とも呼ばれ、暗証番号の窃取だけではなく、口座情報の改ざんや不正送金などを行うこともある。

ア．a．パワーオンパスワード　　b．セキュリティトークン
　　c．PoD
イ．a．パワーオンパスワード　　b．クロスデバイス
　　c．MITB
ウ．a．ワンタイムパスワード　　b．セキュリティトークン
　　c．MITB
エ．a．ワンタイムパスワード　　b．クロスデバイス
　　c．PoD

認証に関する理解
公式テキスト 9-1 P.405・9-4 P.414

正答
ウ

本問は、認証に関する理解を問うものである。
本人認証技術に関する記述は、次のとおりである。

ワンタイムパスワードは、一度限り有効なパスワードであり、固定パスワードの盗聴や盗用への対策として考案された、より強度の強い認証技術である。例えば、オンラインバンキングで利用されているワンタイムパスワードでは、重要な取引の際に、ユーザは、セキュリティトークンに表示されるワンタイムパスワードを入力して本人認証を行う。
ただし、ワンタイムパスワードだけでは、万全な対策にはならないことに注意する。最近では、MITBというマルウェアによる攻撃でWebブラウザが乗っ取られ、被害に遭う場合もある。MITB攻撃では、例えば、MITBの感染に気付かずにオンラインバンキングを利用した場合、セキュリティトークンに表示されたワンタイムパスワードを入力しても、Webブラウザとオンラインバンキングのサーバとの通信に「中間者」と呼ばれる攻撃者に割り込まれ、その情報を窃取されることがある。
このような手口から、MITB攻撃は「中間者攻撃」とも呼ばれ、暗証番号の窃取だけではなく、口座情報の改ざんや不正送金などを行うこともある。

第4章

問8　第66回 問題87

次のような事例に対して、最も有効となる技術的な対策を、以下のアからエまでのうちから1つ選びなさい。

Z社で内部監査を実施した結果、次のような問題点が検出された。

●環境
社内ネットワーク上の複数の情報システムやアプリケーションにアクセスするには、ユーザIDとパスワードをそれぞれ設定する仕組みになっている。

●状況
異なる情報システムやアプリケーションにアクセスするたびに、異なるユーザIDとパスワードを使用することが負担に感じている従業者が多い。

●問題点
複数の異なるユーザID・パスワードを忘れないようにするために、メモに書き留めたり、簡単なパスワードや同一のパスワードを使い回す従業者が散見される。

●想定されるリスク
パスワード盗用などによる不正アクセス　など

ア. 仕組みがシンプルなBASIC認証を採用する。
イ. シングルサインオンを導入する。
ウ. 暗号強度の高いトリプルDESを採用する。
エ. パーソナルファイアウォールを導入する。

認証についての理解
公式テキスト 9-1 P.406

正答
イ

本問は、認証についての理解を問うものである。
次のような事例に対して、最も有効となる技術的な対策は、**シングルサインオンを導入**することである。

Z社で内部監査を実施した結果、次のような問題点が検出された。
- 環境
  社内ネットワーク上の複数の情報システムやアプリケーションにアクセスするには、ユーザIDとパスワードをそれぞれ設定する仕組みになっている。
- 状況
  異なる情報システムやアプリケーションにアクセスするたびに、異なるユーザIDとパスワードを使用することが負担に感じている従業者が多い。
- 問題点
  複数の異なるユーザID・パスワードを忘れないようにするために、メモに書き留めたり、簡単なパスワードや同一のパスワードを使い回す従業者が散見される。
- 想定されるリスク
  パスワード盗用などによる不正アクセス など

問9　第65回 問題86

以下のアからエまでのうち、電子署名などに関する次の文章中の（　　）に入る最も適切な語句の組合せを１つ選びなさい。

「電子署名及び認証業務に関する法律」（電子署名法）では、同法所定の要件を充たす電子署名が行われた電子文書等は、（　a　）に成立したものと推定される。ここでの「（a）に成立したもの」とは、本人の意思に基づき作成されたものである。また、同法において、電子署名は、次の２つの要件のいずれにも該当するものをいうと定義されている。

- 当該情報が当該措置を行った者の作成に係るものであることを示すためのものであること。
- 当該情報について（　b　）を確認することができるものであること。

つまり、電子署名では、電子文書について、「誰が」、「何を」作成したかを証明することができる。しかし、「いつ」その電子文書を作成したかを証明することはできない。そのため、ある時刻にその電子文書が存在していたことを証明する技術である（　c　）を併用する必要がある。これによって、「いつ」、「誰が」、「何を」作成したかを証明することが可能となる。

ア．a．自律的　　b．改変が行われていないかどうか
　　c．タイムスライシング
イ．a．自律的
　　b．ファイルフォーマットやファイルヘッダの内容
　　c．タイムスタンプ
ウ．a．真正　　b．改変が行われていないかどうか
　　c．タイムスタンプ
エ．a．真正
　　b．ファイルフォーマットやファイルヘッダの内容
　　c．タイムスライシング

認証技術などについての理解

公式テキスト 9-4 P.417-419

正答 ウ

本問は、認証技術などについての理解を問うものである。
電子署名などに関する記述は、次のとおりである。

「電子署名及び認証業務に関する法律」（電子署名法）では、同法所定の要件を充たす電子署名が行われた電子文書等は、**真正**に成立したものと推定される。ここでの「**真正**に成立したもの」とは、本人の意思に基づき作成されたものである。
また、同法において、電子署名は、次の２つの要件のいずれにも該当するものをいうと定義されている。

- 当該情報が当該措置を行った者の作成に係るものであることを示すためのものであること。
- 当該情報について**改変が行われていないかどうか**を確認することができるものであること。

つまり、電子署名では、電子文書について、「誰が」、「何を」作成したかを証明することができる。しかし、「いつ」その電子文書を作成したかを証明することはできない。そのため、ある時刻にその電子文書が存在していたことを証明する技術である**タイムスタンプ**を併用する必要がある。これによって、「いつ」、「誰が」、「何を」作成したかを証明することが可能となる。

問10 第65回 問題88

以下のアからエまでのうち、本人認証の技術に関する次の文章中の（　）に入る最も適切な語句の組合せを１つ選びなさい。

（　a　）とは、ユーザIDとパスワードを１度入力して認証手続きを行えば、複数の情報システムやアプリケーションにアクセスできるようにする機能である。ただし、１度の認証でコンピュータやアプリケーション、サービス等を利用できるということは、強力なアクセス権を認めることでもあり、ユーザIDとパスワードが漏えいした場合に大きな被害が発生する可能性がある。
そのため、（a）環境では、パスワード認証よりも厳密な認証方式の導入などを行う場合が多い。例えば、一般的なパスワード認証と生体認証を組み合わせる（　b　）や、ワンタイムパスワードなどのセキュリティ強度が高い認証方式を導入する。ワンタイムパスワードは、固定パスワードの盗聴や（　c　）といった固定パスワードの盗用対策として考案された認証方式である。

ア．a．シングルサインオン　b．ポートベース認証
　　c．スマーフアタック
イ．a．シングルサインオン　b．ツーファクター認証
　　c．リプレイアタック
ウ．a．シングルワードDMAモード　b．ポートベース認証
　　c．リプレイアタック
エ．a．シングルワードDMAモード　b．ツーファクター認証
　　c．スマーフアタック

認証技術についての理解

公式テキスト 9-1 P.406

正答
イ

本問は、認証技術についての理解を問うものである。
本人認証の技術に関する記述は、次のとおりである。

> **シングルサインオン**とは、ユーザIDとパスワードを1度入力して認証手続きを行えば、複数の情報システムやアプリケーションにアクセスできるようにする機能である。ただし、1度の認証でコンピュータやアプリケーション、サービス等を利用できるということは、強力なアクセス権を認めることでもあり、ユーザIDとパスワードが漏えいした場合に大きな被害が発生する可能性がある。
> そのため、**シングルサインオン**環境では、パスワード認証よりも厳密な認証方式の導入などを行う場合が多い。例えば、一般的なパスワード認証と生体認証を組み合わせる**ツーファクター認証**や、ワンタイムパスワードなどのセキュリティ強度が高い認証方式を導入する。ワンタイムパスワードは、固定パスワードの盗聴や**リプレイアタック**といった固定パスワードの盗用対策として考案された認証方式である。

第4章

問11　第67回 問題89

MACアドレスフィルタリングに関する以下のアからエまでの記述のうち、不適切なものを1つ選びなさい。

ア．MACアドレスとは、コンピュータ、ルータ、増設用LANカードなどのネットワークに接続する機器を識別するために、機器に割り当てられる番号であり、16進数で表され、重複しない一意的な番号となっている。

イ．MACアドレスフィルタリングは、MACアドレスをアクセスポイントなどにあらかじめ登録しておき、登録したMACアドレス以外の端末からの接続を拒否することでアクセス制御を行う機能である。

ウ．MACアドレスは、物理的にもソフトウェア的にも偽装が不可能であるため、不注意によりアクセスを試みる機器の接続を拒否するだけではなく、不正アクセスを試みる攻撃者の機器の接続も拒否できるため、安全性が高い通信を行える。

エ．IPアドレスからMACアドレスの情報を得るためのプロトコルとしてARPがあり、ARPの仕組みを利用することで機器のMACアドレスを確認し、フィルタリングを行うことができる。

MACアドレスフィルタリングに関する理解

公式テキスト 9-8 P.435

正答　ウ

本問は、MACアドレスフィルタリングに関する理解を問うものである。

ア．**適　切**　本記述のとおりである。

イ．**適　切**　本記述のとおりである。

ウ．**不適切**　MACアドレスは、**ソフトウェア的には偽装が可能であることから、不正アクセスを行う意図で偽装する攻撃者に対しては効果が薄い**とされる。そのため、他の不正アクセス対策と併用することが望ましい。

エ．**適　切**　本記述のとおりである。

問12　第65回 問題87

以下のアからエまでの記述のうち、PKI関連技術に該当するものを1つ選びなさい。

ア. Cookie：　Webブラウザに保存された履歴情報を、Webサーバとの間でやり取りする仕組みである。

イ. EPP：　パソコンやサーバなどの端末を、マルウェアから保護するためのソフトウェアである。

ウ. VLAN：　企業内ネットワークにおいて、物理的な接続形態を変えずに、クライアントの仮想的なグループを設定することである。

エ. 電子証明書：公開鍵暗号方式の信頼性を担保するために、公開鍵とその所有者を保証する証明書である。

PKI関連技術についての理解

公式テキスト 9-4 P.419

正答　エ

本問は、PKI関連技術についての理解を問うものである。

PKIとは、公開鍵暗号技術と電子署名の機能を使って、インターネット上の安全な通信を実現するための技術基盤である。PKI関連技術を利用したものとして、「**電子証明書**」がある。これは、公開鍵暗号方式の信頼性を担保するために、公開鍵とその所有者を保証する証明書である。

以上により、PKI関連技術に該当するものは、「電子証明書」である。従って正解は肢エとなる。

問13　第66回 問題88

以下のアからエまでのうち、不正アクセスなどへの対策とその概要を示した次の表の（　）に入る最も適切な語句の組合せを１つ選びなさい。

対策	概要
（　a　）	指定回数以内に正しいパスワードが入力されないなど、連続した一定回数の認証失敗によりアカウントを停止し、一定時間の経過や管理者による許可（解除）がでるまで、システムやサービスなどの利用ができなくなる仕組みである。
（　b　）の強化	パスワードに使用する文字数や文字種などの条件に関することであり、例えば、最低６文字以上で、大文字・小文字・数字・記号などを含むパスワードでなければ、登録や変更を行えないようなシステムにすることなどがある。
（　c　）	システムにログインした際、そのことをあらかじめ登録されているメールアドレスなどに通知する機能であり、自身がログインしていないときにこの通知を受け取った場合は、第三者による不正ログインが行われた可能性が高い。

ア．a．アカウントアグリゲーション　b．パスワードポリシー
　　c．ソーシャルログイン
イ．a．アカウントアグリゲーション　b．シャドウパスワード
　　c．ログインアラート
ウ．a．アカウントロック　b．パスワードポリシー
　　c．ログインアラート
エ．a．アカウントロック　b．シャドウパスワード
　　c．ソーシャルログイン

不正アクセス対策に関する理解

公式テキスト 9-1 P.406-407

正答
ウ

本問は、不正アクセス対策についての理解を問うものである。
不正アクセスなどへの対策とその概要を示した表は、次のとおりである。

対策	概要
アカウントロック	指定回数以内に正しいパスワードが入力されないなど、連続した一定回数の認証失敗によりアカウントを停止し、一定時間の経過や管理者による許可（解除）がでるまで、システムやサービスなどの利用ができなくなる仕組みである。
パスワードポリシーの強化	パスワードに使用する文字数や文字種などの条件に関することであり、例えば、最低6文字以上で、大文字・小文字・数字・記号などを含むパスワードでなければ、登録や変更を行えないようなシステムにすることなどがある。
ログインアラート	システムにログインした際、そのことをあらかじめ登録されているメールアドレスなどに通知する機能であり、自身がログインしていないときにこの通知を受け取った場合は、第三者による不正ログインが行われた可能性が高い。

問14　第67回 問題92

不正アクセス対策に関する以下のアからエまでの記述のうち、不適切なものを1つ選びなさい。

ア．IEEE 802.1Xは、LAN内のユーザ認証方式を定めた規格であり、認証されていないクライアントからの通信をすべて遮断し、認証されたユーザにのみ通信を許可する方式である。IEEE 802.11bなどの無線LANでの認証方式の対応だけではなく、有線LANにも対応している。

イ．IDSは侵入防止システムとも呼ばれ、ホストやネットワークの外部との通信を監視し、不正アクセスの兆候を検知すると、直ちに通信を遮断して攻撃を未然に防ぐシステムである。防御の対象によって、ホスト型とネットワーク型に大別される。

ウ．VLANLは、物理的な接続とは別に仮想的なネットワークを構築する技術であり、例えば、同じスイッチに接続している複数の機器を、論理的に2つのネットワークに分割する。これによって、必要なグループ内だけで情報を共有することができるようになる。

エ．UTMは、複合的な機能をもったセキュリティ機器を導入して、包括的・統合的にセキュリティ対策を実施する管理手法である。ファイアウォール、ウイルス対策ソフト及び迷惑メールフィルタなどの機能を1台にまとめた機器を指す場合もある。

不正アクセス対策に関する理解
公式テキスト 9-6 P.425

正答 イ

本問は、不正アクセス対策に関する理解を問うものである。

ア．適　切　本記述のとおりである。

イ．不適切　侵入防止システムとも呼ばれ、ホストやネットワークの外部との通信を監視し、不正アクセスの兆候を検知すると、直ちに通信を遮断して攻撃を未然に防ぐシステムは、IPSである。防御の対象によって、ホスト型とネットワーク型に大別される。

なお、IDSは侵入検知システムであり、通信の遮断や防御の機能は搭載されていない。

ウ．適　切　本記述のとおりである。

エ．適　切　本記述のとおりである。

問15　第67回 問題90

以下のアからエまでの記述のうち、「RADIUS」の説明に該当するものを1つ選びなさい。

ア. Webアプリケーションのぜい弱性を悪用する攻撃を防御するためのソフトウェアまたはハードウェアであり、一般的なファイアウォールでは制限できないWebアプリケーションの通信内容を検査することができる。

イ. ネットワーク上で利用者の認証や権限の付与、利用状況の記録などを行うための通信プロトコルであり、リモートアクセスサービスの認証情報の一元的な管理に利用されているほか、常時接続サービスや無線LANの認証サービスなどでも利用されている。

ウ. ユーザを視覚的にだまして正常に見えるWebページのコンテンツをクリックさせ、別のWebページのコンテンツをクリックさせる手法であり、これによって、意図せずに情報を登録させられ、個人情報を詐取される場合もある。

エ. 特定のシステムを攻撃する準備として、検索エンジンやネームサーバ検索、WHOISなどを利用して、攻撃対象の情報を収集する手法である。

不正アクセス対策の技術に関する理解

公式テキスト (9-6 P.425)

正答　イ

本問は、不正アクセス対策の技術に関する理解を問うものである。

ア. 該当しない　WAFの説明である。

イ. 該当する

ウ. 該当しない　クリックジャッキングの説明である。

エ. 該当しない　フットプリンティングの説明である。

問16　第65回 問題89

不正アクセス対策の技術に関する以下のアからエまでの記述のうち、不適切なものを1つ選びなさい。

ア．MACアドレスフィルタリングは、MACアドレスをアクセスポイントなどにあらかじめ登録しておき、登録されているMACアドレス以外の端末からの接続を拒否することでアクセス制御を行う方式である。MACアドレスはソフトウェア的にも偽装ができないため、MACアドレスフィルタリング単体を用いても、安全な通信が確保できる。

イ．IPアドレス認証（IPアドレス制限）は、接続元のIPアドレスを用いてアクセスを制限する機能であり、許可されているIPアドレス以外からのアクセスを遮断することにより、第三者による不正アクセスを防ぐことができる。

ウ．IEEE 802.1Xは、LAN内のユーザ認証の方式を定めた規格であり、認証されていないクライアントからの通信をすべて遮断し、認証されたユーザにのみ通信を許可する方式である。IEEE 802.11bなどの無線LANでのユーザ認証方式として用いられているが、有線LANにも対応している。

エ．RADIUSは、ネットワーク上で利用者の認証や権限の付与、利用状況の記録などを行うための仕組みであり、リモートアクセスサービスの認証情報の一元的な管理に利用されるほか、常時接続サービスや無線LANの認証サービスなどにも利用されている。

不正アクセス対策の技術に関する理解
公式テキスト 9-8 P.435

正答
ア

本問は、不正アクセス対策の技術についての理解を問うものである。

ア. **不適切** MACアドレスフィルタリングは、MACアドレスをアクセスポイントなどにあらかじめ登録しておき、登録されているMACアドレス以外の端末からの接続を拒否することでアクセス制御を行う方式である。MACアドレスは**ソフトウェア的に偽装が可能**であり、不正アクセスを行う意図で偽装する攻撃者に対しては、効果が薄いとされる。そのため、IEEE 802.1Xなどの**他の対策を併用する**ことが望ましい。

イ. **適　切** 本記述のとおりである。

ウ. **適　切** 本記述のとおりである。

エ. **適　切** 本記述のとおりである。

問17　第67回 問題91

以下のアからエまでのうち、ファイアウォールに関する次の文章中の（　　）に入る最も適切な語句の組合せを１つ選びなさい。

ファイアウォールの主な方式として、次の２つがある。

●パケットフィルタリング型
パケットにあるIPアドレスとポート番号の情報をもとにパケットの通信許可を判断し、アクセスを制御する方式であり、パケットフィルタリング機能は、（　a　）の名称でOSに実装されている。

●アプリケーションゲートウェイ型
通信を中継する（　b　）プログラムを使って、アプリケーションのレベルで通信内容を認識してフィルタリングを行い、アクセス制御する方式であり、（b）サーバとも呼ばれる。

これらのうち、（　c　）型は、詳細なアクセス制御が可能であり、詳細なログ情報を取得できるという利点があるが、処理速度が遅くなり、通信速度の減退を招くことがあるという欠点もある。

ア．a．ACL　b．プロキシ　c．アプリケーションゲートウェイ
イ．a．ACL　b．DHCP　c．パケットフィルタリング
ウ．a．LFU　b．プロキシ　c．パケットフィルタリング
エ．a．LFU　b．DHCP　c．アプリケーションゲートウェイ

不正アクセス対策の技術に関する理解

正答 ア

本問は、不正アクセス対策の技術に関する理解を問うものである。ファイアウォールに関する記述は、次のとおりである。

ファイアウォールの主な方式として、次の2つがある。

- パケットフィルタリング型
  パケットにあるIPアドレスとポート番号の情報をもとにパケットの通信許可を判断し、アクセスを制御する方式であり、パケットフィルタリング機能は、**ACL**の名称でOSに実装されている。
- アプリケーションゲートウェイ型
  通信を中継する**プロキシ**プログラムを使って、アプリケーションのレベルで通信内容を認識してフィルタリングを行い、アクセス制御する方式であり、**プロキシ**サーバとも呼ばれる。

これらのうち、**アプリケーションゲートウェイ**型は、詳細なアクセス制御が可能であり、詳細なログ情報を取得できるという利点があるが、処理速度が遅くなり、通信速度の減退を招くことがあるという欠点もある。

問18　第66回 問題89

以下のアからエまでのうち、IEEE 802.1Xに関する次の文章中の（　）に入る最も適切な語句の組合せを１つ選びなさい。

IEEE 802.1Xは、LAN内のユーザ認証の方式を定めた規格であり、認証されていないクライアントからの通信をすべて遮断し、認証されたユーザにのみ通信を許可する方式である。
IEEE 802.11bなどの無線LANでのユーザ認証として用いられているが、（　a　）。
IEEE 802.1X認証を行うためには、IEEE 802.1X対応のLANスイッチや無線LANアクセスポイントなどの（　b　）、IEEE 802.1X対応のクライアントソフトであるサプリカント、（　c　）などの認証サーバが必要となる。

ア．a．有線LANにも対応している　b．アプライアンス
　　c．RADIUS
イ．a．有線LANにも対応している　b．オーセンティケータ
　　c．LDAP
ウ．a．有線LANには対応していない　b．アプライアンス
　　c．LDAP
エ．a．有線LANには対応していない　b．オーセンティケータ
　　c．RADIUS

不正アクセス対策の技術に関する理解

正答
ア

本問は、不正アクセス対策の技術についての理解を問うものである。
IEEE 802.1Xに関する記述は、次のとおりである。

IEEE 802.1Xは、LAN内のユーザ認証の方式を定めた規格であり、認証されていないクライアントからの通信をすべて遮断し、認証されたユーザにのみ通信を許可する方式である。IEEE 802.11bなどの無線LANでのユーザ認証として用いられているが、**有線LANにも対応している**。
IEEE 802.1X認証を行うためには、IEEE 802.1X対応のLANスイッチや無線LANアクセスポイントなどの**アプライアンス**、IEEE 802.1X対応のクライアントソフトであるサプリカント、**RADIUS**などの認証サーバが必要となる。

問19　第65回 問題90

以下のアからエまでのうち、ファイアウォールの方式に関する次の文章中の（　　）に入る最も適切な語句の組合せを１つ選びなさい。

ファイアウォールの方式には、（　a　）型と（　b　）型がある。（a）型は、プロキシサーバとも呼ばれ、通信を中継するプロキシを使って、アプリケーションレベルで通信内容の確認をしてフィルタリングを行い、アクセスを制御する方式である。（a）型は、（b）型と比較すると詳細なアクセス制御が可能であり、詳細なログ情報も取得できるというメリットがある。
なお、通常のプロキシに対し、（　c　）であるリバースプロキシがある。リバースプロキシを設置すると、当該サーバへアクセスしようとするクライアントは、すべてリバースプロキシを経由するよう誘導される。

ア．a．アプリケーションゲイトウェイ
　　b．パケットフィルタリング
　　c．特定サーバの代理として当該サーバへの外部からのすべての接続を中継するプロキシサーバ
イ．a．アプリケーションゲイトウェイ
　　b．パケットフィルタリング
　　c．クライアントの代理として様々なサーバへのアクセスの際に経由する仕組み
ウ．a．パケットフィルタリング
　　b．アプリケーションゲイトウェイ
　　c．クライアントの代理として様々なサーバへのアクセスの際に経由する仕組み
エ．a．パケットフィルタリング
　　b．アプリケーションゲイトウェイ
　　c．特定サーバの代理として当該サーバへの外部からのすべての接続を中継するプロキシサーバ

不正アクセス対策の技術に関する理解

正答
ア

本問は、不正アクセス対策の技術についての理解を問うものである。ファイアウォールの方式に関する記述は、次のとおりである。

> ファイアウォールの方式には、**アプリケーションゲイトウェイ**型と**パケットフィルタリング**型がある。**アプリケーションゲイトウェイ**型は、プロキシサーバとも呼ばれ、通信を中継するプロキシを使って、アプリケーションレベルで通信内容の確認をしてフィルタリングを行い、アクセスを制御する方式である。**アプリケーションゲイトウェイ**型は、**パケットフィルタリング**型と比較すると詳細なアクセス制御が可能であり、詳細なログ情報も取得できるというメリットがある。
> なお、通常のプロキシに対し、**特定サーバの代理として当該サーバへの外部からのすべての接続を中継するプロキシサーバ**であるリバースプロキシがある。リバースプロキシを設置すると、当該サーバへアクセスしようとするクライアントは、すべてリバースプロキシを経由するよう誘導される。

問20　第66回 問題90

以下のアからエまでのうち、ファイアウォールの方式に関する次の文章中の（　　）に入る最も適切な語句の組合せを１つ選びなさい。

ファイアウォールの主な方式として、次の２つがある。

●パケットフィルタリング型
パケットにあるIPアドレスとポート番号の情報をもとにパケットの通信許可を判断し、アクセスを制御する方式であり、パケットフィルタリング機能は、（　a　）の名称でOSに実装されている。また、パケットフィルタリング型のうち、パケットの内容までチェックできる機能を（　b　）といい、これによって、送受信どちらのパケットの通信に対しても監視を行うことができる。

●（　c　）型
通信を中継するプロキシプログラムを使って、OSI参照モデルの応用層のレベルで通信内容を認識してフィルタリングを行い、アクセス制御する方式であり、プロキシサーバとも呼ばれる。通信内容の確認をしてフィルタリングできるので、パケットフィルタリング型よりも詳細なアクセス制御が可能となる。

ア．ａ．ACL　　ｂ．アサーション
　　ｃ．トランスポートゲートウェイ
イ．ａ．ACL　　ｂ．ステートフルインスペクション
　　ｃ．アプリケーションゲートウェイ
ウ．ａ．DMA　　ｂ．アサーション
　　ｃ．アプリケーションゲートウェイ
エ．ａ．DMA　　ｂ．ステートフルインスペクション
　　ｃ．トランスポートゲートウェイ

不正アクセス対策の技術に関する理解

正答 イ

本問は、不正アクセス対策の技術についての理解を問うものである。
ファイアウォールの方式に関する記述は、次のとおりである。

> ファイアウォールの主な方式として、次の2つがある。
>
> ●パケットフィルタリング型
> パケットにあるIPアドレスとポート番号の情報をもとにパケットの通信許可を判断し、アクセスを制御する方式であり、パケットフィルタリング機能は、**ACL**の名称でOSに実装されている。また、パケットフィルタリング型のうち、パケットの内容までチェックできる機能を**ステートフルインスペクション**といい、これによって、送受信どちらのパケットの通信に対しても監視を行うことができる。
>
> ●**アプリケーションゲートウェイ**型
> 通信を中継するプロキシプログラムを使って、OSI参照モデルの応用層のレベルで通信内容を認識してフィルタリングを行い、アクセス制御する方式であり、プロキシサーバとも呼ばれる。通信内容の確認をしてフィルタリングできるので、パケットフィルタリング型よりも詳細なアクセス制御が可能となる。

問21　第65回 問題91

以下のアからエまでの記述のうち、WAFの説明に該当するものを1つ選びなさい。

ア. ユーザがクライアントに入力したパスワードと、サーバから送られたランダムなデータとをクライアント側で演算し、その結果をサーバに送信して認証データに用いる認証方式である。

イ. ファイアウォールによって、外部ネットワークからも社内ネットワークからも隔離された区域であり、外部に公開するWebサーバやメールサーバなどはこの区域に設置する。

ウ. 無線LANの認証機関であるWi-Fiアライアンスが提唱している無線LANの暗号化規格であり、事前共有鍵を用いる個人・家庭・小規模事業者向けのモードと、認証サーバによりユーザや端末の認証を行う大規模事業者向けのモードがある。

エ. Webアプリケーションのぜい弱性を悪用する攻撃を防御するためのソフトウェアまたはハードウェアであり、一般的なファイアウォールでは制限できないWebアプリケーションの通信内容を検査することができる。

不正アクセス対策の技術に関する理解

公式テキスト 9-6 P.425

正答　エ

本問は、不正アクセスへの対策の技術の一つであるWAFについての理解を問うものである。

ア. 該当しない　チャレンジレスポンス認証の説明である。
イ. 該当しない　DMZの説明である。
ウ. 該当しない　WPA2の説明である。
エ. 該当する

問22　第66回 問題91

以下のアからエまでの記述のうち、「UTM」の説明に該当するものを1つ選びなさい。

ア. Webサーバやメールサーバなどの外部に公開するサーバを設置する、ファイアウォールによって外部ネットワークからも社内ネットワークからも隔離された区域である。

イ. LANにおいて物理的な接続とは別に、仮想的なネットワークを構築する技術である。例えば、同じスイッチに接続している複数の機器を、論理的に2つのネットワークに分離することによって、必要なグループ内だけで情報を共有することなどができる。

ウ. Webアプリケーションのぜい弱性をつく「SQLインジェクション」などの攻撃からWebアプリケーションを防御するためのハードウェアまたはソフトウェアである。例えば、SQLインジェクションの特徴的なパターンが含まれていた場合は、その通信を遮断することにより防御する。

エ. 複合的な機能をもったセキュリティ機器を導入して、包括的・統合的にセキュリティ対策を実施する管理手法である。ファイアウォール、ウイルス対策ソフト及び迷惑メールフィルタなどの機能を1台にまとめた機器を指す場合もある。

不正アクセス対策の技術に関する理解

公式テキスト (9-6 P.425-426)

正答
エ

本問は、不正アクセス対策の技術についての理解を問うものである。

ア. 該当しない　DMZの説明である。
イ. 該当しない　VLANの説明である。
ウ. 該当しない　WAFの説明である。
エ. 該当する

問23 第67回 問題95

以下のアからエまでの記述のうち、ブルートフォースアタックの説明に該当するものを１つ選びなさい。

ア. DNSサーバに偽りの情報を記憶させる攻撃手法であり、攻撃が成功すると、ユーザは正しいホスト名のWebサーバに接続しているつもりでも、提供された偽りの情報によって、不正なWebサーバに誘導されてしまう。

イ. Webアプリケーションのぜい弱性をついて、Webサイトにログイン中のユーザのスクリプトを操ることで、ユーザの意図していない処理を行わせる攻撃手法である。

ウ. パスワードや暗号鍵などを盗聴し、それを再利用することでそのユーザになりすます攻撃手法であり、パスワードが暗号化されていても、暗号化後のデータを使うので、受信者は「正しいパスワードを正しく暗号化している」と判断してしまう。

エ. パスワードを総当たりで解析して、システムにログインしようと試みる手法である。例えば、パスワードを１文字ずつ変えて試し、完全に一致する文字の組合せを割り出していく。

不正アクセス対策の技術に関する理解

正答 エ

本問は、不正アクセス対策の技術に関する理解を問うものである。

ア. 該当しない 「DNSキャッシュポイズニング」の説明である。

イ. 該当しない 「クロスサイトフォージェリ」の説明である。

ウ. 該当しない 「リプレイアタック」の説明である。

エ. 該当する

問24　第67回 問題93

以下のアからエまでのうち、セキュアプロトコルに関する次の文章中の（　）に入る最も適切な語句の組合せを１つ選びなさい。

（　a　）は、IPパケットレベルでの認証、暗号化に用いられるセキュアプロトコルである。認証・暗号化・改ざん検出・トンネル構築などの機能があり、インターネット上で通信を暗号化して送受信できるようにする。（a）は、（　b　）や（　c　）、IKEなどのサブプロトコルから構成されている。（b）は認証ヘッダとも呼ばれ、通信認証と改ざん検知に利用され、（c）は暗号ペイロードとも呼ばれ、暗号化データの転送に利用される。また、IKEは暗号化鍵の交換管理に利用される。
なお、（a）を用いて構築する「（a）-VNP」は、安全性の高い接続方式として、多くの企業で導入されている。

ア．a．IPoE　b．IRC　c．ESP
イ．a．IPoE　b．AH　c．PPP
ウ．a．IPsec　b．IRC　c．PPP
エ．a．IPsec　b．AH　c．ESP

セキュアな通信技術に関する理解

正答　エ

本問は、セキュアな通信技術に関する理解を問うものである。
セキュアプロトコルに関する記述は、次のとおりである。

IPsecは、IPパケットレベルでの認証、暗号化に用いられるセキュアプロトコルである。認証・暗号化・改ざん検出・トンネル構築などの機能があり、インターネット上で通信を暗号化して送受信できるようにする。IPsecは、AHやESP、IKEなどのサブプロトコルから構成されている。AHは認証ヘッダとも呼ばれ、通信認証と改ざん検知に利用され、ESPは暗号ペイロードとも呼ばれ、暗号化データの転送に利用される。また、IKEは暗号化鍵の交換管理に利用される。
なお、IPsecを用いて構築する「IPsec-VNP」は、安全性の高い接続方式として、多くの企業で導入されている。

第4章

問25　第66回 問題92

以下のアからエまでのうち、VPNに関する次の文章中の（　　）に入る最も適切な語句の組合せを１つ選びなさい。

VPNとは、暗号化や認証、（　a　）などの技術を用いて特定のユーザだけが通信できるようにして、インターネットのような公衆回線を専用回線（プライベートネットワーク）のようなセキュリティで通信できるようにする技術である。例えば、（a）は、本来のプロトコルを別のプロトコルのパケットで包んで送る技術であるため、これによって、異なるプロトコルを利用するネットワーク間での通信が可能となる。
VPNには、大きく分けて「（　b　）VPN」と「（　c　）VPN」がある。
「（b）VPN」とは、（b）を利用して、IPパケットを暗号化し、内容を第三者に傍受されない状態にして安全に接続する仕組みであり、多くの企業などで導入され、現在は主流となっている。なお、（b）とは、IPパケットレベルでの認証、暗号化などに用いられるセキュアプロトコルである。
一方、「（c）VPN」は、（c）とさまざまな技術を組み合わせてプライベートネットワークを構築する仕組みであり、リバースプロキシ、ポートフォワーディング、L2フォワーディングの３つの接続方式がある。なお、（c）とは、データを暗号化して送受信する仕組みの一つで、クレジットカード番号などの重要な情報を送受信するWebサイトなどで採用されている。

ア．a．ラッパー　　b．IPsec　c．SSL
イ．a．ラッパー　　b．IPoE　c．SSH
ウ．a．カプセル化　b．IPsec　c．SSL
エ．a．カプセル化　b．IPoE　c．SSH

セキュアな通信技術についての理解

公式テキスト (9-3 P.413・9-6 P.425-426)

正答 ウ

本問は、セキュアな通信技術についての理解を問うものである。
VPN方式に関する記述は、次のとおりである。

> VPNとは、暗号化や認証、**カプセル化**などの技術を用いて特定のユーザだけが通信できるようにして、インターネットのような公衆回線を専用回線（プライベートネットワーク）のようなセキュリティで通信できるようにする技術である。例えば、**カプセル化**は、本来のプロトコルを別のプロトコルのパケットで包んで送る技術であるため、これによって、異なるプロトコルを利用するネットワーク間での通信が可能となる。VPNには、大きく分けて「IPsec VPN」と「SSLVPN」がある。
> 「IPsecVPN」とは、IPsecを利用して、IPパケットを暗号化し、内容を第三者に傍受されない状態にして安全に接続する仕組みであり、多くの企業などで導入され、現在は主流となっている。なお、IPsecとは、IPパケットレベルでの認証、暗号化などに用いられるセキュアプロトコルである。
> 一方、「SSL VPN」は、SSLとさまざまな技術を組み合わせてプライベートネットワークを構築する仕組みであり、リバースプロキシ、ポートフォワーディング、L2フォワーディングの3つの接続方式がある。なお、SSLとは、データを暗号化して送受信する仕組みの一つで、クレジットカード番号などの重要な情報を送受信するWebサイトなどで採用されている。

第4章

問26 第66回 問題93

以下のアからエまでのうち、電子メールの暗号化・復号に関する次の文章中の（　　）に入る最も適切な語句の組合せを１つ選びなさい。

（　a　）とは、電子メールの内容を暗号化したり、電子メールに電子署名を付加したりする際の標準規格である。暗号化と電子署名は同時に用いる場合もあり、必要に応じて一方のみを用いることもできる。
（a）による暗号化・復号の手順は次のとおりである。
①送信者は、（　b　）を用いて本文を暗号化し、メールに添付して送信する。
②受信者は、（　c　）を用いて復号する。
暗号化されたメール本文は、（b）と対になる（c）でしか復号できないため、転送経路での覗き見を防止することができる。

ア．a．OP25B　b．新たに入手した共通鍵
　　c．保有している共通鍵
イ．a．OP25B　b．送信者の公開鍵
　　c．送信者の秘密鍵
ウ．a．S/MIME　b．保有している共通鍵
　　c．新たに入手した共通鍵
エ．a．S/MIME　b．受信者の公開鍵
　　c．受信者の秘密鍵

セキュアな通信技術についての理解

正答 エ

本問は、セキュアな通信技術についての理解を問うものである。
電子メールの暗号化・復号に関する記述は、次のとおりである。

> S/MIMEとは、電子メールの内容を暗号化したり、電子メールに電子署名を付加したりする際の標準規格である。暗号化と電子署名は同時に用いる場合もあり、必要に応じて一方のみを用いることもできる。
> S/MIMEによる暗号化・復号の手順は次のとおりである。
> ①送信者は、**受信者の公開鍵**を用いて本文を暗号化し、メールに添付して送信する。
> ②受信者は、**受信者の秘密鍵**を用いて復号する。
> 暗号化されたメール本文は、**受信者の公開鍵**と対になる**受信者の秘密鍵**でしか復号できないため、転送経路での覗き見を防止することができる。

問27　第65回 問題92

セキュアなプロトコルや規格などに関する以下のアからエまでの記述のうち、不適切なものを1つ選びなさい。

ア. SSHは、遠隔地の端末の操作やファイル転送の際に利用されるソフトウェア、またはそのための暗号化されたプロトコルである。この接続には、パスワード方式による通信もあるが、公開鍵暗号方式によって暗号化通信を行うのが一般的である。

イ. Socksは、Webブラウザとサーバ間の通信で情報を暗号化して送受信するために用いられるプロトコルである。認証・暗号化・改ざん検出の機能があり、インターネット上で通信を暗号化して送受信できるようにする。

ウ. IPsecは、IPパケットレベルでの認証や暗号化などに用いられるプロトコルである。認証・暗号化・改ざん検出・トンネル構築の機能があり、インターネット上で通信を暗号化して送受信できるようにする。

エ. S/MIMEは、電子メールの内容を暗号化したり、電子メールに電子署名を付加したりする際の標準規格である。暗号化と電子署名を同時に用いることができ、必要に応じて一方のみを用いることもできる。

セキュアなプロトコルや規格などについての理解
公式テキスト (9-3 P.413)

正答　イ

本問は、セキュアなプロトコルや規格などについての理解を問うものである。

ア. 適　切　本記述のとおりである。

イ. 不適切　Webブラウザとサーバ間の通信で情報を暗号化して送受信するために用いられるプロトコルは、SSL/TLSである。認証・暗号化・改ざん検出の機能があり、インターネット上で通信を暗号化して送受信できるようにする。

ウ. 適　切　本記述のとおりである。

エ. 適　切　本記述のとおりである。

問28 第66回 問題94

「トロイの木馬」に関する以下のアからエまでの記述のうち、不適切なものを１つ選びなさい。

ア. 一見無害なプログラムを装ってインストールされたうえで、バックドアをコンピュータの中に作ったり、セキュリティ侵害などをするプログラムの総称である。
イ. 単体で活動するため、感染するためのファイル（寄生するファイル）を必要としない。
ウ. 自己増殖を繰り返し、感染するとネットワークを介して爆発的に増殖する。
エ. 感染しても利用者に気付かれにくく、特定のコンピュータに密かに感染して長く滞在することで不正を行うという特徴を持つ。

トロイの木馬についての理解

公式テキスト 9-7 P.429

正答 ウ

本問は、トロイの木馬についての理解を問うものである。
ア. 適　切　本記述のとおりである。
イ. 適　切　本記述のとおりである。
ウ. 不適切　自己増殖はせず、他のコンピュータに感染しない。
エ. 適　切　本記述のとおりである。

問29　第66回 問題95

以下のアからエまでのうち、ランサムウェアに関する次の文章中の（　）に入る最も適切な語句の組合せを１つ選びなさい。

従来のランサムウェアは、リンクを記載したメールやメールの添付ファイルなどにより、不特定多数の利用者に送信して感染させる手口が一般的であった。最近では、VPN機器等のぜい弱性を悪用したり、ぜい弱なパスワードの（　a　）を狙うなどにより、特定の企業や団体などのネットワークに侵入したうえで感染させる「侵入型ランサムウェア」が増加している。なお、（a）とは、特定のコンピュータをリモートで使用するためのプロトコルである。
「侵入型ランサムウェア」の対策として、VPN製品・サービスのぜい弱性情報の確認と適切なパッチの適用や、ログの確認、不要なアカウントの削除、知識情報・所有情報・生体情報を２つ以上組み合わせて認証する（　b　）の採用などが挙げられる。
また、攻撃の手口も変化し、ランサムウェアにより暗号化したデータを復旧するための身代金の要求に加え、暗号化する前にデータを窃取しておき、身代金を支払わなければデータを公開するなどと脅迫するという「暴露型ランサムウェア」も増加している。この手口は、（　c　）などとも呼ばれる。

ア．ａ．RDP　ｂ．多要素認証　ｃ．ダブルエクストーション
イ．ａ．RDP　ｂ．相互認証　ｃ．ダブルバインド
ウ．ａ．LDAP　ｂ．多要素認証　ｃ．ダブルバインド
エ．ａ．LDAP　ｂ．相互認証　ｃ．ダブルエクストーション

マルウェアについての理解

公式テキスト （9-7 P.433）

正答 ア

本問は、マルウェアについての理解を問うものである。
ランサムウェアに関する記述は、次のとおりである。

従来のランサムウェアは、リンクを記載したメールやメールの添付ファイルなどにより、不特定多数の利用者に送信して感染させる手口が一般的であった。最近では、VPN機器等のぜい弱性を悪用したり、ぜい弱なパスワードの**RDP**を狙うなどにより、特定の企業や団体などのネットワークに侵入したうえで感染させる「侵入型ランサムウェア」が増加している。なお、**RDP**とは、特定のコンピュータをリモートで使用するためのプロトコルである。
「侵入型ランサムウェア」の対策として、VPN製品・サービスのぜい弱性情報の確認と適切なパッチの適用や、ログの確認、不要なアカウントの削除、知識情報・所有情報・生体情報を２つ以上組み合わせて認証する**多要素認証**の採用などが挙げられる。
また、攻撃の手口も変化し、ランサムウェアにより暗号化したデータを復旧するための身代金の要求に加え、暗号化する前にデータを窃取しておき、身代金を支払わなければデータを公開するなどと脅迫するという「暴露型ランサムウェア」も増加している。この手口は、**ダブルエクストーション**などとも呼ばれる。

問30　第65回 問題93

以下のアからエまでの記述のうち、「ワーム」の説明に該当するものを１つ選びなさい。

ア．実際には実在しない偽のマルウェア情報であり、例えば、「マルウェアについての最新の重要情報です。すべての知人に連絡してあげてください」といった内容で、電子メールやSNSで拡散される場合もある。

イ．処理を自動化するための簡易プログラムで記述されたマルウェアであり、文書ファイルや表計算ファイルに感染する。このマルウェアに感染されたファイルを開くだけで感染してしまい、そのようなファイルのやり取りだけでもマルウェアが拡散してしまう。

ウ．ネットワークを通じて、自分自身のコピーを拡散させ、他のコンピュータに感染することを目的としたプログラムであり、自己増殖し、単独で活動できるため、感染対象となるプログラムを必要としない。

エ．一見無害なプログラムを装ってインストールされ、利用者の知らないうちにバックドアを作成したり、セキュリティ侵害をするプログラムの総称であり、一般的に自己増殖機能はもたず、他のコンピュータに感染しない。

マルウェアの一種である「ワーム」についての理解

公式テキスト 9-7 P.429

正答
ウ

本問は、マルウェアの一種である「ワーム」についての理解を問うものである。

ア．**該当しない**　**デマメール**の説明である。
イ．**該当しない**　**マクロウイルス**の説明である。
ウ．**該当する**
エ．**該当しない**　**トロイの木馬**の説明である。

問31　第66回 問題96

総務省の「テレワークセキュリティガイドライン」における「テレワーク勤務者が実施すべき対策」に関する以下のアからエまでの記述のうち、誤っているものを1つ選びなさい。

ア．テレワーク端末にアプリケーションをインストールする際は、ルールで許可されたもの（システム・セキュリティ管理者に申請し許可を受けたものを含む）のみをインストールする。

イ．テレワーク端末のうち、特にスマートフォンやタブレットに関して、不正な改造（いわゆる脱獄、jailbreak、root化等）を実施しない。

ウ．無線LANルーター等の機器を利用する場合は、無線LANのセキュリティ方式として「WEP」を利用し、暗号化のためのパスワード（パスフレーズ）は第三者に推測されにくいものを利用する。

エ．オンライン会議を実施するときは、音漏れや画面を介した情報漏えいが起きないよう注意する。オフィス内であっても、同じ場所で複数人が別のオンライン会議を実施等する場合の音漏れに注意する。

テレワークにおける対策についての理解

正答　ウ

本問は、テレワークにおける対策についての理解を問うものである。

総務省が策定した「テレワークセキュリティガイドライン」の「テレワーク勤務者が実施すべき対策」において、次のような事項が示されている。

ア．**正しい**　本記述のとおりである。

イ．**正しい**　本記述のとおりである。

ウ．**誤　り**　無線LANルーター等の機器を利用する場合は、無線LANのセキュリティ方式として**「WPA2」又は「WPA3」**を利用し、暗号化のためのパスワード（パスフレーズ）は第三者に推測されにくいものを利用する。

エ．**正しい**　本記述のとおりである。

問32　第67回 問題94

以下のアからエまでのうち、無線LANのセキュリティに関する次の文章中の（　　）に入る最も適切な語句の組合せを１つ選びなさい。

不正利用可能な無線LANのアクセスポイントを探して、オフィス街を車で走り回る（　a　）を行い、ぜい弱な暗号化通信を傍受してユーザID・パスワードを入手し、ネットワークに侵入して重要な情報の窃取や改ざんなどを行う攻撃者もいる。
このような傍受を防ぐための対策の一つとして、（　b　）の設定を行うことが挙げられる。（b）は、無線LANにおけるアクセスポイントを指定する識別子であり、同じ識別子を設定した機器だけが、そのアクセスポイントに接続可能となり、混信を避けることができるようになる。ただし、（b）を設定するだけではセキュリティ対策としては強度が低いため、（b）が「ANY」や空欄になっているクライアントの接続を拒否する設定や、（　c　）機能の有効化などにより対策を行う。
（c）機能は「（b）（c）」とも呼ばれ、無線LANのアクセスポイントが自身の（b）を知らせるために発するビーコン信号を停止して、クライアントの（b）一覧にアクセスポイントが表示されないようにし、アクセスポイントの存在を知らせないようにするための機能である。

ア．a．ウォードライビング　　b．UUID
　　c．バンドステアリング
イ．a．ウォードライビング　　b．ESSID
　　c．ステルス
ウ．a．アクセラレーション　　b．UUID
　　c．ステルス
エ．a．アクセラレーション　　b．ESSID
　　c．バンドステアリング

無線LANに関する理解

公式テキスト 9-8 P.434-435

正答
イ

本問は、無線LANに関する理解を問うものである。
無線LANのセキュリティに関する記述は、次のとおりである。

不正利用可能な無線LANのアクセスポイントを探して、オフィス街を車で走り回るウォードライビングを行い、ぜい弱な暗号化通信を傍受してユーザID・パスワードを入手し、ネットワークに侵入して重要な情報の窃取や改ざんなどを行う攻撃者もいる。
このような傍受を防ぐための対策の一つとして、ESSIDの設定を行うことが挙げられる。ESSIDは、無線LANにおけるアクセスポイントを指定する識別子であり、同じ識別子を設定した機器だけが、そのアクセスポイントに接続可能となり、混信を避けることができるようになる。ただし、ESSIDを設定するだけではセキュリティ対策としては強度が低いため、ESSIDが「ANY」や空欄になっているクライアントの接続を拒否する設定や、ステルス機能の有効化などにより対策を行う。
ステルス機能は「ESSIDステルス」とも呼ばれ、無線LANのアクセスポイントが自身のESSIDを知らせるために発するビーコン信号を停止して、クライアントのESSID一覧にアクセスポイントが表示されないようにし、アクセスポイントの存在を知らせないようにするための機能である。

問33　第67回 問題96

以下のアからエまでの記述のうち、「need to knowの原則」に則った対策の具体例に該当するものを１つ選びなさい。

ア．Webサーバへの対策として、サンプルプログラムの削除を行い、セキュリティパッチの適用やOSのアップデートを適宜行う。

イ．情報システムを変更する際は、テスト環境と本番環境を分離し、同一環境を使用せざるを得ない場合は、システムの領域を分離するべきである。

ウ．顧客管理システムへのアクセスは、あらかじめ許可されている者のみアクセス権限を与え、それ以外の者にはアクセスを不可とする。

エ．パスワードの管理は本人の責任の下で行い、短い文字列や類推可能な単語、単純な文字の羅列などによるパスワードの構成を不可として、パスワードの使い回しも禁止する。

アクセス権限に関する理解

正答
ウ

本問は、アクセス権限に関する理解を問うものである。

「need to knowの原則」とは、情報は知る必要のある者に対してのみ与え、知る必要のない者には与えないという考え方である。その具体例として、**顧客管理システムへのアクセスは、あらかじめ許可されている者（業務上必要とされている者）のみアクセス権限を与え、それ以外の者にはアクセスを不可とする**ことが挙げられる。

以上により、「need to knowの原則」に則った具体例に該当するのは肢ウである。

問34　第66回 問題97

経済産業省の「情報セキュリティ管理基準」における「アクセス制御」に関する以下のアからエまでの記述のうち、誤っているものを1つ選びなさい。

ア．利用者IDを管理するプロセスに、利用者と利用者自身の行動とを対応付けすること、及び利用者がその行動に責任をもつことを可能にする、一意な利用者IDの利用を含める。

イ．利用者IDに対するアクセス権の割当て及び無効化のプロセスに、役割又は職務を変更した利用者のアクセス権の変更、及び組織を離れた利用者のアクセス権の即座の解除又は停止することを含める。

ウ．ログオン手順では、成功した試みのみのログをとる。また、ログオン制御への違反又は違反が試みられた可能性が検知された場合には、セキュリティ事象として取り上げる。

エ．パスワードの管理システムでは、利用者に自分のパスワードの選択及び変更を許可し、また、入力誤りを考慮した確認手順を組み入れる。さらに、パスワードの管理システムでは、以前に用いられたパスワードの記録を維持し、再使用を防止する。

アクセス制御についての理解

公式テキスト 9-2 P.409

正答　ウ

本問は、アクセス制御についての理解を問うものである。

総務省が策定した「情報セキュリティ管理基準」の「アクセス制御」において、次のような事項が示されている。

ア．正しい　本記述のとおりである。

イ．正しい　本記述のとおりである。

ウ．誤　り　ログオン手順では、**失敗した試み及び成功した試みのログ**をとる。また、ログオン制御への違反又は違反が試みられた可能性が検知された場合には、セキュリティ事象として取り上げる。

エ．正しい　本記述のとおりである。

問35　第65回 問題94

以下のアからエまでのうち、不正プログラムとその対策に関する次の文章中の（　　）に入る最も適切な語句の組合せを１つ選びなさい。

（　a　）は、身代金要求型ウイルスとも呼ばれ、感染したコンピュータに制限をかけ、その制限の解除と引替えに金銭（身代金）を要求する不正プログラムである。
これまでは、（a）による無差別の攻撃が行われていたが、最近では、明確に標的を企業・組織に定め、身代金を支払わざるを得ないような状況を作り出すための、新たな手口を取り入れる攻撃者が現れている。その手口の一つに「（　b　）」があり、「暴露型（a）」などとも呼ばれている。「（b）」は、暗号化したデータを復旧するための身代金の要求に加え、暗号化する前に機密データを窃取しておき、支払わなければその機密データを公開するなどと脅迫する攻撃方法である。
（a）の対策として、不正プログラム対策や不正アクセス対策、ぜい弱性対策など、基本的な対策を、確実かつ多層的に適用することが重要である。さらに、データやシステムのバックアップも重要となり、コンピュータが（a）に感染して暗号化された際の備えとして、外付けHDDにそのつどバックアップし、（　c　）などの対策も必要となる。

ア．a．ルートキット　　　b．二重の脅迫
　　c．外付けHDDは常時ネットワークに接続しておく
イ．a．ルートキット　　　b．クローラ
　　c．バックアップが完了したら外付けHDDを取り外す
ウ．a．ランサムウェア　　b．二重の脅迫
　　c．バックアップが完了したら外付けHDDを取り外す
エ．a．ランサムウェア　　b．クローラ
　　c．外付けHDDは常時ネットワークに接続しておく

不正プログラムについての理解

公式テキスト (9-7 P.433)

正答 ウ

本問は、不正プログラムについての理解を問うものである。
不正プログラムとその対策に関する記述は、次のとおりである。

ランサムウェアは、身代金要求型ウイルスとも呼ばれ、感染したコンピュータに制限をかけ、その制限の解除と引替えに金銭（身代金）を要求する不正プログラムである。
これまでは、**ランサムウェア**による無差別の攻撃が行われていたが、最近では、明確に標的を企業・組織に定め、身代金を支払わざるを得ないような状況を作り出すための、新たな手口を取り入れる攻撃者が現れている。その手口の一つに「**二重の脅迫**」があり、「暴露型**ランサムウェア**」などとも呼ばれている。「**二重の脅迫**」は、暗号化したデータを復旧するための身代金の要求に加え、暗号化する前に機密データを窃取しておき、支払わなければその機密データを公開するなどと脅迫する攻撃方法である。
ランサムウェアの対策として、不正プログラム対策や不正アクセス対策、ぜい弱性対策など、基本的な対策を、確実かつ多層的に適用することが重要である。さらに、データやシステムのバックアップも重要となり、コンピュータが**ランサムウェア**に感染して暗号化された際の備えとして、外付けHDDにそのつどバックアップし、**バックアップが完了したら外付けHDDを取り外す**などの対策も必要となる。

問36　第65回 問題96

以下のアからエまでのうち、ぜい弱性を悪用した攻撃に関する次の文章中の（　　）に入る最も適切な語句の組合せを１つ選びなさい。

OSやソフトウェア、アプリケーションにおいて、プログラムの不具合や設計上のミスが原因となって発生した、情報セキュリティ上の欠陥を（　a　）という。（a）を悪用した攻撃として、（　b　）やバッファオーバーフロー攻撃などが挙げられる。
（b）は、Webブラウザなどを介して、ユーザに気付かれないように不正プログラムをダウンロードさせる攻撃である。多くの場合、ユーザのパソコンのOSやアプリケーションの（a）を悪用して行われ、ユーザが知らない間に不正プログラムのダウンロードが実行されるため、不正プログラムに感染していることに気づきにくい攻撃となる。
また、（b）を標的型攻撃に応用した（　c　）という攻撃手法もある。（c）は、特定の組織や個人を狙う手法であり、ターゲットとなる組織や個人が頻繁に利用していると推測されるWebサイトを改ざんして攻撃をしかけ、ターゲットの社内システムに感染する不正プログラムを埋め込む。攻撃に成功すると、ターゲットの社内システムを遠隔操作して、破壊行為や改ざん、情報の盗み出しなどを行う。

ア．a．セキュリティホール　b．ディレクトリトラバーサル
　　c．キャッシュポイズニング
イ．a．セキュリティホール　b．ドライブバイダウンロード攻撃
　　c．水飲み場型攻撃
ウ．a．ワーニング　b．ディレクトリトラバーサル
　　c．水飲み場型攻撃
エ．a．ワーニング　b．ドライブバイダウンロード攻撃
　　c．キャッシュポイズニング

OSやソフトウェア、アプリケーションのぜい弱性についての理解

正答
イ

本問は、OSやソフトウェア、アプリケーションのぜい弱性についての理解を問うものである。

ぜい弱性を悪用した攻撃に関する記述は、次のとおりである。

OSやソフトウェア、アプリケーションにおいて、プログラムの不具合や設計上のミスが原因となって発生した、情報セキュリティ上の欠陥を**セキュリティホール**という。**セキュリティホール**を悪用した攻撃として、**ドライブバイダウンロード攻撃**やバッファオーバーフロー攻撃などが挙げられる。
ドライブバイダウンロード攻撃は、Webブラウザなどを介して、ユーザに気付かれないように不正プログラムをダウンロードさせる攻撃である。多くの場合、ユーザのパソコンのOSやアプリケーションの**セキュリティホール**を悪用して行われ、ユーザが知らない間に不正プログラムのダウンロードが実行されるため、不正プログラムに感染していることに気づきにくい攻撃となる。
また、**ドライブバイダウンロード攻撃**を標的型攻撃に応用した**水飲み場型攻撃**という攻撃手法もある。**水飲み場型攻撃**は、特定の組織や個人を狙う手法であり、ターゲットとなる組織や個人が頻繁に利用していると推測されるWebサイトを改ざんして攻撃をしかけ、ターゲットの社内システムに感染する不正プログラムを埋め込む。攻撃に成功すると、ターゲットの社内システムを遠隔操作して、破壊行為や改ざん、情報の盗み出しなどを行う。

問37 第65回 問題97

ネットワーク経由で個人情報等を送受信する際の対策に関する以下のアからエまでの記述のうち、不適切なものを1つ選びなさい。

ア. ネットワークでの個人情報等の送信は、原則として組織内ネットワークに限り、Webサイトでの個人情報等の送信は、業務遂行上の必要性が認められる場合に限って行う。

イ. 個人情報等を電子メールで送信するとき、誤送信を防止するため、宛先や送信内容を確認するルールを定め、遵守する。また、受信した電子メールを第三者に転送する場合は、メールの内容と転送する宛先を慎重に確認する。

ウ. 電子メールを社外の複数宛先に同時に送信するときは、その宛先はBCCを利用したり、宛先を伏せて送信できるようにするシステムやツールなどを利用するなどの対策を実施する。

エ. 無線LANを利用する場合は、無線LANアクセスポイントで、ESSIDがANYや空欄の設定になっているクライアントを拒否する対策を行い、ESSIDステルス機能を停止して、個人情報等を安全に送受信できるようにする。

ネットワーク経由で個人情報等を送受信する際の対策についての理解
公式テキスト 9-8 P.435

正答
エ

本問は、ネットワーク経由で個人情報等を送受信する際の対策についての理解を問うものである。

ア. 適　切　本記述のとおりである。

イ. 適　切　本記述のとおりである。

ウ. 適　切　本記述のとおりである。

エ. 不適切　無線LANを利用する場合は、無線LANアクセスポイントで、ESSIDがANYや空欄の設定になっているクライアントを拒否する対策を行い、**ESSIDステルス機能を有効にする**。ESSIDステルスとは、無線LANルーターが自身のESSID（ネットワーク名）を知らせるために発信するビーコン信号を停止して、SSID一覧（ネットワーク名一覧）から参照できないようにすることである。この機能を有効にすることにより、組織の内部ネットワークの存在や接続先を無関係な第三者に知らせてしまうリスクを低減することができる。

問38　第67回 問題97

経済産業省の「情報セキュリティ管理基準」における「技術的ぜい弱性管理」に関する以下のアからエまでの記述のうち、誤っているものを1つ選びなさい。

ア. 技術的ぜい弱性の管理をサポートするために必要となる具体的な情報には、ソフトウェア業者、版番号、配置状況（例えば、どのソフトウェアがどのシステム上に導入されているか）、及びそのソフトウェアに責任のある組織内の担当者を含める。

イ. 技術的ぜい弱性の管理に関連する役割及び責任を定め、技術的ぜい弱性の管理には、ぜい弱性監視、ぜい弱性に関わるリスクアセスメント、パッチの適用、資産移動の追跡、及び要求される全ての調整責務を含める。

ウ. 正当な供給元からパッチを入手できる場合は、そのパッチを適用することに関連したリスクを評価する（ぜい弱性が引き起こすリスクと、パッチの適用によるリスクとを比較する）。また、修正パッチの適用、その他実施した全ての手順について監査ログを保持する。

エ. 技術的ぜい弱性は、リスクが低いシステムから順に対処する。また、技術的ぜい弱性の管理プロセスは、その有効性及び効率を確実にするために、常に監視及び評価する。

技術的対策に関する理解

公式テキスト 5-4 P.304-307

正答　**エ**

本問は、技術的対策に関する理解を問うものである。

総務省が策定した「情報セキュリティ管理基準」の「技術的ぜい弱性管理」において、次のような事項が示されている。

ア. **正しい**　本記述のとおりである。

イ. **正しい**　本記述のとおりである。

ウ. **正しい**　本記述のとおりである。

エ. **誤　り**　技術的ぜい弱性は、**リスクの高いシステムには最初に対処**する。また、技術的ぜい弱性の管理プロセスは、その有効性及び効率を確実にするために、常に監視及び評価する。

問39〜41　第67回 問題98〜100

以下の用語は技術的脅威に関連するものである。該当する内容を、下の解答群のアからエまでのうちからそれぞれ1つ選びなさい。

問題98.　ランサムウェア
問題99.　バックドア型マルウェア
問題100.　hoax

【98〜100の解答群】

ア．ネットワークを介して、ターゲットのコンピュータを自由に操ったり、ターゲットのコンピュータから重要な情報を盗み出すことなどを目的とした不正プログラムである。このプログラムは、システムのセキュリティホールを狙ったり、ユーザにプログラムをダウンロードさせるなどにより、ユーザのコンピュータへの侵入を試みる。侵入に成功すると、そのコンピュータの所有者には気づかれないように、システムに容易に侵入するための接続経路を設け、外部からのアクセスを可能にしてしまう。その結果、分散型DoS攻撃に加担させられるなどの、ゾンビマシンとして利用される場合もある。

イ．コンピュータに保存されている個人情報やアクセス履歴などを不正に取得して、外部に送信する不正プログラムである。多くの場合、トロイの木馬型であり、自己増殖せず拡散もしない。情報を収集する手口として、キーロガーを悪用して入力の記録からユーザID・パスワードを盗み出すものや、コンピュータの画面を画像として記録し、キャプチャを行うものもある。

ウ．身代金要求型ウイルスとも呼ばれ、感染したコンピュータに制限をかけ、その制限の解除と引き替えに金銭（身代金）を要求する不正プログラムである。これまでは、リンクを記載したメールやメールの添付ファイルなどにより、不特定多数の利用者に送信して感染させる手口が一般的であった。最近では、VPN機器等のぜい弱性を悪用したり、ぜい弱なパスワードのRDPを狙うなどにより、特定の企業や団体などのネットワークに侵入したうえで感染させる「侵入型」が増加している。

エ. 実在しない嘘の不正プログラムの情報（デマ情報）、あるいはそのような情報を記載しているメール（デマメール）のことであり、近年の不正プログラムによる被害の拡大に乗じて、チェーンメールの効果を狙ったものである。例えば、「ウイルスについての最新重要情報をなるべく多くの人に知らせてください」という内容をメールで拡散し、これを受け取った人は、善意の気持ちから次々とこの情報を転送してしまう。

技術的脅威に関する理解

公式テキスト 9-7 P.428,432-433

正答
ウ・ア・エ

本問は、技術的脅威に関する理解を問うものである。

ア.「バックドア型マルウェア」の説明である。
イ.「スパイウェア」の説明である。
ウ.「ランサムウェア」の説明である。
エ.「hoax」の説明である。

問42～44　第66回 問題98～100

以下の用語は技術的脅威に関連するものである。該当する内容を、下の解答群のアからエまでのうちからそれぞれ1つ選びなさい。

問題98.　DDoS攻撃
問題99.　ゼロデイ攻撃
問題100.　ブルートフォース攻撃

【98～100の解答群】

ア. OSやソフトウェアのぜい弱性が発見されたときに、問題の存在自体が広く公表される前に、そのぜい弱性をついて行われる攻撃手法である。ぜい弱性が発見されてから、セキュリティベンダーやソフトウェアベンダーによって修正プログラムが提供されるまでの時間差を利用して行われる。この攻撃を受けると、ユーザID・パスワードの情報の窃取やなりすまし、他のコンピュータを攻撃するための踏み台として悪用されることがある。

イ. ユーザが入力した内容を表示するWebアプリケーションのぜい弱性を利用して、悪意のあるコードを仕込んでおいて、ユーザのWebブラウザで一定の処理を実行させる攻撃のことである。例えば、個人情報の入力フォームに悪意のあるコードを仕込むことで、ユーザが入力した個人情報を、攻撃者へ送るようにする手法もある。

ウ. 多数のネットワークに分散するコンピュータから、同時刻に一斉に攻撃対象のサーバへ大量のパケットを送り付け、過剰な負荷をかけてそのサーバやネットワークの機能を停止させる攻撃である。例えば、トロイの木馬などのマルウェアによって複数のコンピュータを乗っ取り、それらのコンピュータから一斉に攻撃を仕掛ける。乗っ取られたコンピュータの所有者は、それに気づかずに攻撃に加担させられてしまうこととなる。

エ. 暗号やパスワードを総当たりで解析して、システムにログインしようと試みる手法である。例えば、パスワードを1文字ずつ変えて試し、完全に一致する文字の組合せを割り出していく。この攻撃によってパスワードが解析され、それによってログインに成功されてしまった場合は、そのアカウントが不正利用され、システムの乗っ取りや不正行為をするための踏み台として悪用されることがある。

技術敵脅威についての理解

公式テキスト 9-1 P.406・9-7 P.433

正答

ウ・ア・エ

本問は、技術的脅威についての理解を問うものである。

ア.「ゼロデイ攻撃」の説明である。

イ.「クロスサイトスクリプティング」の説明である。

ウ.「DDoS攻撃」の説明である。

エ.「ブルートフォース攻撃」の説明である。

問45 第65回 問題95

以下のアからエまでのうち、パスワードクラックや暗号解析の手法とその概要を示した次の表の（　　）に入る最も適切な語句の組合せを１つ選びなさい。

手法	概要
（　a　）攻撃	類推したパスワードのすべての組合せを繰り返し試す手法である。この攻撃に対しては、例えば、パスワードは最低８文字以上で、大文字・小文字・英数字・記号などを含むパスワードにするなどのルールを徹底する。
（　b　）攻撃	別のサービスやシステムから流出したアカウント情報を用いてログインを試みる手法である。ユーザIDとパスワードを使い回していると、この攻撃に遭いやすく、第三者によるなりすましのログインが可能となってしまう。
（　c　）攻撃	暗号を処理している装置の動作状況を観察・測定することにより、装置内の情報を取得する暗号解読手法である。この攻撃には、利用する物理的特性によって、タイミング攻撃や電力解析攻撃、故障利用攻撃などの種類がある。

ア．a．ブルートフォース　b．APT
　　c．リフレクション
イ．a．ブルートフォース　b．パスワードリスト
　　c．サイドチャネル
ウ．a．カミンスキー　b．APT
　　c．サイドチャネル
エ．a．カミンスキー　b．パスワードリスト
　　c．リフレクション

技術的な脅威についての理解

公式テキスト 9-1 P.406-407

正答
イ

本問は、技術的な脅威についての理解を問うものである。

パスワードクラックや暗号解析の手法とその概要を示した表は、次のとおりである。

手法	概要
ブルートフォース攻撃	類推したパスワードのすべての組合せを繰り返し試す手法である。この攻撃に対しては、例えば、パスワードは最低8文字以上で、大文字・小文字・英数字・記号などを含むパスワードにするなどのルールを徹底する。
パスワードリスト攻撃	別のサービスやシステムから流出したアカウント情報を用いてログインを試みる手法である。ユーザIDとパスワードを使い回していると、この攻撃に遭いやすく、第三者によるなりすましのログインが可能となってしまう。
サイドチャネル攻撃	暗号を処理している装置の動作状況を観察・測定することにより、装置内の情報を取得する暗号解読手法である。この攻撃には、利用する物理的特性によって、タイミング攻撃や電力解析攻撃、故障利用攻撃などの種類がある。

第4章

問46~48　第65回 問題98~100

以下の用語に該当する内容を、下の解答群のアからエまでのうちからそれぞれ1つ選びなさい。

問題98. VPN　　問題99. IDS　　問題100. AES

【98～100の解答群】

ア. 侵入検知システムとも呼ばれ、ネットワークやホストをリアルタイムで監視し、不正アクセスの兆候を検知するとネットワーク管理者に通報する機能を持つソフトウェアまたはハードウェアである。このシステムでは、攻撃のパターンを集めて登録し、該当する通信を不正アクセスとして検知したり、正常なパターンを登録し、それ以外を不正アクセスとして検知することができる。

イ. 暗号化、認証、カプセル化などの技術を用いることにより特定のユーザのみが通信できるようにして、インターネットのような公衆回線を専用回線のようなセキュリティで通信できるようにする技術である。これを導入することにより、通信費用を抑えつつ、リモートアクセスや拠点間ネットワークの環境を構築することができる。

ウ. 複合的な機能をもったセキュリティ機器を導入して、包括的・統合的にセキュリティ対策を実施する管理方法である。ネットワークセキュリティに必要な一通りの機能が実装されているため、導入が容易となり、設定や管理の手間を簡素化することができる。また、対策項目ごとに機器やソフトウェアを個別に導入する場合と比較して、必要なコストを抑えることができる。

エ. アメリカ政府が政府内の標準として策定した暗号化規格で、共通鍵暗号方式を用いた代表的な暗号の一つである。暗号化処理の方式はブロック暗号に分類され、暗号鍵として128ビット、192ビット、256ビットの3種類が利用できる。無線LANにおける通信内容を暗号化する方式や、圧縮ファイルの暗号化などにも採用されている。

様々なセキュリティ対策についての理解
公式テキスト 9-3 P.411・9-6 P.425

正答
イ・ア・エ

本問は、様々なセキュリティ対策についての理解を問うものである。

ア.「IDS」の説明である。
イ.「VPN」の説明である。
ウ.「UTM」の説明である。
エ.「AES」の説明である。

●監修者

一般財団法人全日本情報学習振興協会

情報学習の技能の到達レベル、学習達成度を客観的に評価し、情報学習に取り組む多くの人々の意欲の向上、レベルアップを図りながら、個人情報保護士認定試験・マイナンバー実務検定のほかにも、社会のニーズにあわせた以下をはじめとしたさまざまな検定試験を実施している。

・情報セキュリティ管理士認定試験
・個人情報保護実務検定
・情報セキュリティ初級認定試験
・パソコン検定 タイピング試験
・パソコン技能検定Ⅱ種試験
・インバウンド実務主任者認定試験
・働き方改革マスター試験
・ワークスタイルコーディネーター認定試験
・労働法務士認定試験
・会社法務士認定試験
・民法債権法務士認定試験

●編者

柴原健次

一般財団法人個人情報保護士会理事。合同会社ヘルシーブレイン代表CEO。
全日本情報学習振興協会特任講師、株式会社アイカム・シンカ専務取締役、働き方改革支援コンソーシアム主務理事・事務局長、人材育成コンサルタント・講師、ワークライフメンター、クリエイティブプロデューサーとして幅広く活躍中。共著に「改訂7版個人情報保護士認定試験公式テキスト」（日本能率協会マネジメントセンター）他。

改訂5版　個人情報保護士認定試験公式精選過去問題集

2022年12月10日　初版第1刷発行
2024年6月25日　　第2刷発行

監修者 —— 一般財団法人全日本情報学習振興協会
編　者 —— 柴原健次

発行者 —— 張 士洛
発行所 —— 日本能率協会マネジメントセンター
〒103-6009　東京都中央区日本橋2-7-1　東京日本橋タワー
TEL　03(6362)4339(編集)／03(6362)4558(販売)
FAX　03(3272)8127(編集・販売)
https://www.jmam.co.jp/

装　丁 —— 株式会社志岐デザイン事務所
本文DTP —— 株式会社森の印刷屋
印刷所 —— 広研印刷株式会社
製本所 —— 東京美術紙工協業組合

ISBN978-4-8005-9054-1 C3032
落丁･乱丁はおとりかえします。
PRINTED IN JAPAN